社会主义核心价值观与高校思政教育工作理论创新研究

刘　珺　彭艳娟　张立军◎著

新华出版社

图书在版编目（CIP）数据

社会主义核心价值观与高校思政教育工作理论创新研究 / 刘珺，彭艳娟，张立军著.
北京 ：新华出版社，2022.7
ISBN 978-7-5166-6332-5
Ⅰ.①社… Ⅱ.①刘… ②彭… ③张… Ⅲ.①高等学校－思想政治教育－教学研究－中国 Ⅳ.①G641
中国版本图书馆 CIP 数据核字(2022)第 122405 号

社会主义核心价值观与高校思政教育工作理论创新研究
作　　者：刘　珺　彭艳娟　张立军

责任编辑：董朝合　　**封面设计**：白白古拉其

出版发行：新华出版社
地　　址：北京石景山区京原路 8 号　　**邮　　编**：100040
网　　址：http://www.xinhuapub.com
经　　销：新华书店、新华出版社天猫旗舰店、京东旗舰店及各大网店
购书热线：010-63077122　　**中国新闻书店购书热线**：010-63072012

印　　刷：北京四海锦诚印刷技术有限公司

成品尺寸：185mm×260mm
印　　张：11.75　　**字　　数**：255 千字
版　　次：2023 年 5 月第一版　　**印　　次**：2023 年 5 月第一次印刷

书　　号：ISBN 978-7-5166-6332-5
定　　价：58.00 元

前　言

社会主义理论体系的一个主要方面是社会主义价值及社会主义价值观，这些内容展现的是社会主义的精神文明，它代表我们国家的文化软实力，也是我国社会主义制度中的重要内容。我们党在实践中不断探索，最终构建出了具有我国特色的社会主义核心价值观及价值体系，社会主义核心价值观及其价值体系有助于中国特色社会主义理论在发展中不断完善。在社会主义价值观及其价值体系的指导下，中国特色社会主义的道路发展将会取得更大的成就，这对于我国的社会主义理论发展及实践发展都有巨大的意义。

对于国家发展来讲，青年是最重要的力量，青年中的核心力量是大学生，大学生是国家建设、国家发展要依靠的栋梁之材，是我国未来发展的接班人，大学生的思想观念、大学生所认可的价值观会在很大程度上直接影响我国的发展，所以大学思想政治教育中必须加入和社会主义核心价值观及价值体系有关的内容，这样才能让大学生了解到社会主义的核心价值观念，这样才能培养出合格的社会主义接班人。

本书立足于社会主义核心价值观与思想政治教育工作的基本理论，通过分析当前高校学校思想政治教育的概况，从社会主义核心价值体系引领下的高校教育的原则与方法、高校思想政治教育的内容、育人路径、队伍建设、创新体系等方面分析了思想政治教育工作。本书在编写过程中，参阅了相关的文献资料，在此谨向作者表示衷心的感谢。由于水平有限，书中内容难免存在不妥、疏漏之处，敬请广大读者批评指正，以便进一步修订和完善。

目　录

第一章 高校思政教育概述

第一节 高校思想政治教育的内涵与理念

一、高校思想政治教育的内涵

高校思想政治教育，力求将大学生培养成符合我国社会要求，将具有中国特色社会主义事业的课程，有目的、有组织、有计划地向高校学生输出教育培训。通过政治素质、思想、品德、心理素质等方面的教育，将当代大学生培养成未来社会发展需要的接班人，思想政治教育活动的主要阵地就是高校，目前我国仍然需要借助于思想政治教育的方式让大学生了解马克思主义中国化成果，让学生们了解伟大复兴中国梦，并将四个自信转化为努力工作和学习的实际行动。坚持马克思主义指导思想，是高校思想政治教育需要遵循的指导思想，我国高校开展的思想政治教育必须体现出中国思想教育的特色，必须体现出中国特色社会主义价值观念。

我国高校开展的思想政治教育属于实践层面的活动，在实践教育活动中，大学生既是实践活动的主体，也是实践活动的客体，也就是说，大学生具有双重身份。大学生思想政治教育使用的主要途径就是思想政治教育课程，致力于让大学生成为未来社会发展所需要的人才。在教育的思想上将马克思主义放在主导地位，根据现有的中国特色社会主义理论成果，让学生在全面发展的同时，强化自己的社会主义理想和人生观、世界观、价值观的建设。让学生通过思想政治课成为一个具有社会责任感的大学生，加强思想道德，对于社会来说也具有十分重要的政治意义。

目前，我国正在加紧建设现代化的社会，我国想要实现民族的伟大复兴，想要实现中国梦，想要在国际当中占据更有利的竞争位置，那么必须对当代大学生展开思想方面的观念教育，这样才能培养出未来国家发展需要的高素质人才。

二、高校思想政治教育的理念

在社会快速发展的过程中，人们的价值观念、生活观念都在一定程度上发生了变化，当下我们处于全新的发展时代，处于这个时代当中的我们也需要让思想政治教育显现出时代特点，这样思想教育才能培养出符合时代发展需要的社会主义接班人。这就需要我们不断更新传统的思想政治教育理念，以适应社会发展的需要。我国的思想政治方面的研究专家、教育学者应该思考如何让目前的思想政治教育理念和社会发展需要、时代发展需要相吻合。

在人们进行大量的实践活动以及大量的理论思考之后，就会创造出思想观念，与思想观念、哲学信仰、精神向往以及理想发展有关的抽象化的事物就是我们所说的理念，而教育理念指的是教育主体进行的对教育工作的理解、分析、实践，在此基础上所创造出来的教育观念或者教育信念。思想政治教育的理念是指教育主体在教学实践过程中逐渐形成的有关思想政治教育的最基本问题和本质规律的理性认识，思想政治教育理念当中，明确了思想政治教育所处的地位、具有的功能，与此同时，也明确了思想政治教育要使用的方法，要达到的目的，要遵循的规律。思想政治教育工作者在开展实践活动的时候，需要把思想政治教育理念当作是基本的准则，它在思想政治教育观念中居于统领和核心地位。学校的思想政治教育理念是教育主体在思想政治教育教学过程中形成的一种教育指向性观念，是对学生的社会实践活动的理性认识。思想政治教育理念在先进理论的指导及影响之下，可以客观地对现实问题进行深入分析，所以，思想政治教育理念不断地在实践活动中持续发展、持续创新。

（一）开放式的教育理念

开放式教育是针对封闭教育来讲的，是一种通过借助现代科技手段来优化教育资源和环境的配置，从而营造出开放、民主、和谐氛围的新型教育模式，开放式教育要完成的任务是帮助学生综合发展。思想政治教育应该借助当前的思想政治教育资源进行教育模式的构建，让学生可以在自主的学习模式当中进行积极的互动，为学生的学习构建自由的、和谐的以及平等的氛围。开放式教育可以更好地引导学生，让他们形成正确的价值观念。总的来看，开放式教育理念能够促进学生在心理智力等方面的能力发展，能让学生更好地适应外在环境的变化，这有助于学生快速融入社会。

（1）开放式教育是交往互动的教育。思想政治教育的开放性主要体现在：在教学过程中，教师与学生之间，特别是学生与学生之间相互交流、相互理解，从而使学生在相互交流中实现自身的发展进步。开放式教育强调培养学生的人际交往能力，强调让学生掌握正确的社会交往技巧，让学生从理性角度对交往方式及交往对象进行判断，这有助于学生通过交往进行人格的完善。

(2) 开放式教育具有包容性。由于自然和社会环境是复杂多变的，所以思想政治教育也应该秉持开放包容的态度，让学生实现全面自由的发展。只有采取包容性的方式，才能实现普遍性要求与先进性要求的有机结合，体现出主旋律与多样化的有机结合，呈现出共性与个性的有机结合。

(3) 开放式教育的本质是学生的自我教育，高校在开展思想政治教育的时候要培养学生的自我教育意识，在提升学生自我管理能力的时候也要把思想政治的教育目标转化为学生主动追求的目标，从而实现学生自我教育的目的。

（二）德育为先的教育理念

德育为先是思想政治教育中的一个教育理念及教育原则，在培养人才的时候需要遵循德育为先的基本方略，德育和其他教育不同，德育可以引领其他教育的发展，德育注重对学生的思想政治观念进行教育，它强调让学生形成思想道德培养方面的认知和意识，它强调改变学生的行为。德育为先具有以下三个方面的含义：一是德育为先是一种教育理念和育人的要求；二是德育为先所表达的并非简单的教育序列问题，而是对教育的要害与本真的界定；三是德育为先是多层面的为先、深层次的为先。

第二节　高校思想政治教育的特征与价值

一、高校思想政治教育的特征

（一）高校思想政治教育环境的特征

第一，思想政治教育环境具有多元化特征。在我国和世界以及国际社会逐渐接轨的情况下，我国的经济发展、文化发展、政治发展都出现了一定的变化，也进行了一定的创新，在不断地交流的过程中，思想越来越多元化，文化越来越多元化，所以，从整体来看，文化环境是相对复杂的，处于这样的时代背景下，学生也会受到各种各样思想的影响。在这样的环境下，思想政治教育所面临的环境也必然更加多元、更加复杂。总的来看，思想政治教育的发展受到了传统文化、西方文化以及现代文化等多种文化的影响。

第二，思想政治教育环境的国际化。由于世界各国的教育交流与合作日益频繁，思想政治教育也受国际环境的影响和制约。尽管各国思想教育的内容不同，但是归根结底都是对本国文化的认同和民族精神的弘扬，每个国家的思想教育都致力于让个体明确自身的个人职责、社会职责、家庭职责，致力于让个体遵循社会大众所认可的道德规范，每个国家都会借助思想教育的方式实现个体从自然人到社会人的身份转变，不同国家因为社会发展差异、环境差异、历史差异，所以，使用的思想政治教育方法也存在差异。西方国家更加注重实践教育，教育以学校为主，与此同时会强调社会和家庭的参与。相比之下，东方国家更强调个人修养方面的道德教育，东方国家注重思想教育的客观性，与此同时，还会不断地吸收和借鉴其他文化中的优秀成果。

（二）高校思想政治教育对象的特征

1. 人格的独立性特征

人存在于社会中，会追求物质和精神世界的和谐统一，从哲学的角度对这种统一进行理解指的就是人追求生活方式的和谐。在社会快速发展的情况下，人的生活方式受到经济的影响，也出现了变化，个体越来越强调自身的独立发展，人和人之间没有那么强的依赖性、关联性，人也开始有了更多方面的物质需要，市场经济对个人和企业都产生了影响。在它的影响下，个人和企业越来越独立，个体也越来越注重彼此之间的平等，可以说在经济快速发展的同时，个体的主体特性也得到了有效凸显。所以，当今的学生都有较强的主体意识，他们开始关注自身的独立成长、独立发展。比如，利用假期或课余时间做兼职，逐步实现经济的自主化。他们的视野更加开阔，法律意识更强，且个性张扬，追求前卫。

在当今市场经济背景下，竞争机制激发了人们的生产活力，随着生产力和生产关系的解放，促进了上层建筑和文化方面的繁荣。当就业机制出现变化的时候，人类在谋生方式的选择方面也有了新的变化，这样的变化让个人对国家以及社会不再产生强烈的依赖，个人变得更有自信，更加独立，在这样的情况下，人的思维方式也会出现变化。

2. 网络的依赖性特征

在互联网行业快速发展、科学技术水平不断提升的情况下，社会上出现了很多新媒体，这些媒体对人们的生活方式也产生了影响，人类可以利用新媒体作为途径去获取知

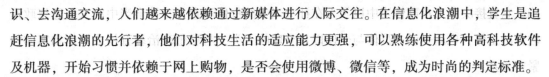

识、去沟通交流，人们越来越依赖通过新媒体进行人际交往。在信息化浪潮中，学生是追赶信息化浪潮的先行者，他们对科技生活的适应能力更强，可以熟练使用各种高科技软件及机器，开始习惯并依赖于网上购物，是否会使用微博、微信等，成为时尚的判定标准。

网络是把双刃剑，如果过度依赖，则势必会对学生产生很多不利影响，这就对大学生的思想政治教育提出了新的要求和挑战。由于网络信息鱼龙混杂，缺乏必要的监管，所以，净化上网环境势在必行。随着网络对日常生活的渗透，现实生活逐渐趋于虚拟化。在虚拟化的网络空间当中，学生可以更大程度地展现自己的个性，所以，学生越来越关注虚拟空间，忽略了现实生活。这些问题的出现，也使网络文化精神家园的建设迫在眉睫，这也要求人们要传播积极健康的内容，使网络变成社会主义文化传播的新阵地，为学生营造良好的发展空间。

二、高校思想政治教育的价值

在时代不断发展和变化的情况下，思想政治教育的研究也必须跟上，只有跟随时代需要，思想政治教育学科才能实现更好发展。思想政治教育在跟随时代发展过程中，需要研究自身的发展定位，分析自身对时代发展的意义。

（一）高校思想政治教育价值的认知

价值的意思为值得的，是指一件事物的价值，并主要指经济价值。

价值是人的需求与满足这种需求所需要的客体属性达成的交接点。主体与客体是肯定关系。主体和客体决定了价值，同时价值还会因为主体的能动性，相应地改变客体的历史性。马克思主义哲学认为，价值所具有的客观源泉和基础都是价值客观性的表现，同时，价值也是将主体性和客观性及历史实践等统一的内核。

1. 思想政治教育价值的概念界定

价值在思想政治教育方面体现出教育的有用性，讨论思想政治价值含义的前提，必须是将思想政治教育当中的主客体，通过正确的价值观联系起来，从而正确地构建它们的关系。

社会由人组成，人是社会的主体，也是思想政治教育的主体。人们在社会中不可能脱离集体而存在。因为人是社会组成的一部分，与社会相一致；同时，人与社会之间的关系是相互成就和构成的。人既能够创造出社会环境，而社会环境也能够塑造一个人的人格。人与社会的物质条件，对社会发展会产生直接影响，对人和社会之间的关系也会产生影响，它直接决定人在群体当中以及人在社会当中的价值和意义，社会当中的人是思想政治教育的主体，也就是说，群体与个体以及全球的人类，与思想政治教育构成主体和客体的紧密关系。

主体和客体是一个相对的概念。主体的认识以及实践都是通过客体展现出来的。在思想政治教育中，主体的主要对象就是客体，主体与客体之间能够直接发生一些特定的关系，而且主体和客体可以在思想政治教育实践活动当中建立密切关联，主体之所以存在，主要是因为产生了价值关系，思想政治教育在确定主体地位时，可以从三个方面定义主体的地位：首先，通过物质或精神的分类来划分对象。物质主要表现在教育环境、条件等方面。精神主要表现在教育的目标、内容以及原则等。其次，通过性质可以将教育的主体分为个人和社会的。最后，通过来源可以将主体分为本身的主观世界以及之外的客观实践。主体本身是能动的，是通过不断的认知和评价进行自我教育的，因此，主体也可以包含在客体之内。就是说主体在一定条件下，可以转化为思想政治教育的客体。

思想政治教育当中主体产生的发展需要无法利用思想政治教育本身具有的价值来满足，主体需要的满足需要借助于主体和客体之间的相互作用，利用相互作用，可以让思想政治教育充分展现自身的价值，以相互作用为纽带可以将它们连接起来。思想政治教育的价值通过主体和客体之间的互动逐渐形成，思想政治教育不但能够将主客体的关系相互连接、统一，同时也能够把人的主体地位和思想政治教育逐渐向人趋近的方向连接。通过这种实践，让主体逐渐形成对于能量交换、信息交换、物质交换等层面的认知，并逐渐满足主体需求，从而实现二者关系的有机统一。

2. **思想政治教育价值的基本特征**

在分析及界定思想政治教育的价值之后，可以发现思想政治教育价值主要有以下特征：

（1）阶级性与社会性。

思想政治教育作为上层建筑的重要组成部分，是阶级和阶级意识的产物，具有鲜明的阶级性。在阶级社会，价值主体需要通过思想政治教育来传递自己的意识形态、政治意图和道德规范，培养社会需要的建设者和接班人，维护统治阶级的根本利益。思想政治教育是采取一定的方法，将一定阶级的政治思想，通过宣传和灌输来影响学生，通过自己的意识形态来改变人们的思想，反映阶级需要，为一定阶级提供服务。中国共产党从来不回避其具有的阶级性，以人民群众的利益为最根本的服务目标，满足人民最根本的利益需求。

一切社会关系的总和构成了人的本质。而思想政治教育具有社会性，能够展现出一定的社会关系价值。因此，一方面，思想政治教育能够通过满足社会需要提供自身价值，通过具有的功能，让个体与社会都能够通过正确的思想政治教育，引导具有一定的政治方向。同时，也能够约束受教育者的行为，让其拥有全面发展的能力，健全的人格与精神思想能够让其成为符合社会需要的合格人才。另一方面，有一些教育活动可以利用思想政治教育的方式让不同阶级的个体需求得到更好的满足，阶级不同的时候，人的意识形态就会存在差异，借助于思想政治教育的方式，人可以完成阶级跨越，也就是说思想政治教育可以让人们产生共性的思想理念。在一定条件下，思想政治教育的价值，是需要通过不断完善、发展政治教育，来吸收和借鉴曾经的历史经验，从而总结出更符合国家发展的教育方法。

(2) 直接性与间接性。

思想政治教育价值的直接性，指的是思想政治教育能够影响受教育者从思想根基上发生一系列改变，思想政治教育能够通过这种观点的输出，直接将一些观念和规范传授给受教育对象，而且它还可以借助于活动的组织和计划让受教育者的思想水平有一定的提升，政治教育也能够让人们的思想产生变化，通过间接影响来改变受教育者的行为。因为思想政治教育是一个复杂的转换过程，从认知理论到执行，通过将学习到的思想转化成行动的复杂步骤。通过正确的思想转化，人们就可以用正确的行为将行动转化成精神财富和物质财富，从而推动社会发展。

(3) 短期性与长期性。

思想政治教育的活动，具有针对性和现实性的教育意义，比如在实践活动中，受教育者能够通过教育内容，触动自己的心灵，从而激发自己思想的变化，逐渐将意识转化为行动，进而成为对社会发展有促进作用的个体。思想政治活动，可以通过这种短期活动对主体产生良好的教育效果，同时，除了短期活动的教育效果外，受教育者需要长期坚持，来不断地将学习到的内容逐渐内化与外化，转换成自己长久的行为习惯。

思想政治教育效果具有的长期性，指的是受教育者在接受过思想政治教育之后，思想政治教育内容会对其发展产生深远影响，思想政治教育通过让受教育对象从思想、情感、能力、品质、意志和认识等方面综合提升，让思想政治教育逐渐向满足社会发展需求的方向转变，通过社会整体的需求，向个人的精神世界转变就是内化的过程。而外化是指通过让教育对象受到思想政治教育，转化成一系列的行为和实践，并养成习惯，也就是让存在于思想中的政治品质变成个体的行为，利用“两次飞跃”，社会所提出的外在发展需求就会变成受教育者所拥有的思想政治素质，借助于教育，社会可以对个体发展产生持续影响。总的来看，思想政治教育需要利用价值的短期性特点作为基础，对人产生持续影响，让人的发展符合社会的发展需要。

(4) 潜在性与显在性。

在存在方式上，思想政治教育的价值能够从在显性和潜在性两方面体现。思想政治教育本身是一个潜移默化的过程，通过长久的受教育来让自己的思想发生改变，从而影响自己的实践行动。这种潜移默化能够从开始的隐性教育到最后通过自己的行为习惯展现出来，成为显性行动。这就是思想政治教育的价值存在的潜在性与显在性。

人们正因为这种思想政治教育，通过掌握教育的内容来形成科学的正确的思想价值观念，在观念的引导下，人会做出符合观念内容的实际行动，在正确思想的引导下，人会借助于自身行动获取精神和物质方面的财富，这体现的是思想政治教育具有的外在方面的价值。也就是说，思想政治教育可以引导青少年的精神发展、精神成长。通过不断地潜移默化的影响，最后影响到行为习惯，将思想政治教育完全外化展现出来，成为对社会有用的人。

3. 思想政治教育价值的不同形态

可以把思想政治教育的价值类型看作是价值形态，在参考标准不同的情况下，思想政治教育体现出的价值形态也是不同的。

(1) 理想价值和现实价值。

从价值实现角度对价值形态进行分类可以将思想政治的教育价值划分成现实价值形态以及理想价值形态两种。

思想政治教育具有的理想价值指的是在未来可能会实现的价值，理想价值比现实价值高，理想价值的特点是导向性明显、超前性明显。我国思想政治教育的理想价值是全国人民为实现中华民族伟大复兴的“中国梦”而奋斗的同时，实现综合发展。思想政治教育能够从目前已经实现的和正在实现过程中的价值，转化成让人们能够感受到教育的有用性，从而实现思想政治教育的现实价值。

思想政治价值能够将理想和现实形成相互促进、相互联系的关系，它们之间辩证统一。现实价值是理想价值得以实现的前提和基础，理想价值可以对现实价值的实现进行指导，可以让理想价值作为对受教育对象的激励动力。教育对象能够通过知识解决现实问题，才能够体现出思想政治教育具有的有用性和吸引力，也是人才成长的需要。思想政治教育，可以为受教育者的精神提供理论支持，同样也可以为现实价值提供有力支持，虽然教育也许不能直接解决现实问题，但是却能够为解决现实问题提供有力的理论基础。

思想政治教育具有的理论价值以及现实价值，需要人们正确地处理平衡二者的关系。受教育者需要通过日常教育，让思想政治教育理论学习为他们解决现实问题提供帮助；与此同时，理想价值也需要成为思想政治教育的教育目标，这样理想价值才能够引导受教育者，让他们构建出科学的正确的人生价值观念。理论价值和现实价值之间的融合可以让思想政治教育获得最大程度的教育价值。

(2) 直接价值与间接价值。

价值的实现可以将价值效果划分成直接价值和间接价值两个方面。

直接价值是通过思想政治教育活动，直接影响、满足社会和自身的发展需求，通过将正确的思想品德内容传递给受教育者，让他们的精神状态发生积极改变。对于受教育者，提升综合素质、激发综合潜力，调动劳动者的积极性和创造性，能够体现出思想政治教育的直接价值。而间接价值是受教育者不能单纯从思想政治教育中直接满足社会和自身发展的需求，而是需要通过学习思想政治教育的理论知识，将自己的精神动力逐渐内化，并使其转化为自己的物质财富，以对社会的发展有促进作用。

思想政治教育能够通过政治实践活动来影响和引导受教育者，形成正确的精神世界观、价值观和人生观。这些观念的形成体现的是思想政治教育具有直接价值，除此之外，思想政治教育也可以显现出间接价值，经济价值的显现主要体现在思想政治教育可以间接促进社会发展、社会进步。比如我国坚持的社会主义核心价值观，需要在多元的背景下，从国家、公民和社会三个层面，通过坚持马克思主义，构建起人们的主流价值观，在通过思想政治文化的教育，让全社会形成对社会主义核心价值观的认同和践行，通过将精神斗志转化成社会发展的动力，来实现我国全面建成小康社会的目标。这种内化的精神追求，能够通过人们的自觉行动展现出外化的表现，从而让世界社会得到发展，这就是思想政治教育的间接价值。

思想政治教育具有的直接价值和间接价值之间存在辩证统一的关系，在二者的关系当中，直接价值是基础部分，直接价值发挥作用之后产生的一系列综合反应就是间接价值。直接与间接价值之间的关系密切又复杂，需要通过思想政治教育将两者有机结合。作为教育者，不能认为思想政治教育和物质形态生产力之间没有直接关联就否认思想政治教育在物质生产方面的间接价值，同样的道理，也不能因为物质生产决定社会发展就否认思想政治教育具有的直接价值，如果直接价值被否定，那么思想政治教育本身的存在也会受到质疑。

(3) 正面价值与负面价值。

根据思想政治教育价值在性质方面的差异，可以将价值分成正面价值以及负面价值两种。

正面价值指的是思想政治教育活动可以在精神层面满足人民群众提出的发展需要，我国的思想政治教育以马克思主义理论体系作为指导思想，依照党和国家的奋斗目标，在积极满足人民群众发展需要的基础上，有目的、有计划地实施，在这个过程中产生了正面价值。而负面价值相反，它能阻碍社会和人类的发展进程。

负面价值主要包括两个方面：一是零价值或无价值，当思想政治教育活动不能实现既定目标和教育目的时，人的思想政治素质没有任何提高；二是负面价值（否定价值），指的是思想政治教育活动阻碍了社会的进步和教育目标的实现，甚至破坏了原有的教育成果，对个人乃至社会的发展起到了消极或有害的作用。

(4) 目的性价值与工具性价值。

思想政治教育从结构或目的来看，可以总结出具有工具性价值和目的性价值。

工具性价值作为目的性价值的前提，是一种巩固阶级统治的工具。通过将传播意识形态作为主要手段，把工具性价值放在思想政治价值教育的首要地位可以体现出思想政治教育本身的内核。工具性价值的存在可以让目的性价值的实施得到有效保证，与此同时，目的性价值最终的目标就是让工具性的价值得到有效实施。

目的性价值是通过正确引导，让受教育者在发挥自己主观能动性和创造性的同时，主动认识到自身发展需求，最终成为全面综合发展的社会公民。思想政治教育从阶级性和实践性出发，通过将受教育者的意识形态，达到与社会发展相结合的教育观，来达成社会管理和阶级统治的需要。目的性价值，就是将个体作为主要的主体，通过思想政治教育来满足个体精神层面的需求，通过提升思想政治素养来达成对于人类精神世界的构建。

工具性价值和目的性价值，这两者之间相互都有着支配和制约的作用。这两者能够在思想政治教育的实践当中进行有机的统一，这三者不可分割。思想政治教育不仅要为社会培养合格的社会主义建设者和接班人，而且还要为受教育者实现成才成长的个人目标服务。

(5) 显性价值与隐性价值。

思想政治教育，按照价值的表现可以分为隐性价值和显性价值。

显性价值的价值依据是思想政治教育使用的外界语言，除此之外，也可以通过价值评估去判断思想政治教育的显性价值，借助于思想政治教育，受教育者可以更好地适应社

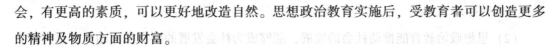

会，有更高的素质，可以更好地改造自然。思想政治教育实施后，受教育者可以创造更多的精神及物质方面的财富。

思想政治教育没有通过一些活动展现出来，而是通过隐性价值展现出来，这就是思想政治教育的隐性价值。素质的提升是一个从知识掌握到行动的复杂过程，教育也许改变了人们的思想观念但并不能及时地通过外在行动展现出来。但是这种思想政治教育的价值是属于隐性状态的，人们不可以通过显性的价值来评判教育的价值。

思想政治教育的显性价值和隐性价值具有统一性，显性价值一般会滞后于隐性价值。根据教育的客观规律，受教育者良好素质的养成并不是一蹴而就的，素质形成需要经历漫长的过程，所以，接受思想政治教育一定时间之后才会看到教育的显性效果。

(二) 高校思想政治教育的社会价值

社会价值是思想政治教育，通过传授教育内容，逐渐将社会文化、政治及经济建设来通过教育而积极地构建起来，从而让思想政治教育获得客观存在的社会价值。这与一些社会的文化、经济和生态的现象具有一致性。教育发生了作用，呈现出对社会方方面面的价值，因此这也是思想政治教育具有社会价值的形态体现。

1. 经济价值

思想政治教育的经济价值指的是它能够推动社会的经济发展，实现经济增长。从而满足人类的需求的效应。人类的需求可以分为精神需求和物质需求，这些都是能够通过思想政治教育的经济价值来满足的，将经济建设设为思想政治教育的中心，要通过正确的理论指导，来保证社会主义的发展方向，并为经济建设提供动力。

(1) 思想政治教育可以确保社会经济的发展方向。社会主义制度下的市场经济，是通过市场的机制和社会主义制度有机结合起来而形成的。资源配置需要依托于市场进行，思想政治教育可以对市场机制的形成进行约束，保证市场符合社会主义的发展需要。市场经济向社会主义方向发展对市场经济的本身构成有重要意义。社会主义方向一是通过市场经济的构成得到保障的，这也是控制社会主义市场经济发展的根本依据；二是人们对社会主义市场经济的构成有一致的理解与认识，在相同的内在结构当中，人民由于共同的认识而达成自觉地坚持社会主义市场经济的发展方向，而这离不开人们对思想政治教育方面的学习，只有充分保证这个优势，才能够对现行的社会经济体制做出正确的引导和宣传，让人们认识到经济制度在日前社会具有必然性和合理性，通过规范经济行为，人们的经济意识也会变得更加规范，在对人们进行正确的市场竞争教育、效率观念教育之后，经济建设将会得到有效推动。

（2）思想政治教育能推动社会的发展，能够成为社会发展的内在精神动力。作为社会的生产主体，人是生产的主力，人类通过生产力的发展，来征服自然和改造自然，这也是生产力发展至今的最主要动力。当代中国要将发展作为我国的第一要务，通过保证科学技术的发展，来为我国的生产力提供持续发展的动力，提升科技进步和劳动者素质是我国当今社会生产力增长的最关键因素，这些根本因素也让经济的增长方式发生了改变，人才已经成为我国生产力发展上最重要的战略资源，也是我国生产力发展和进步的开拓者。这说明人才是促进生产力的重要因素，只有让人全面发展，成为先进的劳动者，才能够进一步发展和提升社会生产力。

劳动者的全面发展，首先要具备两个基本的素质：一是需要具备先进的劳动能力以及对于科学文化的基本素养，二是需要有积极的社会责任感和事业心，能够通过崇高的精神和积极的劳动来为社会生产提供动力。科学素养和劳动力是能够直接展现在劳动者身上的因素，劳动者本身具有的道德和思想政治素质，能通过直接和间接的作用反映到生产力上。这种直接和间接的作用，不但能够展现出人类的智力条件，也能够展现出一些精神层面的非智力条件因素，其中，非智力因素通过反映劳动者素质，成为提高劳动者精神动力的重要条件，也深刻地影响生产力发展的方向。

思想政治教育也能直接影响人们的道德素质和政治素质的发展。思想政治教育能通过教育内容，激发劳动者本身的创造性和积极性，为生产力的发展提供不竭的动力；思想政治教育也改变了原来的生产关系，通过发展生产力，让生产关系更适应现代社会的发展需要。需要正确对待这种改革，因为改革当中一定会出现一定的困难和风险，但是中国特色社会主义的道路能够为改革进程中的开拓者提供信心和动力，让人们充分投入到改革运动中，发展和解放生产力。

（3）思想政治教育可以为经济发展提供环境。国家的经济增长是一个国家能够为人民提供经济商品的能力保障。而这个能力是通过技术的进步和意识形态的完善实现增长的。经济发展在任何社会中，都需要有思想意识的支撑。人们的生活生产方式，随着全球经济的变化都产生着相应的变化，这反过来也会影响人们的思想观念和价值观念，各种新的思潮涌现能够深刻影响我国意识形态的变化，在这种情况下，一定要严查意识形态的宣传教育，不能让全球经济快速发展的新思潮打乱了意识形态教育，而影响我国社会主义现代化建设的事业发展。意识形态为统治阶级服务，而意识形态的教育也是思想政治教育中最主要的环节。

只有社会的稳定与和谐才能够促进社会环境长足发展，而思想政治教育能够通过对意识形态的教育，来为人们创造良好的社会舆论氛围和精神氛围，通过社会良好风气的养成来促进市场经济健康发展。思想政治教育能让受教育者辩证和全面地看待经济问题，并通过客观科学的分析，让人们从狭隘的经济增长框架中拓宽视野，通过树立自己的科学发展观念，让经济和社会的进步具有可持续性和科学性，在思想政治教育的教学内容中，总结出方法论和指导思想，从而形成对经济进步方面的正确认识，并逐渐形成良好的社会心理环境和道德环境。

2. **文化价值**

思想政治教育在某种程度上能够满足人民的文化需求，同时促进文化发展，这就是思想政治教育在文化方面的价值。在社会意识形态的组成要素中，思想政治教育不可或缺，它本身就是需要付诸实践的文化活动，可以有效促进我国社会主义文化的发展，增强国家软实力，建设文化强国。思想政治教育的文化价值主要体现在以下方面：促进文化传播、文化选择、文化创造和文化渗透。

（1）促进文化传播。

人们的政治观点或思想观念等具有文化特征的文化观点，从一个群体当中传播到另一个群体中，这种传播过程称为文化传播。思想政治教育，通过广泛传播社会主流的文化教育，来让公民具有社会化的思想道德意识。

在思想政治教育当中，教育者需要将思想观念、政治观念、道德观念传递给受教育者，上述提到的思想政治以及道德方面的观念都属于文化领域当中的观念，也就是说，思想政治教育方面的活动属于文化传播活动。思想政治教育不但是一种教育方式，同时也是一个过程。思想政治教育，从主导意识形态和传授思想政治相关信息方面，让学生们接受主导社会文化发展的价值观，并养成符合社会发展需要的行为习惯；同时也能够通过思想政治教育的学习和实践活动来获得相关知识，这样受教育者就会形成和社会主要观念一致的信仰、态度、政治观点，也会做出符合社会主流观念的行为，上面提到的两个活动是彼此联系的，它们的关系是辩证统一的关系。

（2）文化选择。

思想政治教育在文化选择方面的价值主要有两个方面，分别是正面的选择和反面的排斥：正面的选择主要是吸收积极的文化，筛选与思想政治教育价值观相同的内容，将这些先进思想纳入教育中，丰富思想政治教育等组成部分，并在后期发展中继续继承、不断弘扬；反面的排斥主要是排斥与思想政治教育导向不符的内容，对有害的劣质文化加以抵制，从反面推动思想政治教育发展。

文化包括主流文化和非主流文化，通过丰富的内容和表现形式，能够为人类社会的发展提供最宝贵的历史精神财富积累，但文化也有糟粕。无论是物质方面的文化还是制度和观念方面的文化，不论何种形态文化，只要与思想政治教育的最终目标与内容一致，思想政治教育都应该积极选择和吸收，促进积极文化发展，使它们拥有更广阔的发展空间。反之，如果是消极的文化或与思想政治教育的目标和内容背道而驰，那么就应该坚决抵制或对其进行批判，使之无法进入教育体系，以确保思想政治教育的纯洁性和先进性。我国社会主义文化的繁荣和发展，离不开思想政治教育的推动。要把我国建设成为文化强国，思想政治教育应该不断取长补短，筛选各种文化，吸收有利内容。对中华民族的传统文化，需要有批判地继承。对于一些西方文化，应该具有批判性的创造和转化与理性的借鉴。通过各种文化现象和因素，通过科学的鉴别、分析和筛选，加以文化的继承和利用。

（3）文化创造。

一个国家、一个民族的发展需要依赖于文化作为其发展的灵魂，文化可以让一个民族具有更强的凝聚力，可以为人民提供精神家园。全球化发展表面上是不同的国家进行经济方面的竞争，本质上是不同国家进行文化方面的竞争。

思想政治教育在培养创新型人才方面起到了很大作用，也促进了广大人民群众积极投身物质和文化生产建设中，推动精神文明建设，此外，还可以丰富理论知识内容。思想政治教育的教育者在传播思想政治观念、价值观过程中，会结合当前社会实际情况及自身的教学经验吸收优秀文化，自觉抵制腐朽落后的文化，向受教育者传播最新的思想和理念，确保符合社会主义核心价值观的要求，同时，也完善了原有的文化体系。思想政治教育在教育学科中具有特殊性，因为能够影响人类的生活方式和价值观念，通过改善人们的知识结构来影响人们在活动和生活当中的行为习惯，对更新人类文化结构也起到了一定创造作用。

（4）文化渗透。

意识形态决定了思想政治教育需要通过统治阶级的意识形态，控制思想政治教育相关的社会文化意识。通过宣扬符合阶级目标的道德要求和文化价值观念，逐渐让符合要求的思想政治教育渗透到相关的教育过程当中，通过思想政治教育来弘扬社会主流文化，使之在社会亚文化中发挥更大作用，而要使主流文化渗透和影响各种社会亚文化，最重要的一种方式就是思想政治教育。思想政治教育传播主流文化，体现当前时代发展的特点，以人民为中心并具有中国特色，在指导思想上，以马克思主义为指导，融入了中华民族优秀传统文化，借鉴、吸收世界优秀文化，具有包容性和多样性。在主流文化外还有各种亚文化。这些主流之外的文化，不仅在方方面面影响着社会文化的总体发展，也影响到社会的发展。思想政治教育不仅包括主流文化，还要从各种亚文化中吸收优秀内容，抵制落后思想，使主流文化能够更好发展。

文化渗透功能可以将思想政治教育和主流文化发展渗透到亚文化中，亚文化在社会文化发展当中也十分重要，将主流文化渗透到亚文化之中，能够创造更良好的社会文化环境，引导正确的文化发展方向，将冲突减弱，并通过文化的融合与吸收，让文化成为思想政治教育的载体，通过社会文化的融合，形成更加健康的社会文化环境。

3. **生态价值**

让全民形成环保意识和节约意识，对生态环境也有正确的保护意识，形成良好的合理的消费观念，共同营造良好的社会风气。让人们在良好的生活环境下，为生态做出自己的贡献。

思想政治教育在引领生态思潮促进生态文化创新方面也是重要推动力。工业化发展让人们对自身所处的环境和不断恶化的生态有了更清晰的认识，人类面临着前所未有的生存危机。在此过程中也形成了生态哲学、生态社会学、生态政治学等多种生态思潮。生态思潮主要从思想上重新审视人类文化，批判一部分落后的思想文化，来探究生态危机产生的根源，也就是社会文化和价值观方面的问题。思想政治教育需要以马克思主义为指导，从这个角度出发，帮助人们形成正确的生态观，引领生态思潮的发展，探讨生态思潮产生的原因，从本质上揭示，让人们在评价和选择方面有更明确的方向。

整个社会的人类都追求人和自然、人和社会之间的协调、持续、和谐发展，这是整个人类社会的发展目标。中国先进文化中，社会主义生态文化是关键的一部分，马克思主义是指导思想，最终目标是要实现人、自然和社会的协调发展，这既是人类历史发展势不可挡的趋势，也是先进文化的要求。思想政治教育立足于当下，紧跟时代发展步伐，在生态文化建设方面，始终坚持创新，遵循生态文明建设原则。这样做的目的是让受教育者明白生态文明建设的价值，认识到自然界不仅可以为人类提供物质所需，还可以满足人们在科学、审美、文化方面的需求，具有极大的精神价值。一定要充分发挥思想政治教育在文化创新方面的作用，以科学发展观为指导，从古今中外的生态文化思想中吸取合理的部分，人民群众在生态文明建设过程中的经验也值得借鉴，可以总结和提炼，使生态文化朝着创新方向发展，在未来发挥更积极的作用。

（三）高校思想政治教育的集体价值

当有相同目标的个体相遇之后，他们就会形成集体，集体当中的个体成员会彼此影响，也会共同为了目标的实现而奋斗。有一些思想政治教育价值需要借助于集体的方式去实现，思想政治教育方面的实践活动可以让某一个群体的发展需要得到更好的满足，思想政治教育的作用及它本身的属性可以在一定程度上对集体发展产生正向影响，推动集体更好地发展。

1. 有助于增强集体凝聚力

中国共产党一直就有进行思想政治教育的传统，思想政治教育可以团结和凝聚广大人民群众的力量，在长期的革命实践中已经得到了验证。思想政治教育可以使人们团结一致，使之形成强大的动力，推动集体发展，凝聚众人的力量。

（1）强化集体认知。思想政治教育通过让个体认识到自身与社会的连接，来实现个人价值；同时，个人通过培养思想政治教育，逐渐形成了集体的认同价值观和行为准则，通过准则约束集体成员的行为；并通过制定集体共同的合理科学，来确立共同目标的发展规划。

（2）深化集体情感。借助于思想政治教育，个体会形成对集体的更强烈的认同感、荣誉感，更容易形成集体心理。也就是说，在思想政治的教育下，个体更渴望参与集体活动，个体会把自身的发展利益和集体的发展利益联系在一起，会形成与集体共进退的发展意识。

（3）坚定集体信念。思想政治教育通过引导人们的思想意识来影响集体成员的行为习惯，让集体成员形成集体荣誉感和责任感，并对集体保持忠诚、自信和自豪感，这种觉悟能够让集体成员保持齐心协力的发展方向，通过共同的目标来激励自己约束自我的行为习惯。

2. 有助于科学有效地发展集体目标

个人价值的实现是在社会中进行的，也是在集体中进行的，而社会的发展也同样需要集体和个人的努力。而思想政治教育就是帮助人们如何处理个人、集体和社会三者之间的关系，在集体目标中融入社会建设的目标，让集体目标体现社会发展的方向，促进集体科学地发展。

如果集体制定的目标能够得到全体成员的认同，那么这个目标就是有效的，并可以使全体成员作为个人目标努力践行，这样可以推动更好地实现集体目标。思想政治教育主要

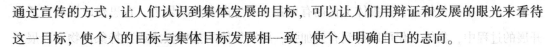

通过宣传的方式，让人们认识到集体发展的目标，可以让人们用辩证和发展的眼光来看待这一目标，使个人的目标与集体目标发展相一致，使个人明确自己的志向。

集体成员在思想政治教育的融入下，能够更明显地表现个人情绪，使他们情感更充沛，彼此之间的关系更融洽，激发出积极的情感，抵制消极情绪。此外，还可以引导集体成员在情感和组织上更加积极向上。最终使集体目标内化为个人的目标，凝聚众人的力量，从而更好地完成集体目标。

3. *有助于构建和谐的成员关系*

集体主义教育包括多方面的内容，主要有如何处理个人与集体的关系，对他人更理解和包容，集体成员之间彼此团结合作等。思想政治教育也采用了多种方式来缓解集体内部的矛盾，解决问题，使集体内部成员关系更融洽、团结一致。

(1) 创造良好的集体氛围。思想政治教育要建立在对集体成员有很好的认识与了解的基础上，及时发现并解决问题，对集体成员有正面引导；领导者和群众具有一定的权威，在集体舆论的形成中具有重要作用，可利用他们把握舆论导向；在舆论中融入思想政治教育的内容，在无形中增强舆论感染力，创造积极向上的良好氛围。

(2) 创造平等沟通交流的平台。思想政治教育要发挥沟通的作用，可以通过面对面的直接交流、讨论座谈会以及其他形式的媒介，促进思想的交流和意见交换，分享彼此的感受，使双方有自由平等交流的平台，可以增进感情，促进解决问题。

(3) 关注集体成员的心理。思想政治教育可以促进良好干群关系的形成，也可以帮助集体成员处理各种人际关系，正确看待彼此之间的关系，避免因为竞争导致的认识偏差，让集体成员保持心理平衡；还可以更清晰地认识和了解集体成员的思想，方便制定和完善某些政策，兼顾到集体成员的意愿。

4. *有助于形成发展集体文化*

全体成员的共同努力才创造了集体文化，它包括任何物质的和非物质的文化，集体成员通过学习可以使之继续传承和发扬。在集体文化建设和发展过程中，思想政治教育主要有两个作用：

(1) 在制度文化方面，集体成员的行为受到各种规章制度的约束和支配。集体成员对规章制度的认同关系到他们自身的利益，如果能够很好地贯彻落实规章制度，可以实现全体成员的利益，稳步提升他们的物质生活水平。因此，要帮助全体成员对集体的规章制度产生认同并自觉遵守，在执行制度过程中也要不断完善。

(2) 在精神文化方面，思想政治教育对人的思想具有塑造作用，统一集体成员的价值追求，树立正确价值观，让集体文化拥有更强大的生命力和凝聚力。在思想政治教育活动开展的过程中，集体文化可以得到有效加强，属于集体的独特仪式或独特象征物可以展现出全新的面貌，集体成员也会在这样的活动中受到影响，这有利于集体塑造出更好的形象。

（四）高校思想政治教育的个体价值

思想政治教育具有的个体价值体现在它可以影响个人的生存及发展，个体的生存需求及发展需要可以借助于思想政治教育的方式实现，思想政治教育还可以为个体的发展提供精神动力，也能够约束个体的行为发展、品格发展。

1. 有助于激发学生的精神动力

让学生拥有积极向上的精神力量，促进学生全面发展，是思想政治教育的重要作用之一。在激发学生精神动力方面，思想政治教育发挥了很大作用。人因为有需要才会有行动的动力，进而有行动。人的需要无外乎两种：物质和精神需要，也会因此产生物质和精神上的激励。中国特色社会主义建设一方面要有正确的经济手段，另一方面也需要对人们进行精神鼓励，即思想政治教育。而思想政治教育对人的激励有民主激励、榜样激励、情感激励和目标激励。一方面，思想政治教育宣传社会主义民主；另一方面，也通过各种方式让受教育者参与到社会主义管理中行使权利，这样可以调动受教育者的积极性。榜样激励是通过榜样的力量来影响受教育者，激发他们的上进心；情感激励是满足受教育者的情感需求，使他们在情感上趋向于积极、正能量；思想政治教育在理论方面始终以马克思主义理论为指导，践行社会主义理想信念，让受教育者树立正确的人生观和价值观，在精神层面给予人们动力。

2. 有助于塑造学生的个体人格

一个人整体上的精神状况就是人格表现，人格具有一定价值倾向，也是一种较为稳定的心理特征。人格涉及的方面包括精神层面、思想层面、道德层面以及情操层面，思想政治教育可以利用教育方式培养个体形成优秀的品格，可以让个体的精神发展到达更高的层级，拥有健康的心理素质，为未来社会的发展培养高素质人才。

思想政治教育工作的深入开展，引导受教育者明确自身定位，认识到自己在未来社会发展中的地位，增强责任感和使命感，拥有主人翁意识；也让受教育者明确人生目标，树立崇高的理想，指明奋斗方向，对社会、人生和个人有更清晰的认识，具备改造和适应环境的能力；影响受教育者的认知、情感和态度，拥有健康向上的心态，热爱生活，主动创

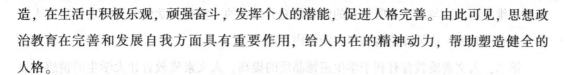

造，在生活中积极乐观，顽强奋斗，发挥个人的潜能，促进人格完善。由此可见，思想政治教育在完善和发展自我方面具有重要作用，给人内在的精神动力，帮助塑造健全的人格。

3. 有助于规范学生的个体行为

在改革开放程度越来越深的情况下，市场经济的发展不断繁荣，社会也有了更大的发展活力，这样的变化要求社会规则及时更新，我国目前正处于社会转型时期，思想政治教育的意识形态作用更加凸显，要努力践行社会主义核心价值观，通过道德和法律，双管齐下，规范学生的行为。思想政治教育是对受教育者进行有组织、有目标的道德教育，可以让受教育者拥有良好的道德品质，陶冶情操，树立正确的道德观念，将这些道德意识内化于心，对自己的行为产生约束，在社会活动中用更高的道德规范来约束和管理自己的行为。加强法制观教育，形成良好的法治社会氛围，让全体社会成员自觉形成遵守法律、学习法律的意识。同时，也要发挥法律的作用，引导和规范全体成员的行为，保障成员的利益，为社会主义核心价值观的践行提供制度保障。

第三节　高校思想政治教育的平台构建

一、人文素质教育平台构建

人文素质教育，旨在发挥高校文化育人的功能。在高等教育内涵建设进程中，高校思想政治工作应注重时代特征与高校特色的结合，将人文素质教育贯穿学生培养的各个环节，提升大学生的人文修养，推动文理交融，完善综合素质，增强文化自信。

（一）人文素质教育的重要意义

第一，人文素质教育是人的全面发展的重要途径。教育的本质是对“人”的培养，通过人文素质教育让大学生学会“如何做人”，帮助他们树立正确的世界观、人生观、价值观，健全大学生的人格，增强学生社会责任感、历史使命感。人文素质教育的目的的就是要培养人高尚的人格品德和全面发展的人，这与马克思人的全面发展理论的内涵高度契合。进行人文素质教育，可以满足人对人文知识学习的需要，满足人们对高尚品德的追求，而人的全面发展要求人具备高尚的道德品格、优秀的内在品质、良好的知识结构和科学的思维方法，这与人文素质教育的内容是充分契合的。实现大学生的全面发展需要人文素质教育的开展，这是理论落脚于实践的内在需求。

第二，人文素质教育有利于学生道德品质的提高。人文素质教育让大学生的情感得以熏陶，心灵得以净化，思想得以升华。无论是孔子的“杀身成仁”，孟子的“舍生取义”，范仲淹的“先天下之忧而忧，后天下之乐而乐”，抑或是文天祥的“人生自古谁无死，留取丹心照汗青”，这都是中国传统文化的人文精华，挖掘中国本土性、母体性、民族性的人文因素，结合当下国情与时代背景，进行现代性转化，这不仅有助于丰富大学生思想道德教育的内涵，更有利于大学生道德水平的整体提升。

人文素质教育不仅仅教学生以人文知识，在更大程度上教学生认识自我，从而认识他人、社会乃至全世界。人文素质教育同样可以将许多先辈留下的人生体悟和人生哲理教给学生，有助于帮助大学生更清楚地认识自我，同时通过自我认识更清楚地了解世界以及自身对他人、家庭、社会、国家的责任。顾炎武所云“天下兴亡，匹夫有责”，正是中国传统文化对“责任”二字的最好诠释；庄子的《齐物论》让我们重新思考个人与世界万物之间究竟处于怎样的关系；佛学文化讲究“悟”，教人以“空”的思想重新审视整个世界，包括内在的精神与外在的物质，而“悟”的前提则需要深厚人文素养的积累、内化与践行。

第三，人文素质教育有利于创新精神的培育。良好的人文素质能够激发人的创造力，通过人文素质教育，开拓大学生思维，激发创新灵感。人的文化背景越宽泛，视野也会随之开拓，融会贯通能力也随之增强，进而创造力也得以激发。开阔的视野能够帮助大学生站在前人的肩膀上，高瞻远瞩。人文素质的提高是一个由外而内的过程，通过对人文知识的学习、认知与感悟，将人文知识内化为自身的一种“精神内涵”，这种精神内涵有助于对问题的深刻反省，对知识的灵活运用，能够击破思维的惯性与惰性，有利于发现、提出有价值的问题与创造性地解决问题。因此，人文素质对大学生创新精神的培养具有一定的作用。

（二）人文素质教育的主要内容

1. 推动革命文化教育

在中国人民及中国共产党坚持不懈的奋斗中，革命文化得以形成，革命文化中包含着中国共产党人及中国革命群众的思想精神，也就是说革命文化包含革命精神及与革命有关的历史文化，它是扎根于中华土壤而形成的优秀的传统文化，社会先进文化的形成也在一定程度上吸收了革命文化的深刻内涵。革命文化包括中国新民主主义革命时期和社会主义建设初期的遗址、遗物、纪念物等物质文化和在这一革命过程中孕育出来的革命历史、革命精神、革命文学艺术，以及人民领袖、将军、烈士及老区广大人民群众的革命遗迹等非物质文化两种形态。分析革命文化可以发现，它展现了我国人民自强不息的顽强精神、时刻忧虑家国发展的爱国情怀、不因富贵威武及贫贱而改变的高尚气节和天道酬勤的民族精神。通过革命文化，我们可以看到我国人民的高尚品格，可以看到我国人民的崇高理想。社会主义核心价值体系的形成在一定程度上吸收了革命文化的精华，革命文化在爱国主义教育活动中具有先天的优势。高校应当通过组织参观寻访、观摩主题影视资料、举办红色经典作品品读、开展演讲比赛和征文比赛等形式多样的活动，促进大学生重温老一辈的红色岁月，了解红色文化，潜移默化地使青少年学生接受更多的革命历史知识、革命传统和革命精神，进一步激发大学生对党的热爱，对社会主义的热爱。

2. 推动先进文化教育

对大学生开展社会主义先进文化教育，就是要培育大学生的爱国主义精神、民族精神和改革创新精神，其中爱国主义精神和民族精神是重中之重。开展大学生爱国主义教育，就是要引导大学生充分认识到改革开放以来，党领导人民群众取得的社会主义建设伟大成就，增强大学生对于社会主义道路、制度、理论和文化的自信，并增强投身社会主义建设、为国家建设添砖加瓦的主动性和自觉性。开展大学生民族精神教育，就是要引导大学生增强民族自豪感和自信心，对实现中华民族伟大复兴充满信心；同时要引导大学生积极弘扬民族文化、民族精神，传承和发扬好作为炎黄子孙的基本价值观念。

（三）人文素质教育的基本路径

大学生人文素质是校园文化建设的重要内容，也是学生成长成才的必要基础。人文素质教育是大学生全面发展的需要，是思政教育学科发展的需要，是社会主义和谐社会发展的需要，因此，高校加强大学生的人文素质教育是势在必行的。通过构建课程体系、开设人文讲座、营造人文环境、提升艺术修养来加强大学生的人文素质教育，不断地夯实大学生的人文基础，提高大学生的人文修养，促进大学生的全面发展。

1. 构建课程体系

在高校整个课程体系、整个教学活动中规划人文素质教育课程。在高校学生中大面积普及人文知识教育，在课程体系构建过程中适当增设人文必修课和人文选修课。对大学生进行人文素质教育必不可少的是利用课堂教学方式，所以，大学在进行课程体系设置时，应该设置更多的和人文有关的必修课程，如开设古诗词鉴赏、中外哲学等课程，结合历史资料和影片、专题片等影像资料，进行直观的、感性的人文素质教育。人文选修课程的开设需要考虑学生的差异，需要考虑专业需要的差异，在此基础上设计出符合学生兴趣和需要的人文选修课程。除此之外，学校还应该针对某一个专业学科的特殊性为学生开设可以辅助其专业发展的辅修课程，也可以为某一个专业的学生提供双学位教学服务。

2. 打造教师队伍

“人文素质教育师资队伍是决定高校人文素质教育工作水平高低的重要方面。”① 教师是教育行为的实施者，在教学过程中起着重要作用。高素质的教师队伍是推进大学生素质教育的根本保证。在高等教育过程中，教师的人格状态是影响教育质量的潜在因素。教师需要充分认识到人文教育对于教学活动的重要意义，自觉注重人文知识的学习，特别是经典著作的阅读，拓宽自身知识面。在实施教育过程中给予更多人文关怀，即对人的本性的内在需要。人文素质教育过程中，教师不仅需要有理论上的传授，应当更加注重与大学生情感上的交流，在教育教学的过程中，充分尊重和关怀大学生，注重培养学生的社会实践能力和感悟生活的能力，将教学与现实生活紧密相连，培养学生完善的人格以及关心他人、尊重他人的品格，促进学生的全面发展。

3. 举办人文教育活动

高校人文教育活动因其形式丰富、贴近学生、参与者众而广受学生喜欢，举办各类人文教育活动亦成为高校人文素质教育最主要和最直接的方式。人文教育活动种类丰富多彩，包括舞台演出、人文讲座、读书活动、体育比赛等。这里对读书活动和人文讲座稍做展开。

阅读是人们学习科学文化知识、获取信息、体验艺术最重要和最直接的方式，因此，开展人文阅读，是对大学生进行文化素质教育最有效的方式。一方面，高校应为学生人文素质的提高提供阅读书目；另一方面，高校应该充分利用大学校园去开展校园文化活动，比如说，可以在校园当中举办阅读活动、知识竞赛活动、朗诵活动、情景剧演出活动，学校的校报当中也应该及时看到经典作品，学校的广播电台也应该经常播放与人文有关的歌曲。让人文经典的气息弥漫于大学校园之中，让人身入其中，接受人文熏陶。

人文课程教学可以借助于学术讲座活动作为教学的有效补充，学生人文素质的培养也

① 杭国英，武飞，武少侠. 高职院校人文素质教育评价体系构建 [J]. 高等教育研究，2011，32 (07)：68-74.

离不开学术讲座的支持。高校可以积极邀请国内外知名专家、学者，打造校园经典人文讲座，形成大学讲坛文化。人文知识讲座要结合实际，有统一的组织和合理的安排，增强系统性和针对性。通过组织各类学术活动，开展传统文化教育等方式增强大学生修身意识，传承学校精神文脉，促进优良学风建设，营造文明修身、健康向上的校园文化环境。

4. 营造人文环境

人文素质的形成需要通过提升自身的修养来达到，而提升修养的过程就需要不断受到人文环境的熏陶，在耳濡目染中提升艺术修养，在隐性教育中提高人文素质教育的成效。校园人文环境包括自然环境和人文环境。自然环境指看得见摸得着的，如山水园林、校园建筑、学习场所及娱乐设施。人文环境是看不见摸不着的，包括学风、教风、校风以及校园文体活动、人际关系等。校园人文环境建设是校园文化建设的有力抓手，也是人文素质教育的有效载体。加强校园人文环境建设，营造积极向上、健康高雅的校园文化氛围，对于大学生人文素养的形成具有重要意义。重视校园文化景观的教育意义，发挥校内雕塑、广场、建筑小品、景观景物的文化熏陶功能，进一步开发校内建筑及人文景观的文化价值，通过组织学生参与设计校园景观作品、命名楼宇街道等活动，鼓励学生积极参与校园环境建设。

二、身心素质发展平台构建

身心素质发展平台，是以大学生身心素质的平衡发展为核心，由高校的相关部门共同打造的育人平台，旨在通过全面的体育教育和心理健康教育，帮助广大学生培养强健体魄、健康心态，促进学生身心和谐。

（一）身体素质提高平台

第一，深刻认识高校体育工作的育人功能。身体素质是人的基本素质。体育课程教育、课外体育活动和赛事，旨在培养大学生健康体魄，切实提高大学生体质健康水平，促进学生全面发展，也是思政教育的重要途径之一。高校应当充分挖掘和有效发挥学校体育在学生思想道德素质、科学文化素质、身心健康素质以及人格品质、审美素养和健康生活方式形成中的多种育人功能，锻炼意志品质，培养团体精神。

第二，大力建设大学生身体素质提升平台。改革开放以来，我国体育事业蓬勃发展，各地不断完善和落实各项政策措施，广泛开展阳光体育运动，有力推进学校体育改革发展，高校的体育工作取得很大成绩。

近年来，各高校通过多元化体育教育、锻炼平台的建设，积极打造体育教学、课外活动和体育赛事相结合的群体模式，开展形式多样的群众体育运动，拓宽学生参与群体活动的途径，丰富校园体育文化生活；依托学生体育类社团和体育骨干的培养，创建品牌体育活动，弘扬各具特色的校园体育文化、传统和特色；广泛传播体育精神和健康理念，形成学生热爱体育、崇尚运动、健康向上的良好风气；充分挖掘和有效发挥学校体育在学生思想道德素质、科学文化素质、身心健康素质以及人格品质、审美素养和健康生活方式形成中的多种育人功能，锻炼意志品质，培养团体精神，进一步促进学生身体素质的提高。

体育课程教育、课外体育活动和赛事以及过程中弘扬的体育文化和体育精神，是身体素质平台建设的重要抓手，其中所蕴含的育人功能也早已成为各高校的共识。结合大学生生理心理发展特点，向学生传授体育知识、理论和实践的体育教育过程，应当适当融入思政教育的内容。

（二）心理健康教育平台

从广义角度进行分析，心理健康指的是人的心理状态处于良好高效可以让人满意的状态，从狭义的角度进行分析，心理健康指的是人在活动中涉及的认知、情感、行为、人格或者意志是彼此协调的。大学生群体看似轻松，实则承载着巨大的压力，比如学业困惑、情感纠葛、就业迷茫、人际关系紧张等。大学生因为心理问题而休学、留级、退学的案例已经屡见不鲜。因此，加强和改进大学生心理健康教育是新形势下全面贯彻党的教育方针、建设人力资源强国、推进素质教育的重要举措，是促进大学生健康成长、培养造就拔尖创新人才的重要工作，是推动高等教育改革、加强和改进大学生思政教育的重要任务。

大学阶段的学生自我意识在慢慢成熟，大学阶段是培养个性的最关键时期。大学生的自尊心和独立意识都很强，但是他们的心理发展并没有完全成熟，自我的控制能力和调节能力不强，所以在处理一些复杂问题时，时常会因为自我调节能力不够或自我控制能力不够产生激烈的冲突或者内心的自我怀疑，最终造成大学生心理发展的不平衡和失调，进而影响大学生的心理健康。另外，从外部环境来讲，随着社会竞争的日趋激烈和生活节奏的加快，大学生由学习、生活、就业、恋爱、人际关系等问题所带来的压力越来越大，由此而引发的心理问题和心理障碍日益明显。因此，高校开展心理健康教育，提升大学生心理素质，既是思政教育的需要，更是高校人才的培养的基本需求。把一个学生培养成为人才，必须首先把其培养成为一个人格健全的人，而良好的心理素质是评判一个人人格是否健全的基础性指标之一。

我国高校心理健康教育工作，起步于20世纪80年代中期，较发达国家起步较晚，还有一定的差距。但是，在党和政府的高度重视下，我国高校心理健康教育发展迅速并不断壮大。经过多年的探索和实践，心理健康教育从小到大，从弱到强，逐步走向了专业化、科学化、大众化，在缓解大学生心理压力、塑造良好的个性心理、提高大学生适应社会的能力、促进学生全面发展等方面发挥了极其重要的作用。

1. 开展心理健康课程教育

大学生心理素质教育依赖的主要渠道是课程教育，课程教育也是心理素质教育中的关键部分，心理健康教育课程的设置与其他学科的课程设置存在不同之处，心理健康教育是为了让学生形成良好的心理素质，所以，进行心理健康教育课程方面的探索与创新是高校心理素质教育的重要任务。

(1) 心理健康教育课程的教育理念。课程的教学理念是课程建设的核心，它决定了教学目标、教学内容的建构以及教学方法的选择。建设大学生心理健康教育课程应当遵循的理念主要包括以下方面：

1）课程教育的重点是大学生。大学生心理健康教育课程关注的是人，是学生这些活生生的人的心理健康。人是课程设计的出发点，理论和知识都是为人服务的，不能本末倒置。关注人的课程价值理念就是要在课程内容设置上研究大学生的心理发展特点、大学生心理成长发展的需要以及大学生心理发展的困惑，以学生为中心选择课程内容，选取相应的心理学理论；关注人的课程价值理念就是要研究学生喜欢和可以接受的教学方法，使学生真正愿意学、喜欢学，使其学习的内容可以用于自己身上，达到人格的完善和心理的健康发展。

2）课程激发大学生主动学习。大学心理健康教学的核心是促进学生了解自己，让学生在原有的基础上变得更加积极主动，投入生活，学会为自己负责，为自己做选择，做决定。而学生要做出这样的改变，既不是靠教师的讲授，也不是靠教师从外部的灌输可以完成的；必须经由其由内而外的心理转化才能达到。因此，只有充分重视和尊重学生的内心世界，才能促使其去发现并接受真正的自我，学会为自己负责，并做出适合自我个性的选择。这个过程只有靠激发学生内在的主动性，让其从“要我学”到“我要学”，使他们从单纯接受者的角色转变为学习过程的主体，从接受式学习转变为发现式学习、探究式学习。激发学生的学习欲望，提升学生的学习兴趣，培养学生的创新思维和创新能力，使学生以积极主动的状态参与教学活动。

心理健康教育课程重在关注生命成长，即让心理健康教育课程的学习成为师生人生中一段重要的生命经历，成为其生命中有意义的构成部分。一方面，关注生命不仅要尊重每一位学生，注重让学生在课堂上积极参与，使他们在体验中感悟，在感悟中收获成长，还要在传授心理调节知识和技能的同时，培养学生健全的心智与健康的人格，充分领悟和体验生命的意义和生活的价值；另一方面，课堂教学是教师职业生涯中的重要组成部分，课堂上学生与学生之间的分享、师生之间的互动，学生的疑问和反思都可能成为教师专业成长、情感升华、体验到生命价值的重要契机。心理健康教育课程让课堂焕发生命的活力，成为学生和教师体验生命价值、感受自我成长、进行生命实践的重要舞台，对教师和学生的生命成长都具有重要的意义。

3）课程提倡回归现实的生活。心理健康教育课程如果要帮助学生获得更好的心理发展、更好的生命成长，就必须回归生活，在课堂学习时注重理论联系实际，使学生在学习后将所学的理论方法付诸实践，使自己在生活、学习上更适应，拥有幸福感。心理健康教育课程若想回归生活，就要以真实的生活环境为中心设计教学内容和教学活动，通过对大学生在生活实际中遇到的适应问题、人际关系困扰、情绪管理、生命困惑、危机事件等给予指导，帮助学生将所学的心理调适之道应用于生活中，关注生活、体验生活，提升生活品质，成为自己身体健康与心理潜能的开发者。心理健康教育课程回归生活，就要敢于直面学生在心理发展中的热点问题。对于学生提出的热点及敏感话题，不回避，不说教，而是从关爱出发，引导学生讨论，让学生学会为自己、为他人负责，从而正确地做出选择。

第一，课程目标方面。心理健康教育课程致力于人与人、人与自然、人与社会的和谐健康发展，培养学生悦纳自我，热爱生活，积极交往，形成健康向上的情感态度价值观，同时注重大学生一致性与差异性的统一，培养学生尊重彼此的差异性，学会欣赏别人，处理好大学生在生活中的各种人际关系。

第二，课程价值取向方面。心理健康教育课程培养的是热爱生活、接纳自我、身心和谐的人，而不是进行心理学研究的研究者。心理健康与大学生的学习、生活息息相关，是生活中重要的构成要素。通过心理健康教育课程，可以帮助大学生对生活经验进行整理、反思和丰富，在课程生活和整体生活的互动中成为一个身心健康的人。

第三，课程内容方面。在课程内容方面，将大学生在生活中不可避免会遇到的心理困扰及其关注热点引入心理健康课堂，主要包括生活适应、学习适应、情绪管理、人际关系、恋爱与性、珍爱生命、应对挫折、转换生活视角等。心理健康生态课程内容不仅存在于课本中，生活是更广泛的课程内容，心理素质教育课程就是让大学生针对生活中的各种问题，学习心理调适之道，并将所学知识应用于生活实践，从而提高大学生的适应能力，达到人与自然、人与社会的和谐统一。

第四，学习效果评估方面。从学习效果评估方面，分别以自我评估、教师评估、学生评估三种方式对大学生进行评估。不仅要评估大学生对课堂上学到的心理健康知识和心理调适方法的掌握情况，更要重视大学生的知识获取及应用能力，即大学生是否能在日常生活中关注自己和他人身心健康，通过阅读、开展或参与心理素质教育活动等方式提高自己的心理健康水平，以及主动将所学知识应用于生活实践。此外，课程评估不仅要评估大学生学习心理素质教育课程的结果，还要关注在整个学习过程中学生参与课堂及课外活动的积极性及态度。

（2）心理健康教育课程的教学方法。教学方法服从于教学目标，是教师为达成教学目标而搭建的教师的教与学生的学之间的桥梁。它不仅涉及教师如何教，也涉及学生如何学和怎样真正学。为使大学生心理健康课程真正帮助学生在学习并掌握心理健康知识的基础上，将其运用于自己的学习生活中，形成良好的心理素质，提高心理发展的技能，就必须改革传统的教师单向向学生灌输理论知识的教学方法，探索新的教学方法，主要包括以下方面：

1）多元互动式的课堂教学。互动式教学与传统教学相比，其特点在于互动。从教育学、心理学角度，互动式教学主要包括以下方面：

第一，师生双方自主参与。教育教学的互动中，学生转变以往的接受者身份，变成了自主学习的主体，从“要我学”变成了“我要学”，以往的接受式学习方式慢慢改变，变成了自主式学习和探索式学习，此种新的教学方式激发了学生的创新意识和学习的自主意识。因此，在心理健康教育的教学活动中，师生双方都是有意识的、能动的交换或传递者，都以积极主动的状态参与活动。

第二，师生双方共同参与。相比于传统的教学模式来说，互动式教学模式更加注重“动”态的授课模式，“动”态的教学模式需要教师共同参与教学实践活动，在实践的过程中，做到动手、动脑、动情，让学生更加深刻地感知实践活动中的教学内容，不断内化所学知识，并且能和实践活动结合在一起，实现理论与实践的有机结合，进而提高大学生的实践能力和理解知识的能力。所谓“动”，就是要创设多种教学情境，开展多种教学活动，如师生角色互换、情景模拟、小组讨论、案例分析、游戏活动、课外实践等，它是形式灵活多样的教学手段与教师讲授的综合，是课堂内外的有机结合，它能够促进学生理论和实践的有效结合，培育学生的创新精神，提高实践能力。

2）动态生成式的课堂教学。动态生成式教学指的是教师要结合课堂当中学生的实际情况对教学计划进行适当的灵活的调整，以此来满足学生的学习需要、发展需要。在这样的模式下，课堂一直处于动态发展过程中，如果师生想要借助于教学活动实现彼此的成长，那么师生就必须紧紧结合在一起，以有机整体的方式参与教学活动。师生应该进行深层次的沟通和对话，通过合作的方式共同完成教学目标，紧紧围绕教学目标展开相关的活动。在彼此的影响中推动教学活动的开展。心理健康教育课程观很重视课程的动态生成性，根据大学生实际生活中遇到的问题生成教学内容，通过师生之间的互动、体验与分享，提升大学生的心理保健意识，培养大学生解决家庭生活、学校生活、社会生活中遇到的各种困扰的能力。

动态生成的生态课程观并不是不需要预设成功，即提前备课，顺利完成教学计划。提前备课是有效教学可以实现的前提，教学活动本身就是有目的的，教师需要在真正开展教学活动之前了解教学任务，对教学任务的完成做科学的设计和思考。只有事先预设教学内容、教学设计，进行备教材、备教案、备学生，才能更好地在课堂发挥教师的主导作用和学生的主体作用，提高教学效率。因此，心理健康教育课程要将动态生成和预设成功有效地结合起来。教师根据大学生在生活中可能会遇到的问题做好充分的预设和充足的准备，这样才能对整个课堂有更强的掌控力；同时，要适时关注课堂生成的新问题、新内容、新方法，体验师生之间、生生之间思维碰撞、心灵沟通、情感融合的生命活动历程以及随之而来的意外收获。

3）体验内化式的课堂教学。大学生心理素质教育课程不是为了让学生记住多少心理学的理论与方法，而是让他们将这些理论和方法内化为自我的认识，再由认识转化为完善自我的行动。当代建构主义倡导的体验式教学为人们提供了一种体验内化的教学方法。体验式教学强调“体验”，即从个人经验中感悟和理解，它既是学习过程，又是学习的结果。体验式教学指教师通过在教学过程中精心设计活动和情境，让学生通过体验、观察、反思、分享、理解并建构知识，提高能力，并把知识运用到现实中去。建构主义提出学习过程不是将存在于外界的知识吸收进来，而是需要学生从内在的角度自主地进行知识构建，所有的学生都有一定的知识基础，依托于原有的基础，学生可以根据自己的理解进行知识构建。

第一，创设体验情境。创设体验情境是指创设一些情境和活动。大学生心理健康课教学常用的体验活动有冥想、案例分析、心理测试、电影（视频）赏析、心理游戏、角色扮演、心理情景剧等，是设置某一种活动情境让学生参与其中并从中获得经验的过程。

第二，观察反思。观察反思是指学生在情境中感知、观察、体验、思考，这是一个在内在发生的过程。学生进入教学情境活动之后，为了让他们对经验有更深的体验，教师对其引导，丰富他们的生命体验，促进其觉察与反思。教师可以就事实和感受两个层面对学生进行引导。教师注重引导学生在互动活动中关注自己和他人的感受和体验。学生就会从对这一具体活动的关注中产生对课程内容的兴趣，继而激起热烈的情绪而投入到课堂学习中，学生也会把这一具体情境的体验性学习带入生活中的各种情境，从而学会观察生活、观察自己、观察他人，感受自己、感受他人、感受生活。他们会从生活中学习改变与成长。

第三，总结提升。总结提升是将学生所获得的体验、觉察、认识，用心理学的理论来引导思考和分析，形成新的人生经验。总结提升是把以前自己得到和分享交流中获得的片段而零散的新体验、新感受、新认识进行统整、提升、赋予新意义的过程。这个过程很重要，例如，学生在分享了用表情、动作进行交流时的感受后，总结出了“非语言是人的内心表达”“敏锐的观察可以增进人际交往”“语言表达可以直接交流，避免误解”。这一阶段可以采用学生的自我总结、学生团体总结和教师总结的方式。

2. *建设心理健康活动体系*

（1）心理健康教育活动的设计原则。如何使高校心理健康教育活动开展得更有效，使活动更能切合大学生的心理特点，满足大学生的心理成长需要，发挥心理健康教育的功能，在设计及实施心理健康教育活动时注意以下原则：

第一，活动设计的开放性原则。心理健康教育活动的开放性表现在以下两个方面：①形式上的开放性。在形式上，心理健康教育活动可以向不同的对象开放，尽可能地将能够促进大学生心理素质提升的资源整合起来。②内容上的开放性。内容上的开放是指在设计活动时要善于从学生的学习、生活实践中选材。

第二，活动设计的主体性原则。心理健康教育活动的目的是提升学生的心理素质，是以学生为主体的，在设计及实施心理健康教育活动时，一定要尊重学生主体的需要，主要表现在以下方面：

活动内容设计贴近学生需求。在设计活动内容的时候，应该充分考虑学生的身心发展特点。发展学生的心理素质应该以他们现有的身心发展水平为基点；并且，每个学生都具有个体差异性，每个学生的思维方式和认知方式都不同，不同的影响因素导致不同的行为方式和习惯。所以，在组织开展心理健康教育活动的过程中，应该充分考虑学生的差异性和阶段性。只有符合学生的身心发展特点的活动才能调动他们的参与性和主动性。

充分调动学生积极参与活动。充分调动学生参与活动的独立性、能动性和创造性，让每一个学生都成为活动的积极参与者。在活动过程中，教师只能起指导作用，不能包办代替。要注意防止两种倾向：一是对活动插手过多，学生失去了自主性，只能按教师意图行事，最终失去对活动的兴趣；二是将活动看成是学生自己的事而袖手旁观，听之任之，这实质上是一种不负责任的表现。教师既要确定学生在活动中的主体地位，又不能放弃自己的主导作用。

第三，活动设计的有效性原则。为了使活动有效，在设计心理健康教育活动时，一方面，要能针对学生的实际来设计活动。例如，针对刚入学的大学生，开展新生班级辅导活动，促进学生更快融入大学校园；另一方面，设计时要考虑所设计活动的可操作性。为此，要注意活动规模不宜太大，活动节奏要适度，比如针对失恋者的团体辅导应以8~10人的小团体连续多次的活动为宜；而新生班级辅导则可以在几十人的班级中开展，并且一次2个小时的活动就会收到较好效果。

第四，活动设计的系统性原则。学生心理素质的提升不是可以轻易实现的，是一个系统工程。在设计心理健康教育活动时，要注意内容的系统性，使单个活动组成系列活动，具有指向集中、主题鲜明、内容丰富的特点，从而使全体学生都受到深刻的心理健康教育，也注重学生知、情、意、行诸方面的全面发展。例如，在入学时开展新生班级辅导活动；在大二、大三时开展自我探索、确定职业发展的活动；在大四时开展求职辅导，使学生适应社会的活动。

(2) 心理健康教育活动的类别划分。

1) 根据活动人群范围划分。

第一，个人层面开展活动。在个人层面开展的心理健康教育活动主要是面向个体开展的，注重个体在活动中的体验及参与，旨在提高个体的心理健康意识，增强个体对自我的认识、理解和接纳，提升心理适应能力。如心理专题讲座、现场心理咨询、心理测试、心理电影赏析、心理读书会、心理对对碰、微博短故事征集大赛等活动。

第二，宿舍层面开展活动。宿舍是大学生学习、生活、休息、社交的重要场所，在塑造大学生的个性以及促进心理健康发展的过程中，以宿舍为单位组织开展活动，不仅可以缓解和减少宿舍之间的冲突和矛盾，促进宿舍成员之间的理解和接纳，而且可以营造温馨和睦的宿舍氛围，增强归属感，从而促进个体情绪管理能力、人际交往能力等心理素质的提升。在宿舍层面开展的心理健康教育活动主要有：幸福宿舍评比、宿舍团体活动、宿舍心理微电影等活动。

第三，班级层面开展活动。大学中的班级是大学生活的基本单位，是学校、学院开展工作的终端，是大学生共同学习、共同生活的基础，因此，在班级中开展心理健康教育活动可以促进班级凝聚力的提升，增强同学的归属感，促进个体情绪管理能力、人际交往能力等心理素质的提升。在班级层面开展的心理健康教育活动主要有：心理班会、班级心理健康知识竞赛、优秀班级活动评选等。

第四，校园层面开展活动。校园文化是一种社会亚文化，是社会文化的有机组成部分，校园文化具有育人功能、导向功能、娱乐功能和辐射功能。心理素质教育活动是高校校园文化的重要组成部分。在全校层面开展心理健康教育宣传及实践活动对于构建良好的心理生态环境非常重要：一方面，充分利用报刊、网络、电台、电视等宣传手段，在全校宣传心理健康知识，营造积极、健康的文化氛围；另一方面，在全校层面开展心理素质拓展、心理情景剧表演、心理团体辅导等活动，营造特定的校园心理氛围与环境，由于渗透面广，这能够让更多的学生了解、知晓心理健康理念，让学生在有意或无意中受到教育，对学生积极心态的形成、乐观向上生活态度的培养以及和谐人际关系的建立，都产生着综合影响。高校日常的心理健康知识的普及宣传教育都在营造一种良好的校园心理文化氛围，帮助学生健康成长。

2）根据活动组织时间划分。

第一，日常性心理健康教育活动。日常性的心理健康教育活动指不受时间限制，高校开展的心理健康教育宣传活动，主要有心理报刊、心理橱窗、心理网页的宣传，心理讲座、团体辅导活动、各种志愿者活动的开展等。这些活动没有时间限制，根据同学需要随时开展。日常性的心理健康教育活动可以随时让学生学习到心理健康知识，起到对学生的心理教育不断重复、不断强化的作用，日积月累，润物无声，学生们逐渐增长了心理健康意识，学会关心自我和他人的心理健康，学会了自助与助人。

第二，集中性心理健康教育活动。集中性的心理健康教育活动指高校在限定的时间内，集中组织的系列心理素质教育活动。集中性健康教育活动的好处是能够形成一种宣传教育的强大影响力，如果在同一时间段内进行丰富多彩的心理教育活动，能够引起学生更大的关注，引发学生积极参与的兴趣。

3）根据教育途径划分。从教育的途径来划分，心理健康教育的宣传活动可分为实体的宣传教育活动和网络宣传教育。实体的宣传教育途径包括创办心理健康教育宣传报刊、心理宣传橱窗、电视、广播等。各高校都有自己的心理健康教育宣传刊物或报纸。这些报刊一般都由学生自己编写，内容主要是宣传心理健康知识，介绍大学生心理调节的方法、大学生常见的心理问题、心理危机识别知识等。由于这些刊物由同学自己编写，内容贴近大学生的心理需求，编写形式图文并茂，很受大学生的欢迎。宣传橱窗、学校电视和广播则是宣传心理健康知识的重要渠道。

网络宣传包括学校或大学生心理社团建立的心理健康网站或网页，可以进行心理沟通的微博、手机微信平台，学校可以通过这些网络媒体宣传心理健康知识，搭建同学心理沟通平台，疏导大学生的情绪，发展健康心理。随着现代网络技术的发展，网络由于具有快捷性和方便性的特点，被大学生喜爱和广泛使用，运用网络途径进行心理宣传教育也越来越成为高校广泛采用的教育形式。

4）根据活动形式划分。在实践中，高校教师和大学生们创新了许多高校心理素质教育活动形式，主要包括以下方面：

第一，心理素质拓展训练。素质拓展训练借助于拓展训练的设施，借助于素质拓展培训师的引领，与此同时还要在素质拓展训练当中使用团体心理辅导技术、素质训练技术，在此基础上，为学生设计有一定挑战难度、有一定探索难度的活动项目，在项目完成的过程中，学生的素质就能够得到拓展。学生们在训练中通过体验式的培训，达到激发潜能、提高团体的凝聚力；学会了相互信任、分享情感、与人合作和相处；学习认识自我和接纳自我，提升了自信；学习解决问题和正确决策的技巧，学会承担责任；开发了个人潜能，增强了领导思维和协调意识。总之，素质拓展训练让学生在轻松快乐的氛围中提升了心理素质。

第二，心理讲座。心理讲座是高校常用的、最普遍的心理素质活动。心理讲座的组织一般是由教师调查大学生们的需求，根据学生的需要邀请校内外专家就大学生最关注的话题讲解相关的心理健康知识，对学生的心理发展进行指导。例如，大学生自信心的培养、大学生的人际沟通与人际交往、大学生的情绪管理、大学生的恋爱心理等。此外，也会有心理危机的识别与预防等专题。许多高校都有“心理大讲堂”活动，每月举办一次专家讲座。

第三，心理健康知识竞赛。心理健康知识竞赛是普及心理健康知识的一项活动。这项活动的重点并不在于比赛的结果，而是学生们在准备比赛过程中学习心理健康知识。在比赛前，教师把大学生应知应会的心理健康知识和最常用的心理调节方法编制成小册，发给同学学习，例如，心理健康的标准、认识自我的方法、情绪的种类和情绪调节的方法、人际交往的作用和人际交往的原则和方法等。在此基础上，编写出竞赛题目。通常竞赛题分为基本知识理解题和实际应用题。实际应用题是让学生运用心理学的理论与方法解决大学生常见的心理问题。实际应用题既考查了他们对心理调节方法的掌握，也让他们学会用这些方法帮助自己和他人维护心理健康。

心理健康知识竞赛题中还会有大学生常见的心理疾病及心理危机的识别及心理危机预防干预程序，以普及心理危机预防干预知识。通常竞赛中也会有一些宣传学校心理咨询机构的题目，例如，学校心理咨询中心所在的位置、电话等。让同学知晓这些信息，学会主动运用学校心理咨询的资源，可以帮助自己和同学心理成长。在学生充分学习、准备的基础上，再举行初赛、复赛和决赛。这个层层比赛的过程是进一步强化对心理健康知识学习的过程。心理健康知识竞赛是一项集学习、竞争、趣味为一体的普及心理健康知识的活动，大学生参与热情很高，这成为各高校大学生心理素质教育的传统活动。

第四，团体辅导活动。团体辅导活动是以活动为载体，通过在团体活动中团体成员的互动，加强成员对活动的观察了解，让成员在体验过程中对自我有更深的认知，不断地理解自我、接受自我，通过团体活动，成员和其他人之间的关系能够得到有效调整，成员可以更好地适应新的环境、新的生活。团队辅导活动的作用是将活动作为情景，让学生在参与活动中获得体验、感悟、理解，从而达到心理成长。活动本身的趣味性、新鲜感能够吸引学生参加，激发他们积极参加的兴趣。参与游戏的过程中，学生们远离了成人式逻辑思维，回到了自然状态，凭兴趣、直觉去行动，可以进入无意识状态，从而能认识自己内心真实的需要和自己的心理特点，从而达到对自己更深入的了解。

同学们在共同参与活动的互动中，又会通过对别人的观察、了解，透过别人的反馈，学习别人的积极品质和能力，完善自己的不足，获得自我的完善和提升。团体辅导活动可用于各种主题的心理健康教育。教师要有意识、有目的、有计划地选择、设计、构建适合于教育目的、教育内容的活动。例如，自我认识、人际交往、情绪管理、压力管理、生命教育等。这些活动中蕴含着心理教育的内容，学生们在参与中能够通过对自我和他人的观察和体验，达到对自己和他人的新认识，从而调整自己的行为，达到自我完善、自我成长。

团体辅导活动不是学生游戏的带领者，也不是为了仅用活动来使学生放松和快乐，它的主要目的是让学生通过活动的方式更好地理解和掌握心理健康知识，获得心理的成长。因此，团体辅导活动的带领教师起着重要的作用。因此，在带领团体辅导活动时，教师首先要准备好自己，保持自身的心理健康，还要具备团体辅导的技能。这些技能既包括对心理学理论和知识本身掌握和运用的技能，也包括团体辅导所要求的独特的技能。

第四节 高校思想政治教育的融合发展

一、高校思想政治教育与法治文化的融合

（一）法治文化的内涵与特征

1. 法治文化的内涵

“一个国家的‘法治文化’，就是这个国家的法律制度、法律机构、法律设施体现出的文化内涵和公民在日常生活、工作中所持有并遵循的以法律价值观为核心的心理意识与行为方式。”① 法治文化是人们在法治实践中形成的、体现着法治精神和理念、原则和制度、思维方式和行为方式的一种与法治文化、专制文化相对立的进步文化形态。法治文化是法治特殊性与文化普遍性的有机统一，是法治内容与文化蕴含先进理念。法治文化是人类整体文化的重要组成部分。法律的形成和确立，是人类迈向文明的重要体现。

（1）法治文化承载政治使命。法治文化虽然是一种重要的文化类型，但由于它浓重的法律色彩，使得这种文化类型的政治功能显得比其他文化类型更为突出和强烈。法治文化不同于文学、艺术、美学等类型文化，法治文化是一种用来调整社会关系和社会生活的调整性文化，它承担着特定的政治使命和政治目的。

法治文化是以法律作为核心要素和基本前提的文化形态，没有法律就没有“法律的统治”，而法律规范是由国家制定和认可、反映由一定物质生活条件所决定的统治阶级意志的、以国家强制力保证实施的行为规范体系。

在阶级社会中，始终存在特殊的私人利益与公共利益的冲突。为了干涉和约束私人利益，在全社会范围内推行和维护掌握国家政权的阶级的利益，掌握国家政权的阶级就必须把自己的利益装扮成“社会公共利益”，将掌握国家政权的意志转化为“社会公意”，并将美化后的意志以法律的一般表现形式呈现出来。只要统治阶级将本阶级的意志宣布为国家的意志，就可以名正言顺地制定法律推行自己的意志，并强制性地让人们服从它。

① 龚廷泰．法治文化的认同：概念、意义、机理与路径［J］．法制与社会发展，2014，20（04）：40-50.

由此可见，国家意志的表现其实就是统治阶级意志的表现。统治阶级运用自己在政治、经济上的统治地位，将本阶级的意志硬生生地变成国家的意志，并且将其奉为法律。由此，法治文化体现的是统治阶级的利益、要求和愿望，是统治阶级意志的体现，法治文化为统治阶级提供利益服务，因而它的一个基本政治功能就是实现社会控制，保持一种有利于统治集团的政治秩序和社会秩序。为达此目的，统治阶级总是以占主导地位的法律文化作为社会成员的价值标准和行为准则。

法律文化对一个社会绝大多数成员形成根本的价值标准、行为规范、思维方式影响极大，绝大多数社会成员都从法律文化中寻找自己判断是非的标准和尺度。

（2）法治文化协调价值冲突。法律体系是非常庞大的，法律的存在是为了对权力及义务出科学合理的规定，所有的权利设置、义务规定都会体现出法律的价值，如果法律所规定的权利和法律所规定的义务之间出现了矛盾，那么可以说明法律价值层面出现了冲突和矛盾。

法律价值方面的矛盾或冲突是非常复杂的，从逻辑角度对这些冲突进行理解可以将冲突分成两种类型：一是法律价值形态出现了冲突，虽然法律价值整体上是追求正义的，但是，正义涉及不同的方面，当从不同的考量维度出发的时候，所做出的规定就可能存在冲突，如从自由、幸福、平等及秩序等角度出发进行思考时，法律价值就会呈现出不同的形态，就有可能导致法律价值形态出现矛盾；二是法律价值主体在价值观上的认识差异。对于同一形态价值目标的含义，对于不同形态价值目标之间的关系，不同的价值主体往往会有认识上的不同，甚至同一价值主体也会出现变化。法治文化通过制度的建构、观念的更新，能够有效协调法的价值冲突性。法治社会中的法律，通过将秩序与规则引入私人交往以及政府机构运转之中，在自由与秩序之间以及不同主体之间价值冲突维持一种必要的平衡。

法律价值实现的过程，不仅是一个价值形态识别和确认的过程，也是一个在各种价值形态之间折中、平衡的过程。法律规范对社会成员具有普遍约束力，并且对任何在其效力范围内的主体行为用同一标准进行指导和评价，因而能够全面有效地协调社会关系，保证法律自身目的和价值的实现。因此，法治文化是调整社会关系、维护社会秩序，处理人与人的关系，即个人与个人之间、个人与群体之间、个人与国家之间以及不同层次的群体之间关系的基本准则和基本理念。

2. 法治文化的特征

（1）借鉴传承的开放性。文化是不断发展的，而文化的发展又是以借鉴继承为前提条件的。文化继承就是对于自身原有文化的保存和继续，文化借鉴则是对自身以外文化的吸收。文化的传承借鉴为文化创造提供了充足的营养，使人类文化一步一步走向辉煌。继承与借鉴是加快法治建设、实现法治现代化的必由之路。社会主义法治文化也是在借鉴和吸收世界各国法治建设有益成果，挖掘和利用我国优秀法治传统文化，继承和发扬我党法治思想的基础上形成和发展的。

发展历史不但需要站在前人的物质文化基础上，而且要站在前人的精神文化基础上。不管是哪个国家，都不可能完全抛弃自己长久以来的发展历史去创造一种全新的法治文化。

中国的传统法律文化无论在思想层面还是制度层面，有许多值得汲取的精华。中国的文明觉醒是较早的，在中国古代就已经形成了非常系统的法律，在中国古代，法治文明就是一种重要的文明形态，中国古代史确定下来的法律文化中有很多法律条例规定都具有普遍价值，这些价值不会受到时空发展、时空变化的影响。

法治建设是一个历史性课题，从古至今历代都在探索。中国古代法律文化中的许多内容体现了中国古代政治家、思想家对法治问题的缜密思考，体现了中国古代政治文明的卓越智慧。中华民族积淀深厚的优秀传统法律文化具有生生不息、历久弥新的品质，是永不枯竭、弥足珍贵的文化资源，为社会主义法治文化提供了丰富的思想宝库。充分发挥传统法治文化潜在的熏陶、引导、渗透功能，使优秀传统文化蕴含的法治理念根植于人们心中，才能更好地感化和约束人们的行为，在汲取传统文化营养中培养法治的自觉性。

从我国的古代法治和道德教化的历史发展过程来看，去其糟粕，以批判总结的态度探索历史发展长河中的法治建设，对于今天的法治建设来说仍有借鉴之处，包括建立社会稳定的秩序、构建控制模式以及选择控制手段等方面。我国的社会主义法治文化来源于我党的正确领导，也充分展现了我党法治建设的优良传统。我党从我国革命、建设和改革实际情况出发，按照社会主义法治原则，逐步形成了具有中国特色的法治道路、法治理论和法治制度。社会主义法治文化天然传承着我党法治的政治基因和科学思想方法基因，如坚持党的领导，坚持从中国实际出发，坚持人民主体地位。

根据矛盾的普遍联系作用机制，在开放环境下不同文化相互作用、相互影响，文化的传播与交融机制已成为文化发展的动力。每一个国家、地区、社会和民族都有自己独特、优秀的核心文化，同时，任何文化，如果长时间不和异质文化接触、交流、摩擦和碰撞，从异质文化中吸取养分，而单凭文化内部的单一动力则难以有大的发展。因此，世界各国的法治文化都在充分吸收基于不同地理、历史、文化、民族和生产等因素而形成的异质文化中向前发展。

所有的国家在接触外来文化的时候，都会坚持自己的核心文化，在此基础上去了解其他的异质文化，一个国家的文化发展肯定是在坚持自身文化的民族特性的基础上，让法治文化以自觉的状态积极主动地发展，在一定层面上实现法治文化建设经验、规律、创新机制和操作模式的共享与开放式发展。"质"的差异有程度的不同，法治文化建设可以对异质文化内部深层次的思想意识和观念进行吸收，也可以对异质文化外在层次的操作模式和管理技巧进行引进，可以对近缘的法治文化（如邻近的具有相似背景和相似条件的国家、地区和民族）进行直接借鉴，也可以与远缘的法治文化（如社会差异、文化差异、民族差异和意识形态差异较大的国家和地区）进行交流。

人类社会中目前存在的法治文明基本都具有普遍价值，特别是现代社会人们所创造出来的法律至上、罪行法定、权力制约、人人平等法治理念，非常具有法治智慧，这些法治理念代表人类社会的法治文明发展已经到达了较高的水平，这时的法治文明可以反映人类社会法治发展的基本规律。

中华民族自古就有积极进取、海纳百川的文化气度。中国法治文化建设正是在吸取异质文化中向前推进的。面对全球化进程的加快，要用一种全新的目光审视世界，吸收借鉴西方发达国家意识形态之外的法治文化建设有益经验，进一步增强社会主义法治文化的吸引力、凝聚力和创新力。

社会主义法治文化建设，必须具有世界眼光，用更加宽阔的视野来观察世界法治文化发展趋势，及时了解掌握外国特别是发达国家法治文化的发展动向，从我国实际出发，积极吸收借鉴世界优秀法治文明成果，增强社会主义法治文化的生机活力；坚持走出去、请进来，积极开展对外法治文化交流活动，走出与世界法治文化交流的路子，提高社会主义法治文化的辐射力、吸引力和感召力。

（2）建设发展的创新性。文化的发展必然是动态的，所有的文化都会在产生之后不断地演变，在时间不断流淌、空间不断变化的过程中，文化可以完成发展和演变，也就是说文化是时间发展、空间变化所创造出来的产物。正是这种文化的时间性与空间性，使文化具有创新性。法治文化建设也是一个历久弥新的课题，法治文化建设体现出了历史和时代思想和实践等方面的和谐统一，社会主义的法治文化建设必须注重时代特征的体现、人民风貌的体现，这样才能取得实际成效，才能及时回答实践提出的新课题，才能保持旺盛的生命力。

1）在体现时代性中创新。文化具有的时代性指的是所有的文化都会诞生于某一个历史阶段，所有的文化都要依托于时间而存在。换句话说，在历史不断发展的过程当中，文化得以形成，当时代不同时，文化内涵也必然是有差异的。只有站在时代的高度，把握时代的脉搏，才能反映时代发展的趋势和方向。

法治文化属于先进文化，法治文化为了实现法治价值，也一直在维持动态的发展，在不断地探索。在不同的时代，法治价值目标是不同的，所以法治一直处于动态的发展过程中，一直在致力于完成某一个时代的法治追求目标。

社会主义法律体系建设完成之后，需要考虑的问题是如何做到法律的有效实施，如何加强人们的法治意识，如何真正做到人民人权的保障，如何推进依法行政，如何做到司法公正。只有有效解决了这些问题，法治文化建设才能顺利进行。除此之外，文化创新过程中致力于追求展现时代精神，所以，文化创新会在传统文化的基础上加入和时代发展、时代精神有关的元素。要按照时代的新进步，推动传统法治文化创造性转化和创新性发展，把跨越时空、具有当代价值的文化精神弘扬起来，激活其生命力。

社会主义法治文化建设不能离开文化传统，不能空谈文化创新。要在传承发扬中华民族优秀法治文化的同时，加强对其法治思想元素的挖掘和阐发，赋予传统法治精神新的时代内涵，积极适应时代发展的新特点和广大人民的新要求，引导理解认同、自觉践行。同时，在形式上要加强新媒体新技术的运用。

2）在体现实践性中创新。法治文化的创新离不开法治实践活动，首先，在实践中，人们会遇到新的问题，在解决问题的过程中，法治文化就可以实现创新；其次，通过法治实践，人们可以获得更多的资源，这为法治文化的创新提供了更充足的资源支持。

社会主义法治文化必须顺应我国经济社会发展要求。在实现中华民族伟大复兴的历史征程中，我国正处于改革攻坚期、发展机遇期、社会风险期“三期叠加”时期。全面深化改革需要法治保障，全面推进依法治国也需要深化改革。

（二）高校思想政治教育与法治文化的融合实践

（1）德治对法治的支撑。

1）法律制定的基础是道德。法律法规的公正性和合理性以道德建设为基础，国家道德规范的诸多行为通常是以国家制定的法律法规为重要参照和依据。所以，高校在规范大学生的道德行为和标准时，可以根据规章制度规范学生的行为，让学校的规章制度成为具有约束力的制度，进而满足高校师生员工的诉求。

2）道德弥补法治。法律具有较强的抽象性，稳定性的法律与具体多变的现实生活之间总是存在矛盾，即法律的滞后性。道德可以协助法律体系，约束和规范人们的行为。

（2）德治对法治的促进。我国高校制定的各项规章制度是为大学生服务的，高校法治文化建设也是以大学生的利益为根本出发点的，因而人们不能仅仅为了追求“法治”而“道德沦丧”。为了防止侵犯大学生的利益，高校在制定规章制度时必须符合价值追求和评价标准。除此之外，法治的价值取向与道德约束的内容“不谋而合”。所以，学校在制定规章制度的过程中，也应该遵循自由、平等、公正等价值取向，从而不断提高大学生的道德水平。并且，道德作用充分发挥的先决条件和坚强后盾是法律，法治建设能够在一定程度上强化道德的约束和规范。

二、高校思想政治教育与社会工作的融合

（一）社会工作者

1. 社会工作者的人群范围与特点

根据以上界定，不是随便一个为他人服务的人都可以称为“社会工作者”，“社会工作者”有特定的人群范围与特点。

（1）社会工作者是从事社会工作的专门人才。为了培养出社会发展需要的专业社会工作者，很多大学都专门开设了社会工作学院，建立了社会工作系，学生可以在大学接受专业的社会知识教育，掌握社会专业知识及专业技巧，具备专业的知识和技巧，因此社会工作者是具有专业助人知识和技能的专门人才。

（2）社会工作者是在一定的社会福利机构中专门以助人为自身职业的人，是受薪人员。社会工作者和志愿者慈善人士是有区别的，也区别于心理医生、特殊教育教师等机构工作人员。

（3）社会工作者要认同并严格遵循社会工作的价值准则和职业伦理。社会工作者的价值准则和伦理原则是专业助人者必须严格遵循的，这也是社会工作之所以成为一个独立职业的重要因素。

（4）社会工作者有一定的资格准入要求。要想获得社会工作者的从业资格，需要一定的专业学习经历，并按照所属国家和地区的证照管理制度进行申请。目前，不同国家和地区的证照制度略有不同。

2. 社会工作者与社会工作机构的关系

社会工作机构是专门的社会工作组织，它为社会工作提供指导思想、信念、目标，确

定社会工作的方向和服务内容，培训和调配工作人员，调动各种资源，组织社会工作活动。

（1）社会工作机构对社会工作者的重要意义。社会工作机构对于帮助我们识别社会工作者的身份有着重要意义。严格意义上，只有在一定社会工作机构中进行专职助人工作的人员才可以称为社会工作者。可以说，从事专职助人工作的社会工作者一定是社会工作机构中的工作人员，而社会工作机构也为社会工作者的助人工作提供各种保障并施加一定影响。

首先，社会工作机构对社会工作者进行管理和物质支持，社会工作者则以机构为依托，与服务对象（案主）一起工作，协助服务对象改变态度、观念或行为，以解决问题。

其次，社会工作机构的目标和功能定位的限定对社会工作者的工作实务产生影响，即使工作者的工作领域更加专业化，又可能使社会工作者很难按服务对象的需要为其提供全面综合的服务。

最后，社会工作机构的工作规程往往确定了谁被授权与服务对象在机构中互动、采用什么方法和途径、这种方法将提供什么资源用于帮助服务对象，这些工作规程影响着社会工作者的工作方法和途径。

（2）社会工作机构与社会工作者的独立性间的矛盾。社会工作机构的目标与功能在一定程度上反映了社会工作者为社会做贡献的社会期望，而社会工作机构的效能则决定着社会工作者实现社会期望的程度。社会工作机构是社会工作者的工作载体，为其提供各种工作资源、条件；但是从社会工作者的“助人自助”价值、伦理角度看，社会工作机构的各种限制性规定又与社会工作者的独立性及社会工作的助人理念存在些许矛盾。以社会救助站为例，很多救助站对流浪儿童的救助工作通常以保证儿童在站期间吃饱、穿暖、不生病、不出事，并安全送出救助站为工作目标。在这种目标定位下，救助站出于管理便利的需要往往忽视儿童的特殊情况和切身利益，对社会工作者的工作定位也进行行政限定，通常仅要求其配合救助站的工作，适当开展心理咨询和做做游戏，而不能根据儿童的特殊情况和切身利益制订“个别化”的解决方案。机构的限定性规定使社会工作者在发挥角色作用和技能上受限。

（二）高校思政教育与社会工作融合形式

1. 高校思政教育与个案工作方法的融合

个案工作方法主要是利用沟通方式、会谈方式、记录方式，帮助高校开展思想政治教育，不同的个案工作方法有不同的运用技巧，要遵循不同的应用程序，要使个案工作方法在高校思政教育与社会工作融合中，取得良好的效果，必须对各种技术有透彻的理解和熟练地运用。

（1）个案工作的沟通。人际沟通是人类最基本的活动，也是人类最基本的需求之一。它是双方借助语言或非语言符号相互交换观念、感受、态度、情感等内容的双向互动过程。人际沟通在本质上属于符号互动。根据沟通媒介的不同，对沟通进行分类，可以将沟通分成两个类型：首先，语言方面的沟通，如借助于电话、信件、会议等方式展开的沟通；其次，非语言沟通，指的是利用表情、身体、姿势或语气等方式展开的沟通。

可以把个案工作理解成思想政治教育工作者和思想政治教育受教育者之间展开的交流与沟通，个案工作也属于人际沟通形式的一种。思政教育工作者在进行个案工作时，把握相关原则与态度，将有助于人际沟通进行有效认识并解决学生的问题，提高工作成效。

（2）个案工作的会谈。个案会谈作为人际沟通的一种特殊方式，主要是指思政教育工作者与学生面对面的、有目的、有计划的专业谈话。会谈是个案工作最重要、最常用的技术，是工作者了解学生的有关情况并与之建立专业关系，以便为学生提供帮助的主要手段。会谈的有效与否，将直接影响整个工作的实际效果。

1）会谈的准备工作。

第一，场所准备。个案会谈通常情况下会在一个安静的封闭的让人感觉温馨的会谈室中进行，这样的环境可以让思想政治教育工作者和学生进行更深入的沟通。在会谈室的选择、布置方面应做到：室外环境清静不吵闹，不受嘈杂噪音的干扰；室内光线充足、空气清新，温度适宜，使会谈双方身体舒适、心情轻松；空间大小适宜，室内布置简明单纯，桌椅摆放以会谈双方成45°角斜座为宜；会谈室应是能保障个人隐私的独立单间，并具有隔音效果。

第二，时间安排。会谈的时间一般安排在办公时间内，但有时为了照顾学生的特殊情况，也可以安排在办公时间以外。安排会谈时间应注意：每次会谈时间以40~50分钟为宜；不同个案的会谈时间宜相隔15分钟，以便工作者稍做休息，也可以使学生对工作的保密有安全感；会谈结束之后，应该利用休息时间去记录会谈中所提到的重要事项，工作者也可以记录自己根据谈话内容所推理出来的事项。

第三，教育工作者的仪表整饰。教育工作者的仪表一方面要符合角色规范，另一方面也要符合学生的年龄、性别和文化程度。如果教育工作者的穿着打扮过于随便，或穿奇装异服，容易让学生怀疑其专业性，而太过郑重古板的装束，则容易给人造成难以接近的印

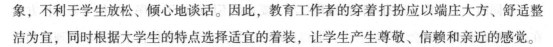

象，不利于学生放松、倾心地谈话。因此，教育工作者的穿着打扮应以端庄大方、舒适整洁为宜，同时根据大学生的特点选择适宜的着装，让学生产生尊敬、信赖和亲近的感觉。

2）会谈的主要技巧。

第一，表达技巧。个案会谈过程中，工作者应该掌握一定的语言表达技巧，这样才能和受教育者进行充分的沟通与交流。在人面对面的沟通和交流中，有大部分信息是通过非语言行为传递的，因此工作者在会谈中必须注意自己的非语言表达。非语言表达的技巧主要有：面部表情要轻松、自然，不皱眉头；身体姿势要舒适，采取一种开放的姿势，上身前倾，保持一种关注的态度；目光接触自然而然，不要逼视学生，也不要上下打量或眼神不定；手势要自然、松弛。

语言表达的技巧包括：语言鼓励，通过鼓励的方式引导学生情感的表达，语言应该相对简单干练，语言要能够被学生所理解；不要用带有情感的字眼，如先进、落后、自由、保守等；语言和非语言表达要尽可能一致。

第二，倾听技巧。倾听包括倾听学生的表达以及对学生表达的反应，它可以协助学生说出问题，因而本身就具有教育的功能。

第三，询问技巧。根据不同的目的设计问题。询问是会谈中必不可少的部分，包括开放式和封闭式两种类型。开放式询问指没有什么固定答案的提问，可以给学生一个自由、充分的空间回答问题。封闭式询问要求学生对教育工作者限定的问题进行回答，一般只要求回答“是”或者“不是”，如“你的情绪是否不好?”“你和同学是否关系不好?”等。开放式问题常用于探索问题的阶段，可以鼓励学生说出更多的信息，使工作者了解造成问题的条件。封闭式询问常用于收集一些基本的资料，有助于缩小讨论的范围，确认问题和主题。

提问后要给学生足够的时间去思考。工作者不要同时提很多问题，让学生无所适从。每个问题后留一定的时间让学生思考，等他回答完一个问题后再接着提问，这样有利于学生清楚地表达自己的想法。

避免直接问“为什么”。在个案会谈中，“为什么”往往意味着要求学生对自己的行为进行解释，暗含着指责和压制，难以让学生接受。因此，可以用其他的句式进行转换。例如：“你为什么会逃课?”改为“你对逃课这件事是怎么看待的?”，“你为什么不喜欢这门课程”改为“你能说说不喜欢这门课的理由吗?”等。

（3）个案工作的访视。为了促使个案访视的顺利进行，达到预期的目的，工作者应掌握以下技巧：

1）明确访视的目标。访视前要确定访视的目标，明确到底要观察什么，了解什么，究竟要获取什么资料，寻求什么支持。目标确定以后应该落实在文字上，拟定一个访视的提纲，作为访视的指引。这样就可以有的放矢，防止浪费时间和精力。

2）做好访视的准备。为了确保访视顺利进行，访视前应作充分的准备。首先，了解受访者的相关资料，如年龄、性别、民族、文化程度、籍贯等；其次，安排好访视时间。访视时间要视受访者的情况而定，一般而言，休息时间或节假日是比较合适的时间。至于要不要事先预约，要根据访视的目的和受访者的情况而定，充分估计到访视过程中可能出现的问题，提出应付防范的办法，同时需要准备访视的工具。

3）教育工作者的仪表。为了给受访者留下良好的第一印象，取得其信任和支持，工作者必须注意自己的仪表，穿着打扮应该符合特定的访视时间、访视地点和访视对象，接近访视者的生活习惯，使工作者与受访者之间不会产生隔阂为标准。

4）教育工作者的态度。工作者的访视是对受访者正常学习、生活或工作的一种打扰，因而要耐心细致，体现出尊重、谦和、关怀、真诚的态度。在访视中，言行和态度要尽量符合受访者的社会背景和文化程度，使用受访者的语言，以促进双方更好合作。

（4）个案工作的记录。

1）记录的基本原则。在个案工作记录中，工作者要注意遵守以下原则：

第一，资料的完整性。为了准确地评估学生的问题，个案记录要求详细地记录学生的基本资料。

第二，记录的选择性。记录不是将和学生谈话的所有内容都详细记录下来，而应做出取舍。工作者要根据自己的专业知识和判断，选择那些客观的、有利于问题评估的资料进行记录。

第三，记录的清晰性。个案记录要求所记载的资料是清晰可读的，这就要求工作者使用准确的语言，简明扼要、书写工整地对工作过程进行记录。

第四，记录的及时性。为了避免遗忘或者混淆细节，工作者应及时进行记录。记录一般是在每次会谈后进行，因为会谈中的记录容易使学生不安，难以全神贯注地进行表达和倾听。只有那些容易遗忘的资料如姓名、地点等，才适合当场记录。

第五，记录的保密性。对学生承诺保守秘密是取得学生的信任、顺利开展个案工作的基础。记录的撰写和存放都要注意保密性，除有关工作人员以外，其他任何人都不得查阅相关资料。

2）记录的主要形式。个案记录的形式主要有过程式记录、研究问卷式记录和摘要式记录三种类型，思政教育工作者在实际工作中可以根据不同的情况进行选择。

第一，过程式记录。过程式记录是指将工作者与学生在会谈过程中的互动或沟通内容详细记录下来。过程式记录可以生动地体现整个工作过程，使阅读者清楚地看到学生的表现、工作者的处置以及学生的问题是如何逐步得到解决的。过程式记录的内容包括基本资料、会谈的内容、双方的感受和情绪反应、工作者的观察和理性思考、下次服务的打算及计划等。过程式记录可分为以下两种：

叙述式记录：叙述式记录就是工作者以第一或第三人称的角度，陈述个案会谈的过程。

对话式记录：对话式记录就是以对话的形式记录工作者与学生会谈时的互动和沟通内容，不仅记录口语的，一些非语言行为也要记录下来。对话式记录可以清楚地了解学生的内在感受、问题以及双方互动的过程。

第二，研究问卷式记录。有时候为了特定的研究方案可采用研究问卷式记录。这种方法是配合问卷上的问题而将所得的资料填入已设计好的格式内，从而使记录易于阅读和理解。研究式问卷记录的主要内容应包括：①主观因素，即学生对自己所处状况的看法，包括认为问题出在哪里，是哪些因素造成的，最迫切需要在哪里；②客观因素，指客观的事实和学生周围的环境；③诊断，分析学生问题的真正原因；④计划，协助学生处理问题的方式和步骤等。

第三，摘要式记录。摘要式记录指的是根据大纲要求对资料进行组织，这种记录方式是工作者对相关工作内容进行的概括和总结。摘要式记录要有一个大纲和标题，这是其组织资料的主要结构。

在实际工作中，工作者不论选择何种记录形式，都必须做到“精确真实”，这就要求工作者养成记笔记的习惯，不断积累经验，提高个案记录的质量和水平。

2. 高校思政教育与社区工作方法的融合

社区工作是动态持续的，社区工作需要遵循科学程序，这里试图综合各方面专家的观点，将高校社区工作的实施过程，按时间序列分为四个阶段，即探索与准备阶段、制订计划阶段、采取社区行动阶段、评估与总结阶段。

(1) 准备与探索阶段。

1) 高校社区生活。思政教育工作者通常可从以下三个方面了解和熟悉学生生活：

第一，利用学生档案查阅及宿舍管理记录查阅的方式去分析高校社区的发展情况。第二，与高校社区师生进行交谈，了解高校社区师生的生活、学习和研究状况、教学方式与师生关系，把握该高校社区的存在结构。

第三，建立卡片档案，把高校社区重要组织和机构负责人的资料登录在资料卡中，以便随时翻阅参考。

在大学生方面，则可以根据年级与专业加以分类，并在高校社区地图上标出他们的分布。另外，思政教育工作者还应当了解高校社区内那些历史文化活动的产物，如雕塑、建筑和艺术长廊等。

2）高校社区需求。社会调查是了解高校社区需求的最常用的方法。社会调查的方法主要有问卷法与访问法。如果调查的目的是行动，那么应将调查限制在较小规模里，只要简单要求填答类似“你认为什么是高校社区最糟糕的事”“这些问题可经由哪些途径去改善”等项目。访问法可采用面对面访问，也可采用电话访问。访问法，特别是深度访问法可以对问题的来龙去脉有更深入的了解，弥补了问卷法的不足。除了这两种方法外，还有观察法、文献资料法、社会指标法、会议等收集资料的方法。

（2）制订规划阶段。为了促进高校社区建设的发展，必须制订详尽的规划。计划高校的社区社会工作属于一种社会干预方式，这种方法是一种理性的方法，是在系统分析技术的支持下解决社区的问题，并引导社区发展变迁。根据对象和范围的大小，社会发展计划又可分为整体规划和具体规划两种：①整体规划，即对高校社区的现在和未来进行总体规划。规划涉及高校社区组织与发展的全局，可以分为近期规划和长远规划；②具体规划，即对高校社区内亟待解决的问题制订出工作方案。它往往涉及一时之事，可以是整体规划的一部分。

有效的高校社区发展计划应该遵循以下几点原则：①高校社区发展计划必须先依据全校学生和教师的意愿和要求，邀请代表参与制订；②在确定计划的过程中应该充分考虑计划的可接受性、可行性和适合性；③在制订计划的过程中一定要从整体规划出发，明确目标。目标的明确可以为评估提供依据，整体规划指在制订计划时必须充分考虑扩大范围，与社会发展计划建立连接，协调好高校社区内的各个机构和组织，并制订良好的衔接计划等；④应该妥善保管与计划相关的文件、评估报告以及会议记录等有效文件，便于以后检讨和改进计划。

（2）社区行动阶段。社区行动在这里特指思政教育工作者激发社区大学生行动起来，将制订的计划付诸实施。因此，社区行动是实施社区计划的过程，包括会议、宣传、人事、财政等方面。

1）会议。高校社区会议指的是社区中各个方面的代表人员参与的与社区发展有关的意见交流、经验分享会议，高校社区会议既具备教育功能，也具备组织功能。一个成功有效的会议有赖于事先的准备工作，会议准备包括业务性准备与事务性准备两方面。业务性的准备主要内容包括：一是确定会议的主题；二是就会议主题与各方代表进行磋商，以获得沟通与支持；三是预测会议进行中可能出现的各种情况；四是把获得的各种信息与会议主席沟通，并辅助主席推动会议的进行。

事务性的准备包括会议的时间、地点、会议议程、通知、礼仪以及会议记录的安排等。通过召开会议，交流意见，求得共识，获得参与和合作的承诺。因此，在会议进行的过程中，思政教育工作者除需熟练地运用“会议规范”之外，还需洞悉会议出现的各种情况并妥为处理。会议的结束并不表示工作任务的完成，思政教育工作者还须进一步分送会议记录，推动决议的执行，真正做到“会而议，议而决，决而行，行而果”。

2）宣传。宣传主要是让相关人员了解与高校社区有关的基本事实，使其重视高校社区发展的相关问题，转变相关人员对高校社区发展的态度，宣传的目的是为了让当下的现状得到改善。根据不同的情况，可以采用各种不同的宣传方式。宣传可以是口头的，也可以是文字的。口头宣传是指利用各种高校社区信息传递通道，如学校广播、学校电视、食堂等，这种方法比较经济。文字宣传有海报宣传、校报、油印传单等。

3）人事。高校思政教育工作者应当与社区师生及社区内各机构、团体建立起融洽关系；组建开展社区工作的组织（如理事会、委员会、工作小组、志愿团体等）；发掘与培养高校社区的领导人才。

4）财政。财政包括募集资金、编列预算与使用资金。募集资金是思政教育工作者经常使用的方法，其目的在于动员高校社区内的物力、财力以发展高校社区或支持高校社区的福利事业。募集资金所需遵循的最重要原则是公开性原则。在募捐活动完毕后，应立即公布捐款者姓名与捐款数额，并把经费分配情形与用途向大众报告说明。预算的编列应建立在深入了解各种高校社区需求的基础上，应区分各种需求的轻重缓急，以便对经费作合理的分配，避免因经费不足而影响计划的实施。预算一旦完成，资金的使用就有章可循了。资金使用中所要考虑的最重要问题是如何发挥有限资金的最大效能。

（4）评估与总结阶段。高校社区社会工作的评估与总结应遵循一些重要的原则：其一，在设计高校社区计划时应考虑未来评估的对象与方法；目标的陈述须具体明确，最好是可操作、量化的。其二，测定高校社区的变迁须兼顾高校社区正式及非正式领导者、地方官员、工作参与者与各阶层民众的反应。其三，衡量高校社区变迁须包括组织的、权利的、经济的、社会的、心理的、文化的等各层面的因素。其四，对于高校社区工作的评估模式或方法的选择，应向行为科学专家或方案评估专家寻求咨询。

评估总结工作有四个特点：①评估与总结受思政教育工作者的价值观和理论框架的影响，不同的价值观和理论框架，其评估与总结的切入点就不一样；②评估与总结是一个相对的、动态的过程，因为高校思政教育社区工作本身是一个动态的变化的过程；③评估与总结是思政教育工作者和案主一同参与的过程，只有这样，才能和案主一起对一段时间的社区工作进行评估，发掘问题，分析问题成因，寻求问题的解决方案；④评估与总结是一个分析与行动并重的过程，评估过程既是总结前一阶段社区工作成果和经验教训的过程，又是一个找到下一步社区建设和社区发展重点方向的过程。

评估与总结可以由高校思政教育工作者自己来做，也可以由社会各界代表来做，或咨询专家。可以做定量评估，也可以做定性评估。

实际上，不可能完全将思想政治教育中的社区工作进行清晰的阶段划分，不同阶段中的工作内容肯定存在交叉。例如，在建立关系阶段就已开始做宣传、协调等工作；而在编制计划时更不可忽视协调、会议、宣传等工作。在这里把社区工作的过程与步骤做明确的划分，更多的是为了理解的方便。高校思想教育工作者在具体从事高校社区工作时，不应死守固定的程序，而应根据实际情况灵活运用。

第二章 社会主义核心价值体系与大学生核心价值观

第一节 大学生核心价值观的基本内涵及其体现

价值观形成与发展的关键时期是在大学阶段，这一阶段，学生的生理、心理、成长的环境等都有明显的特殊性，基于这一原因，在大学时期构建和培育大学生的核心价值观时，要以大学生为价值目标的主体，满足他们的价值需要，把他们作为构建的必然要求和重要任务。

一、大学生核心价值观的内涵与特点

（一）大学生核心价值观的内涵

价值观的主体性特点决定了人们面对同一事物和问题进行分析时会产生不同的价值取向，即主体价值观选择和判断呈现多样性。就整个社会而言，价值观具有核心与非核心之分。核心价值观是居于主流地位的价值观，是与整个社会占主体地位的经济基础相适应并有助于维护促进其发展的价值选择和判断。由此可以看出，社会意识形态的本质体现在核心价值观上。普通价值观与核心价值观的区别在于核心价值观反映了时代进步及经济发展的必然要求，因此，核心价值观决定了社会的根本价值内涵和社会的发展方向。不仅如此，在特定的社会中，核心价值观能够引领、规范和整合其他价值观，在整个价值观体系中占有主导地位。但是需要特别指出的是，核心价值观不只是某一种方面、某一领域的一种观点和价值判断，即它不是单一的价值观，更多的时候表现为一个价值观体系。

核心价值观能够凝练、概括并具体表述核心价值体系，二者密不可分。马克思主义是指导我们进行社会主义核心价值观建设的根本理论和方法，马克思和恩格斯在其经典著作

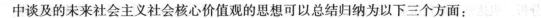

中谈及的未来社会主义社会核心价值观的思想可以总结归纳为以下三个方面：

第一，为广大劳动人民谋取利益的价值取向。为广大劳动人民谋取利益，是马克思、恩格斯社会主义价值观的鲜明取向。马克思本人也一再申明，他的学说是为无产阶级的解放运动服务的。革命导师马克思早在中学时期就说过要把自己的幸福和千千万万的普通人的福祉联系在一起，资本主义制度的建立是人类历史的巨大进步不假，它破坏了传统的统治秩序，带动了生产关系的革新，并创造出了人类社会前所未有的巨大的生产力，但是它逐渐地使人口密集起来，令生产资料集中起来，将资产聚集到了少数人的手中。

第二，唯物史观视野下的价值实现路径。唯物史观是马克思独特的理论创造，也为其关于未来理想社会和价值理念的实现提供了实践方案。与以往思想家、理论家不同，马克思的价值理论又不是抽象的价值理论，其关于未来社会人类自由而全面发展的畅想是建立在对社会生产发展的认识和分析基础之上的。也就是说，未来社会人类真正自由而全面的发展不是凭空实现的，更不可能通过简单的道德或理论说教就能实现，它需要强大的生产力和丰富的物质材料支撑。不然，价值追求就只能成为不切实际的空谈和幻想。想要使人类个性真正自由发展、全面发展，能力发展也必须达到某种较高的程度。

“大学生核心价值观是指大学生群体在长期的价值生活实践中积淀和形成的有关客体对主体效应的根本看法，是大学生群体在处理各种价值问题时所持的根本立场、观点和态度，它在整个大学生价值观体系中处于中心地位，起着主导作用，体现着大学生价值观的根本倾向，统率并约束其他处于非核心地位的价值观。”①

（二）大学生核心价值观的特点

从理论上看，某一价值观念能够成为这个社会的核心价值观，需要具备以下三个方面的特点：

第一，核心价值观能够正确地理解和把握时代。任何价值观都不是凭空产生的，我们将价值观作为一种社会意识，其实质是对社会存在的主观反映。既然是主观反映，那么价值观就有真实与否、正确与否、正义与非正义之分。在一个社会当中居于主流地位的核心价值观必然是对社会存在的真实反映和正确理解，更能够对整个社会发展起到引领和规范作用。所谓正确地理解和把握时代现实，就是要理解并揭示特定时代产生和存在的实际状况，将整个时代具有的基本特征鲜明地显现出来，对整个时代的社会结构进行客观全面的

① 杨业华，湛利华．大学生核心价值观的内涵及研究意义探析［J］．思想教育研究，2013（04）：31-35.

分析，表达整个时代所有人民的心声，并且立足于当下时代去分析时代未来的发展趋势。总的来说，就是实事求是地对当下的时代进行理解和预测。如果一种价值观不能立足于时代，对时代的现实情况进行客观的分析和感悟，那么这样的价值观就不会成为这个时代的核心价值观，更不会成为整个时代人民所信仰的价值理念，这样的价值观也会因为不具备科学性和现实性而失去长久存在于现实社会的生命力。

第二，核心价值观是实现统治者利益的有效工具。在人类社会发展的历史过程中我们可以发现，人与人之间的各种利益关系始终伴随其中，人类的基本矛盾主要体现在生产关系与生产力，经济基础与上层建筑之间的矛盾，具体表现为社会当中不同阶级、不同社会群体之间利益诉求的碰撞、冲突和矛盾斗争。不同阶级、阶层和利益集团具有不同的价值愿望和诉求，至于哪一种价值观能成为一个社会的核心价值观，从根本上来说，还要取决于统治者的利益需求。从我国传统社会占主导地位的“三纲五常”的核心伦理道德规范，到资本主义社会所谓的“民主、平等、自由、博爱”等，其之所以能成为当时占据主导地位的核心价值理念，主要还是因为它们符合了统治阶级的需要，能够很好地维护和实现统治阶级的利益。因此，一个社会中占统治地位的思想不过是占统治地位的人的思想。由此可见，利益是一个时代的问题，具有明显的阶级色彩和属性。一个社会的核心价值观必须对体现社会发展进程的基本矛盾做出科学的解释，对利益问题做出鲜明的回答，才能真正发挥核心价值观的作用。

第三，核心价值观还要体现人文关怀，彰显人文精神。价值观是文化的本质体现，而文化是由人创造的。核心价值观虽然是统治阶级意志和利益的反映，但同时在一定程度上还需要赢得绝大多数社会成员的认同和拥护。黑格尔认为，人作为具体的个体存在，本身就有一定的存在目的，大多数情况下人会把自身的利益当作自己存在的目的，但是在发展过程中，整个人类都在进行特殊性发展的时候、了解自我特殊性的时候，也关注到了其他人，对集体有了一定的了解，人会发现集体中很多人的价值观是相同的，在这样的情况下，人的特殊性就慢慢地有了普遍性特点。人在发展过程中也会吸收历史发展过程中对人类自身发展有意义、有好处的价值观，在发展过程中人始终将目光聚集在生命本质上，没有过多地关注超越人性的神性，也没有过多地关注反人性的兽性，关注力始终凝聚在人性本质上，这说明人的价值观始终有人文关怀。

二、大学生核心价值观的体现

（一）政治信仰坚定

当代大学生的政治信仰是非常坚定的，这里提到的政治信仰指的是在某一种社会环境下大多数社会成员都认同的一种政治意识形态，认同这种政治意识形态代表社会中大部分人认同政治制度体系、方针、路线、纲领，以及领导团体所制定的政策。分析当代大学生的政治态度可以发现，他们的政治态度非常鲜明，他们支持主流政治意识，拥有理性的政治情感，他们对党的领导持认可意见，并且遵循党的领导，持续奋斗、积极推进改革开放、积极进行国家建设，除此之外，他们也认同党提出的发展路线、发展方针，一直在实践活动中贯彻落实党的政策要求。除此之外，他们也坚持中国未来的发展必须走中国特色社会主义道路，他们自觉树立理论自信、道路自信、制度自信及文化自信，时刻把民族命运、国家前途放在心中，时刻关注政治热点问题，一直站在人民利益角度对社会问题进行思考。

（二）爱国情怀饱满

当代大学生有非常饱满的爱国情怀：第一，他们一直心系祖国发展、胸怀祖国未来，大学生在学习自己的专业知识时，也致力于将自己的专业知识和国家未来的发展联系起来，让自己的个人理想和国家的发展目标挂钩，他们对我国发展过程中遇到的大事件持有热烈的关心，他们尤其关注改革开放过程中遇到了哪些困难，他们会站在自己的角度为困难的解决提出意见；第二，他们始终维护本国利益、本国荣誉，尤其是在对外开放程度越来越大的情况下，在我国和其他国家其他地区其他民族进行交流互动的时候，我国大学生总是把国家利益放在首要位置，特别是当大学生看到一些错误思想在扭曲、在质疑国家形象、损害我国利益的时候，大学生往往会站出来主动维护我国的利益以及形象，并且使用理性的话语和对方展开激烈的辩论。第三，当代青年学生具备开阔的国际视野和胸怀。在对外交往的过程中，他们善于着眼全球，从长远发展考虑问题，能够冷静客观地分析问题，注重将本国发展与整个世界的发展联系起来。因此，他们在坚持维护本国利益的同时，关心国际重大问题，并能够自觉履行国际义务和责任。

（三）人生追求积极向上

大学生的人生追求非常积极、非常健康、非常丰富，当代大学生更加关注自己的文化水平，更加关注自身的道德修养，他们不会过于沉迷享乐，也不会过于注重物质享受，更加强调自己精神方面需求的满足，而且能够协调处理精神和物质追求之间的关系，做到物质追求与精神追求之间的平衡。他们会为自己的人生设置清晰的目标，并且坚持完成目标，也就是说他们可以坚持不懈地奋斗。除此之外，大学生的社会责任感非常强烈，他们积极奉献、积极践行社会价值观的要求，他们为自己的人生设置了明确的目标，将自己的个人理想和国家理想民主理想进行了深层次的融合。

第二节　大学生价值观形成与发展的特点与功能

一、大学生价值观形成与发展的特点

在马克思主义看来，价值反映了主客体间的相互关系，是客体满足主体需要的属性。而价值观作为一种主观认识和判断，是基于人的一定的思维感官之上而做出的认知、理解、判断和抉择，是人们关于事物有无价值、价值大小等的基本认识和看法。价值观反映了人们的认知和需求状况，又是对特定社会历史状况和时代特点的主观反映。它具有以下基本特点：

第一，社会历史性。价值观作为人的主观意识，不是凭空产生的。从表面看来，价值观是人的一种主观认识和判断。但从根本来看，价值观是对特定社会历史时期客观现实的一种反映，受社会生产条件的影响和制约。在整个人类社会发展的过程中，不同历史时期的人们所具有的价值观是不同的，而特定价值观必然带有那个时代的鲜明特色，反映特定时期的社会生产状况和人们的总体认知情况。然而，价值观不是固定不变的，随着社会历史的变化发展，价值观又是不断变化发展的。

第二，主体性。价值观是人类所特有的现象，而人又是存在主体差异性的。这明显表现为，对同一事物、现象和问题的认识、分析和评价会因主体的不同而不同。造成主体认识差异的原因是多种多样的，而其中最根本的起决定作用的就是人们自身在社会经济关系中的地位和角色。同时，主体因文化教育水平、民族、宗教、习惯等不同也会产生不同的价值选择和判断。这些都导致了同一社会当中，不同社会成员在价值选择、判断中的多样性。

第三，能动性。价值观作为一种社会意识，一方面，是对社会存在的主观反映，受社

会存在的影响和制约；另一方面，价值观又不是被动的，它又能对社会存在产生反作用，或推动或阻碍社会存在的发展。并且价值观所展示出的强大的认知功能、导向功能、教育功能等社会功能，使得人们特别是一个社会的统治者特别重视发挥价值观的重要作用。

二、大学生价值观形成与发展的功能

第一，价值观具有认知功能。价值观能够在某些方面反映出人的世界观和人生观，反映了人们的认知和需求状况，是人们对于客观世界及社会行为的看法与评价。而人的认知和需求又是建立在特定社会历史基础和条件上的，因为，通过对价值观的分析和研究，不仅能够了解人在某方面的认知能力和需要状况，同时也反映了特定社会历史的生产状况、政治、文化等发展状况。因此，价值观又是一面认识人与社会的“镜子”。

第二，价值观具有教育功能。价值观的教育功能是指社会通过宣传、命令、指导、示范等方式和途径，在全社会弘扬某种价值理念。先进的价值观念能够使人们懂得什么是善与恶，什么是正义与非正义，从而树立正确的价值观。并且，良好社会风气、舆论倾向和道德模范的培育和树立，具有强大的示范功能，使其他社会成员“见贤思齐”，不断更新和完善自身原有的价值理念，逐渐向先进价值观靠拢。

第三，价值观具有行为导向功能。价值观可以支配或指导人的行为，这些都反映在了人类的行为中。价值观会在较大程度上影响人的行为发展、动机产生。如果客观条件相同，但是个人价值观不同、个人行为动机不同，那么个人的最终行为也会存在差异。人的价值观会在很大程度上决定人的动机，人在出现某种行为想法时，人的价值观会对该行为想法进行判断，只有根据结果判定这种行为想法是合适的，想法才会真正变成行为动机，人才会真正做出与想法相符的行为。

第四，价值观具有社会调节功能。价值观的调节功能，是指价值观能够指导和纠正人们的行为和实际活动，从而达到协调人际关系、维护社会秩序的目的。尤其是居于特定社会主导地位的核心价值观更能够调整人们多元化的价值选择，使其不断向核心价值观的判断标准靠拢。而价值观所调节的关系范畴，不仅指个人与他人、与社会之间的利益关系，还包括人与自然之间的关系。现代社会的发展所带来的生态环境的恶化，也使得人与自然的关系问题日益严峻。对此，价值观的调节范围必须涵盖人与自然的关系。

第三节 大学生核心价值观是社会主义核心价值体系的体现

建设社会主义核心价值体系可以提升我国的文化软实力，可以较好地维护我国的主流意识形态，也可以在社会传播先进文化。社会主义核心价值体系属于社会主义理论中的重要构成，社会主义核心价值观对人们的日常行为、思想意识有着重要的影响，它决定了人们的人生追求、价值追求。我国未来社会的发展依赖于大学生，在国家建设的过程中，大学生属于中坚力量，因此，大学生的价值观是否正确、科学，直接影响着我国社会发展的健康与稳定，因此应该高度重视大学生的思想建设。

一、“坚定理想，传承文化”是大学生核心价值观的灵魂

民族或社会制度之间产生激烈竞争的本质是价值观念方面的竞争与较量，一个社会、一个民族的价值观是由这个社会中所生活的个体共同决定的，它代表的是整个社会人民的价值追求、价值观念，在社会个体中，青年学生的思想有更强的可塑性，所以一个国家想要维护自己的社会意识形态，加强意识领域的力量，必须争取青年学生的支持。人的所有精神力量中最强大的是理想，青年理想信念的形成受到文化的深刻影响，所以，大学生核心价值观中必定涉及“坚定理想、传承文化”这一内容，“坚定理想、传承文化”和马克思主义指导思想是相吻合的，和中国特色社会主义理论也是相符的。我党在发展过程中通过各种各样的实践已经检验过了马克思主义理论的正确性，所以，我党和我国人民认可马克思主义理论，使用马克思理论中的观点和方法来指导我国的发展，马克思主义也是我国坚定不移的意识形态。“坚定理想、传承文化”要求大学生把中国特色社会主义的建设当成自身的理想，把马克思主义中提到的科学理念当作自己的人生信念，同时还要学习我国优秀的文化，在此基础上使大学生树立科学正确的世界观、人生观、价值观。

二、“胸怀祖国，奉献社会”是大学生核心价值观的主题

社会主义核心价值体系一直强调民族精神需要以爱国主义作为核心，在一个民族长久的发展过程中，在经历过整个民族人民的社会实践之后，整个民族就会形成民族精神，民族精神是民族中绝大多数人都认可的一种道德规范、价值取向、精神气质及思维方式。我国的民族精神是以爱国主义作为基本内核的，爱国主义不是简单地在纸上写一写，也不是

空洞的口号，它代表的是人们对祖国的深切热爱，人民也会在实际行动中自觉践行爱国主义。在古代，言官们对君主的积极谏言、将军士兵对国家的保卫都属于爱国的范围；在民国时期，所有人民团结一致抵御外国的侵略展现的是人们的爱国精神；在社会主义时代，人们积极地创新创造、努力奋斗、为社会主义目标的实现积极奉献展现的也是人们的爱国精神。可以发现，从古代到现代，社会和爱国一直都是协调统一的，中华人民共和国成立之后，爱国精神要求人们爱护社会主义现代事业、积极建设社会主义现代化事业，始终致力于维护国家的统一。对于当代大学生来讲，爱国是历史遗留下来的任务，也是民族发展提出的基本要求，爱国有很多形式，大学生核心价值观之所以选择“胸怀祖国、奉献社会”这种形式，是为了让大学生始终牢记自己的使命，让大学生在社会实践活动中积极践行爱国精神，也是为了让大学生的个人发展和社会与国家联系在一起。

第四节 社会主义核心价值观及其对大学生核心价值观的引领作用

一、社会主义核心价值观的发展尺度

在中国特色社会主义探索和改革中，我们确立了“三个倡导”，它构成了社会主义核心价值观的基本框架和主要内容，由此，确立了社会改革和发展的基本价值遵循。发展是马克思主义理论品格的内在本质，也是社会主义核心价值观保持生命力和优势的要求；而且，客观上，我们不断完善和发展中国特色社会主义也需要比较成熟的、确定的社会主义核心价值观。而培育和完成这样的核心价值观要充分运用积极的方式推动主体逐步认同，也要克服各种阻抗因素，在实践中建构社会主义核心价值观，这需要经过一个很长的时期。在社会主义核心价值观理论与实践的交互作用的过程中，我们需要确立培育和发展的核心理念、基本尺度，需要不断地检视、反思、评价、改革、重建社会主义核心价值观。

对某一对象的认知、评判的不同维度取决于对象的属性，由于对象客体具有多维属性，人们的认知、评判就会产生多个维度。从不同维度进行的评判都有一定的合理性，但这些评判维度在整个评价体系中的地位却不同，有根本方面和非根本方面，有主要方面和非主要方面。当前人们对社会主义核心价值观的评价就存在这种现象。从生产力发展、社会进步的维度审视，可以得出积极的评价结果；用西方价值标准评判当代中国价值观，可

以得出消极的评价结果；从道德维度进行的反思、评价，既有肯定性评价也有否定性评价。在根本的意义上来看，评价培育和发展社会主义核心价值观的效果如何，我们要在它所要解决的问题和社会发展目标中确定评价尺度，这个尺度应该是：生产力的发展、社会秩序的实现、法治化、人的发展。

（一）根本尺度：发展生产力

生产力标准是社会进步的最高尺度和根本标准，判断一种社会意识形态的优劣，最终要看它是否促进生产力的发展，是否有利于生产力发展，这是评判社会主义核心价值观培育和发展的根本尺度。

（1）评价社会的发展程度时，生产力是可以使用的最基本的评价标准。生产关系是由生产力决定的。在生产力和生产关系出现矛盾之后，在矛盾运动中起主导作用并且起积极活跃作用的因素一直都是生产力，生产力也会对社会发展产生决定性的影响。也就是说，社会发展最终是由生产力决定的，评价社会发展程度时，生产力是最基本的一个评价标准，判断社会要素是否具备存在价值的时候，也要看社会要素是否能够促进生产力的提升，社会主义核心价值观的发展以及培育本质上代表的也是社会生产力的发展。

（2）生产力发展是人生存、生活、发展的基础，也是形成积极的思想意识、价值观的前提。人们的第一个历史活动就是生产物质生活本身，这是他们能够生活的前提，能够创造历史的前提。社会主义核心价值观培育和发展的主体是人，终极目标是使人类全面自由发展，而生产力的高度发展是人发展和存在的基础。生产力的发展能够创造更多的物质财富，拓宽人交往的程度和普遍性，为人的发展提供更多的可以自由支配的时间，而时间是人的发展的空间。对生产力发展这一根本尺度，我们不能简单化理解，要注意以下方面：

1）注重对生产力发展的内涵、质量和社会意义的评价。人们通常简单地以经济指标衡量生产力的发展水平，但生产力具有更丰富的内涵，生产力的发展创造的社会财富具有更重要的社会意义。对社会主义核心价值观培育和发展的评价不仅要着眼于继续解放和发展生产力，而且更重要的是提高生产力发展的质量、内涵和社会意义，实现生产的持续科学发展，关注其价值属性。

第一，以更少的成本创造更多的物质财富，这是生产力发展的内涵要求。在改革开放的前30年中，经济的增长主要是通过消耗自然资源，投入人力、资本等，而在全面深化改革的新时期，我们就要改变经济增长方式，维持高水平的生产力，依靠科技创新，驱动产业发展，提高自身的管理水平，这样才能在激烈的国际竞争中取得优势。

第二，更大程度地减少发展的代价，这是生产力发展的质量要求。在改革开放40年的时间内，我们已经取得了巨大的发展成果，但是也在一定程度上付出了代价，比如，我们的生态环境越来越恶化，人民的道德水平有了一定的下降，社会也出现了比较明显的民生问题，富裕和贫穷之间的差距越来越大。对于生产力来讲，它的发展应该利于经济的增长，但是与此同时也要在一定程度上控制发展所付出的代价，也就是要做到公平公正的发展，要做到协调统一的发展，要做到持续性的稳定发展。

第三，生产力发展的成果要更多地为人民享用，这是生产力发展的社会意义。生产力代表人和发展之间的辩证统一，所以，在关注生产力的时候除了注重效率之外，也要对生产力的价值进行考量，也就是说经济增长及生产力的发展要能够让人们的需求得到更好的满足，也要有助于人的发展。生产力所带来的发展成果应该可以为更多的人民提供便利、满足更多人民的要求，也就是说生产力发展的成果应该惠及所有人民。

2）生产力是根本尺度应当在最根本的意义上理解。社会主义核心价值观属于社会思想上层建筑，它并不会直接促进生产力发展，它的直接目标是规范人的行为、营造社会秩序、实现社会公正。但人是生产力发展的主体，社会主义核心价值观通过使人确立正确的价值观、提升精神境界、激发积极状态、提高实践能力，从而推动生产力发展。因此，生产力归根到底是评价社会进步和价值观建设的最高标准和尺度。

3）生产力尺度不能表象化理解，要在实质意义上把握。从外在表象看，生产力发展表现为物质财富增加、经济效益提高，但这样理解生产力就过于简单化了。从内在实质上看，生产力包括三个基本要素：劳动资料、劳动对象和劳动者。生产力的发展意味着生产力三要素的提高，如劳动工具的改进、劳动对象范围的扩大和层次的提高、劳动者整体素质的提高。所以，生产力尺度应该主要从三要素衡量。而这三要素又内含一些具体指标，包括科技发展程度、科技成果的转化能力、管理科学化水平、人们的交往关系、劳动者的精神状态和进取精神等。

4）生产力标准不是唯一的衡量尺度。中国特色社会主义优越性的彰显归根到底在于社会生产力的发展和人民生活水平的提高。但完善和发展中国特色社会主义是系统性、整体性、协同性的事业，涉及政治、经济、文化、社会、生态等各个领域。在全面深化改革、推进国家治理体系和治理能力现代化的现实境遇下，社会结构各层面、各领域的制度建设都会发生深刻的变革，这就要求我们对社会主义核心价值观成效的评价要根据不同领域的发展目标确立多方面的衡量标准体系。生产力标准不是唯一的衡量尺度，不能以生产力标准取代或排斥其他评价标准，这样才能全面、科学、有效地评价当代中国价值观培育和发展的成效。

“总之，重视解放和发展生产力，尊重人民群众的首创精神，是改革开放取得成效最重要的经验，是中国革命、建设和改革取得成功的法宝。”①

（二）首要尺度：社会秩序

保持稳定而又富有活力的社会秩序是社会存在和发展的前提，社会秩序指向公共领域的社会合作、社会关系和个人的社会行为，蕴含人们对合理的社会交往关系、社会规范和利益关系的诉求，因而人们往往将其作为评价社会价值观、社会行为和社会制度及其结果的重要的价值尺度。社会文明发展要求改善交往关系，实现社会平等，塑造良性社会秩序。在所有的影响社会秩序的因素中，社会价值观，特别是核心价值观的培育非常重要。社会秩序是社会主义核心价值观培育的首要尺度。

1. 准确理解良性社会秩序

社会秩序是有规则的社会状态。良性社会秩序是评价社会主义核心价值观的尺度，是社会发展的内在要求。我们建构社会秩序、评判社会主义核心价值观的培育和发展必须准确把握和理解良性社会秩序。

（1）良性社会秩序是以制度规定社会各要素关系的社会运行状态。社会秩序的表征是有规则的运行状态，规则的依据是权威，权威的来源是领袖权力或社会制度。传统社会是人治社会，权威来自领袖权力，领袖的意志决定社会规则和社会秩序的状态。现代社会是法治社会，权威来自社会制度，社会运行规则是由制度规定的。有制度约束和规范的社会关系就保证了社会运行的公正性、稳定性和民主性。

（2）良性社会秩序具有以人为本的价值内蕴。建构社会秩序是社会存在和发展的手段，尊重人性、促进人的自由全面发展才是社会发展的目的。社会秩序表明了社会运行的规则性、有序性，良性的社会秩序必须以尊重人、依靠人、发展人为基本前提和价值目标。有的社会秩序也可以是有规则的、有序的，但社会组织和结构运行是违反人性，不尊重人权、人的尊严、人的意志和人的价值的，这样的社会秩序就是恶性的。如果失去了人的发展的价值向度，社会秩序的建构就没有任何意义。

（3）良性社会秩序是开放的、发展的。因为规定社会秩序的规则和制度具有一贯性、稳定性，所以社会秩序也具有相对稳定性，而不是变动不居的。构成社会秩序的各要素的

① 陈述. 坚持生产力标准：改革开放成功的根本原因［J］. 人民论坛，2018（33）：18-20.

社会地位和社会角色相对稳定，形成自洽的、前后续接的、有序的社会系统。但社会秩序的稳定性并不是封闭的、保守的，而是开放的、创新的、充满活力的、不断发展的。社会秩序变动的动力来自内部或外部，力量有动力、挑战或压力。在形成社会秩序的内部各要素中，人性有不断发展的需求，它要求改进生产工具、创造更多财富、改善交往关系、营造自由环境、共享发展成果。社会系统中每一种社会要素的改善都要求其他构成要素的改变，由此推动了社会秩序、社会生态的发展。

在影响社会秩序变动的外部要素中，国际组织和强势国家的力量是主要因子。他们的影响力既有积极的也有消极的，发生影响的程度取决于全球化的状况和维护自身社会秩序的力度。良性社会秩序是具体的、历史的，而不是抽象的、凝固的。不同社会形态有不同的社会秩序样态，其样态的表现形式取决于国家性质，以及社会生产方式。在渔猎社会，社会秩序是以渔猎生产为轴心，以血缘关系、氏族关系为基础建构的，体现了氏族首领权威下的人们之间的平等关系，社会秩序体现了生存的逻辑；在农耕社会，社会秩序是以农业生产为轴心，以地缘关系为基础建构的，体现了国王或皇帝统治下的社会等级关系，社会秩序体现了权力的逻辑；在现代工业社会，社会秩序是以工业生产为轴心，以市场关系为基础建构的，体现了制度规范下的权利平等关系，社会秩序体现了金钱的逻辑。作为评判尺度的社会秩序也有评判尺度的问题，符合评判尺度的社会秩序表明，不同社会形态下的社会秩序具有历史合理性，这种合理性在于它们建基于不同社会生产方式的正当性。社会秩序的评判尺度主要有：符合生产力的发展要求、维护生产关系、体现时代要求，使社会保持活力。

2. 凝聚社会共识、形成社会合力

个人的意志和诉求之间的冲突最根本的是利益对立，最核心的是价值观的冲突，但价值共识可以增强社会共识，消解、弱化利益对立，形成社会发展合力。

价值观是协调社会各个阶层相互关系的灵魂和基本准则，也是一个社会具有凝聚力和向心力的重要源泉。当代中国正处于社会层次化、价值多样化、利益多元化的社会变局中，发展中的矛盾和问题逐渐集中凸显并显现出尖锐化、激烈化的态势，各种社会矛盾的结点、人民群众的强烈诉求聚焦于这一变革的时代。凝聚社会共识、形成社会合力正成为当今中国社会全局性的关注焦点，它最能体现当下中国社会各阶层各群体的共同期待，是形成共同意愿的“最大公约数”。

当代中国改革的过程也是人们思想观念、价值理想变化的过程。中国社会发展进入新常态，社会阶层结构出现剧烈变动，社会分化形成不同阶层和利益群体，各阶层、不同利

益群体基于各种利益诉求形成不同力量，各种力量在利益分配关系中的博弈使得社会矛盾增加，各种力量的冲突会消解社会发展的动力。利益追求矛盾的背后是价值观冲突。利益的分化、动力的弱化可以通过社会制度加以规范和引导，但真正消解社会结构各要素、社会各阶层的根本矛盾，增强社会发展合力，还需要建构社会主义核心价值观，发挥主流价值观的作用。社会主义核心价值观具有引导人们的活动方向、凝聚人们的精神力量、激励人们的实践动力、规范人们的价值取向、整合人们观念分歧的功能。所以，社会主义核心价值观的培育和发展要注重其增强价值认同、形成价值共识、营造社会秩序的作用。

二、社会主义核心价值观的发展体现

（一）在国家价值层面的创新发展

1. 实现富强目标

富强属于经济目标，是在社会主义市场经济条件下人们追求的经济目标及价值理念，它在社会主义价值观中占据首要地位，是社会主义核心价值观的基本内涵，还是完成中华民族伟大复兴的必由之路。国家富强的根本目的在于人民富裕，人民的共同富裕是社会主义的本质，每个人自由而全面地发展是共产主义最终追求的目标。我国是社会主义国家，人民当家做主，一方面，国家是人民赖以生存的环境，没有国家强大，没有国家民主的政治环境，稳定的社会秩序，人民就没有办法进行生产活动，更不会达到富裕的生活水平。从1978年改革开放以来，我们逐步建立完善了社会主义市场经济制度，国家鼓励支持引导经济发展，提高了社会生产力，大大提高了人民生活水平和富裕程度，另一方面，国家正确的经济政策提高了人民的收入和生活水平，为社会财富的积累提供了更多的活力，大大地刺激了人民生产积极性和创造性，这就为我国的发展提供了稳定的物质基础，同时也能够为国家发展提供强大的精神动力。国家富强不能狭义地认定为经济实力的强大，经济是与一个国家政治的稳定、文化的继承创新、社会的发展、生态的可持续密不可分、息息相关的。所以说，富强是综合国力的集中体现，如果说富强是国家发展的基石，那军队无外乎是国家稳定强大的屏障，我们的“中国梦”就是“强军梦”，我们要始终坚持强军与富国一起发展的战略，进而实现中华民族的伟大复兴。

2. 人民做国家的主人

无论是《独立宣言》所倡导的民主还是《共产党宣言》所追求的民主，都体现出人类社会对民主的向往和憧憬。但相比资本主义的民主，我们社会主义所追求倡导的民主比其更高级，更能满足人民的利益，从而达到真正意义上的人民当家做主。其原因就在于社会主义民主是建立在社会主义公有制基础上的民主，它从根本上消灭了剥削、消除了私有制，使人们真正实现了权利上的自由平等。民主是社会主义社会的内在属性和核心，推动政治民主化的进程将直接推动政治文明的发展。政治民主化是政治文明的重要组成部分，而科学决策、民主决策又是政治民主化的重要体现。特别是对于作为国家领导力量的社会主义政党来讲，政治民主化更有利于增强党的威信，巩固党的执政地位。

3. 文明价值的追求

我国自古以来就是礼仪之邦，在传统的社会中“礼”也是人们一直追求的，是我国一直以来所推崇倡导的价值观，是个人品质道德的集中体现。在社会主义现代化的今天，文明不仅代表着个人的素质水平，更成为一个国家的文明程度和社会发展进程的重要标尺，是每一个世界强国所拥有的社会环境。文明是社会主义核心价值观的应有之义、基本内涵，是社会优良文化的有机组成部分。文明的价值观引领社会潮流，引导优秀文化的创作发展，应加强全社会的文明观念，使文明成为引导社会进步的一面旗帜。文明不仅包括精神文明，还包括物质文明。和谐社会就要物质文明与精神文明相统一。一方面，经济基础决定上层建筑，只有经济的不断强大才能为社会发展提供稳定、宽松的社会环境，加之丰富的物质基础，上层建筑才会不断地成熟完善，人民才会追求更高更深层次的精神世界；另一方面，上层建筑反作用于经济基础，精神世界的不断满足和丰富才会为物质文明的发展提供更多的活力和动力，先进的文化能为社会发展引导正确的方向，创造更丰富的物质基础。所以说文明是物质文明和精神文明的协调统一。

文明体现的是人们的精神世界和内在修养。作为一个文明的人，应该言谈举止得当，态度谦逊，常怀慈悲之心。当文明内化于心，外化于行时，眼前这个人将彬彬有礼，散发出和蔼可亲、温文尔雅、平易近人的气质，这正是践行社会主义文明观所对公民对个人带来的影响。当然，对于一个文化底蕴深厚，历史文明悠久的国家来讲，更应该将文明与社会主义现代化建设相结合。文明是我国长久的历史文化传统，闪烁着人性的光辉，照耀着前进的道路，为我们提供了长久的精神动力，而强大的精神力量又能够使我国的社会物质财富更好地累积。因此，社会主义精神文明建设在精神上推动了社会主义的现代化建设，为其提供了思想保障及智慧支持。

4. 构建和谐社会

“和谐”从中国古代开始便成为社会的主流思想，“以和为贵”中“和”的思想是经历了中华5000多年历史的打磨，也成为社会主义核心价值观的基本内核之一。每个人自由而全面地发展必须处理好人与自然，人与人之间的关系。具体分析，社会主义和谐观，一方面要处理好人与自然的关系，尊重自然、顺应自然、保护自然，与自然和谐相处。社会主义和谐观要求人与人之间的和谐相处，人是社会关系的总和，人是构成社会的基本细胞，正确处理好人与人之间的关系，达到人际关系的和谐，社会才会和谐稳定发展。这就需要我们不断完善经济制度，提高人的精神境界，使之与社会主义现代化相适应，最后达到每个人自由而全面地发展。

（二）在社会价值层面的发展

1. 追求自由价值理念

自由作为古代社会所推崇的价值理念，同样也是社会主义核心价值观的基本内容。然而，这一自由是基于社会主义制度下的真正的自由。自由是中国共产党成立以来带领人民大众所追求的目标之一。从1921年到1949年，中国共产党完成了反帝国主义反封建主义的目标，建立了中华人民共和国，从此人民当家做主。1956年后，我们建立了社会主义制度，进入了社会主义的进程，为世界社会主义又增添了一份力量。自1978年改革开放以来，我们党实行以经济建设为中心和改革开放的伟大决策后，整个社会的劳动生产率和积极性得到极大的提高，人民的精神世界大大丰富和充实，人民的生活水平得到了极大的改善，我们又进入了更高层次的自由阶段。今天，中华民族的伟大复兴、社会主义现代化的不断发展，带领我们进入了更高水平的自由社会，最终达到我们每一位公民自由而全面的发展，实现共产主义的最终目标。

2. 遵循平等原则

平等原意是指程度、价值、质量、性质、能力或状况上与他人或他物相同或相等。在社会主义现代化的今天，平等就是每一位公民平等地享受权利，平等地履行义务，没有任何公民可以逾越法律的特权。社会主义公有制保证每位公民平等地享有就业机会，不受剥削不受压迫，不受私有制经济的压榨。人民代表大会制度保证了我们可以平等地参与政治生活，人民自己当家做主，平等地行使监督权，不因地域、民族、性别的差异而受到差别对待。

平等推进政治文明化，是人民当家做主的助力器。只有赋予每一位公民平等地享受权利，履行义务，才能使公民有效地参与国家的治理，实现人民的利益。平等也是社会主义市场经济发展的重要保证，只有实现经济发展的平衡，经济政策的平等，才能进一步克服市场的无序性和自发性，才能维护市场秩序，完善市场机制，进而更稳妥地发展社会主义市场经济。平等是促进社会公平，实现社会和谐发展的必由之路，只有享有平等的权利，履行平等的义务，每个人都无法超越法律，才能建立稳定的社会秩序，人与人之间的相处才会少些摩擦，进一步促进人际关系和谐发展。由此可以看出，平等推动了人的全面自由发展，社会主义的根本目标和任务是人的发展，人的全面自由发展的基础是平等，平等也推动了人的发展。

3. 公平天下，以正治国

公正即公平正直，没有偏私。在中国共产党领导的今天，我党始终坚持立党为公、执政为民，以公平严格要求自己，这为社会主义社会和谐发展提供了重要保障，公平是人民当家做主的本质体现。这就要求我们要建立社会主义公有制，走社会主义道路，消灭剥削，消除两极分化，实现每个人自由而全面的发展。所以进行改革开放，建立社会主义市场经济制度，提高了社会生产力，丰富了物质积累才是实现社会公平正义的物质基础。公平正义还要求我们建立平等的法治社会，依法治国，消除不平等，消除阶级压迫，人民当家做主，是社会主义公平正义的制度基础。物质基础与制度基础的有效结合才是发展社会公平正义的可行之道。

4. 依法治国

法治是治理国家的基本方式，依靠法治而不依靠人治是现代社会的进步之一，法治是实现社会和谐、实现社会公平正义、发展平等的制度保障。法治是国家长治久安，政权稳定的重要保证。法治的发展程度是一个国家文明程度和现代化程度的重要标志。“依法治国”就充分体现了我国是依法办事，用事实说话的法治国家，任何人都没有逾越法律的特权。“有法可依，有法必依，执法必严，违法必究”是我国依法治国的重要体现，每一个环节都充分表明了我国严格遵守法律、依法治国的现代治国理念。社会主义法治之所以是“良法”之治，是因为社会主义法律制度随着时代的进步发展而不断地修改完善，与现实社会、时代精神总是相符合的，所以它总是能得到公民的拥护和认同，只有公民发自内心地去遵守法律、捍卫法律，法治的真正目的才可以实现，即保护人民的合法权益，人民的利益得到保护，才会更加拥护和支持法律的制定、实施，才能真正维护法律的尊严。

（三）在个人价值层面的发展

爱国是中华民族的传统美德，在社会急速发展的今天，我们要将爱国赋予与新时代相符的新内涵。在目前我国急剧转型的过程中，我们要用伟大的民族精神来凝结全国人民的力量。我国民族精神的核心在于爱国，弘扬民族精神可以增强民族自尊心、自信心，增强民族的凝聚力和向心力，增强对祖国的认同感。强烈合理的爱国主义精神是国家发展的强大推动力，是社会进步的强心剂。有国才有家，我们只有对祖国认同，对国家热爱，才会增强自身的幸福度，国家才会更加充满活力。弘扬爱国主义精神可以把分散的社会力量、价值观和思量统一在一起，让个人能够自觉地为国家和民族利益而改变自身行为，让个人行为符合共同的价值目标。不仅如此，弘扬爱国主义精神还能有利于国家社会的和谐和健康发展。

1. **工作敬业**

劳动是创造社会价值、个人价值的重要途径，自古以来都是这个道理。劳动是区分动物和人类的重要标志。远古时期只有劳动才能有食材填饱肚子，封建社会小农经济，自己动手，自耕农经济到现代社会，劳动依旧是实现自我价值的重要途径。在社会转型的今天，社会主义现代化建设的关键时期，我们赋予了劳动新的内涵——敬业。敬业，字面意思就是热爱工作，敬爱岗位。当然只有内心虔诚的热爱是不够的，我们必须转化到行动上来，全身心投入工作，踏踏实实、勤勤恳恳、乐于创新、敢于质疑，这也是实现自我价值的内在要求。敬业使人们不仅得到了一份工作，让人们有了施展才能的空间和环境，更能让人们通过勤恳、执着的工作态度和正确的工作方法，创造出更多的价值，提升自我。

敬业是所有拥有社会职业的人们应具有的良好品质。从自己所处的小部门来看，只有把自己的本职工作出色地完成，部门才能完成在整个系统中的作用。从整个公司的角度来看，每一个职员都认真完成自己分内的事，那整个公司的系统运行起来会变得更加顺畅，工作效率更高，产生的价值也更多。敬业背后的精神实质其实是奉献和付出，甘于奉献、乐于奉献，看似只是完成自己的本职工作，其实无时无刻都体现对生活对工作对他人无私奉献的精神品质。这种精神品质不仅会影响在工作领域取得的成就，更会对整个社会、对他人都充满积极乐观、感恩向上的精神。所以，践行社会主义敬业观，让自己的生活充满阳光和希望。

3. **诚信待人**

在我国传统文化中，诚信是待人处世的基本准则，贯穿于我们生活的始终。诚信是我们中华民族的传统美德，影响社会经济、政治、文化发展的各个方面，是国家政治文明程度和文化成熟度的关键，是政党永葆生机的要素，是国家话语权提升的重要因素。

诚信是提升个人修养的基本途径、衡量人的重要尺度。人无信不立，诚信是立人之本。失去诚信失去良心，企业不会选择你，朋友不会选择你，最后自己都会嘲笑自己。有诚信的人才会踏踏实实去工作，去生活，不会投机取巧，不会言而无信。对于企业而言，诚信是企业赖以生存发展的根基，诚信为商，企业讲诚信才会得到员工，得到消费者，得到社会的认可，企业才会有发展的可能。对于国家而言，诚信是国与国交往的准则之一，做到言出必行才能得到世界的认可、其他国家的拥护，在世界上才会立稳根基。

4. 善待他人

友善，是处理人际关系的基本准则，公民的基本道德规范。把友善作为社会主义核心价值观的一部分，是为了让大家能够友善地处理人与人、人与社会、人与自然的关系，构建和谐社会，在全社会形成一种齐心向上、勤奋努力、共同建设小康、实现共同富裕的良好社会风气，实现全社会的和谐发展。在社会急剧转型的今天，友善更是社会所需要的，它既是对中华传统儒家思想的继承，也顺应市场经济的发展。友善包含了尊重他人、理解他人、善待他人、团结友善、正确处理人际关系等内容。友善是一个人道德修养的集中体现，是衡量品行的重要标准。

三、社会主义核心价值观对大学生核心价值观的引领作用

引领指的是社会中的一部分个体或一部分群体可以引领社会其他人的发展，作为引领者也需要表现出比其他人更多的可信度、包容度及超越度，这样他才能吸引其他人，将其他人整合起来，共同受到自己的引导。对于当代社会来讲，社会主义核心价值体系就是思想的引导者，它也一直是我国社会中的主导价值观。社会主义核心价值体系明确要求了当前经济社会条件下所有成员要达到的价值标准和目标以及要达到的道德素质水平，可以说社会主义核心价值体系的包容力是非常强的、整合力也非常强，它可以让不同阶层不同民族的人以此为纽带共同发展，大学生的核心价值观也需要在社会主义核心价值观的引领下进行发展。

（一）社会主义核心价值体系引领大学生核心价值观的内容凝练

在培养大学生的价值观时要解决这些问题：如何确定正确的价值观，如何制定出科学的价值评判标准，如何设置有意义的价值目标。社会主义核心价值体系的出现有效地解决了上面提到的三个问题，它明确了大学生应该以哪种精神面貌发展，应该完成哪些目标，应该在完成目标的过程中遵循哪些行为准则。也就是说，大学生价值观可以以社会主义核心价值体系为基础进行内容凝练。

第一，大学生核心价值观日标的确定必须遵照马克思主义思想作为指导，也就是说，马克思主义科学理论是大学生核心价值观构建中的引导思想。

第二，大学生核心价值观属性的确定必须考虑大学生群体的基本利益、大学生群体的意愿，在构建大学生核心价值观的过程中应该充分接受大学生的意见，得到他们的认可，这样才能使大学生不对此产生排斥，一旦让大学生产生排斥，那么再好的教学方式、教学手段也不会被大学生所接受。从大学生的角度来讲，核心价值观中的内容能否得到他们的认可，主要在于核心价值观的内容是否能够表达他们的群体利益、群体意愿，社会主义核心价值体系可以在一定程度上引领大学生核心价值观的构建，社会主义核心价值体系代表的是一个国家、国家人民、一个政党的基本主张，它始终关心人民的根本利益，始终关注人民的意愿追求。社会主义核心价值体系可以引领大学生核心价值观的内容凝练，必然能够得到大学生群体的认同。

（二）社会主义核心价值体系引领大学生核心价值观的形成过程

社会主义核心价值体系除了可以引领大学生核心价值观的内容凝练，还可以引领价值观的形成。

第一，形成初期。大学生可以在社会主义核心价值体系的熏陶下继续建设自己的价值观念。我国的社会思想一直以马克思主义时代精神、社会主义荣辱观、爱国精神及社会主义理想为主，这些观念已经深深地印在了人们的骨髓中，社会主义核心价值体系只是将深入人心的观念提炼出来，也就是说社会主义核心价值体系中的观念来自民众、来自民众的日常生活，和人民群众之间有极为紧密的关联，所以，它能够更好地引领人民的思想发展，也能够为人民的思想发展提供服务和支持，人民也会在社会主义核心价值体系的引导下形成较大的凝聚力和向心力。在全社会都形成这种凝聚氛围、团结氛围的时候，大学生的核心价值观形成也必然会受到社会主义核心价值体系的影响。

第二，形成时期。大学生可以在社会主义核心价值体系的教育下形成正确的价值观。大学生核心价值观的内容和社会主义核心价值体系中的内容是完全一致、吻合的，在构建大学生核心价值观期间，应该充分利用社会主义核心价值体系的内容。高校思想政治教育课程的主要内容也来自社会主义核心价值体系，为了更好地使大学生形成正确的核心价值观，高校必须将社会主义核心价值体系和学校的思想政治课程进行深入融合，这样学生就可以在第一课堂中接受理论知识的灌输，形成正确的思想道德认知、养成正确的行为习惯。与此同时，学生还可以在实践活动中践行理论知识，将理论知识彻底地转化为自己思想中的认知，并且可以用大学生核心价值观去指导学生的实践。

第五节　在大学生核心价值观培育中融入社会主义核心价值体系

高校是为祖国培养国家接班人的地方，应该以德育为先，育人为本，社会主义核心价值体系是大学生核心价值观的根本所在，因此，新时期高校学生思想建设、政治教育的重要任务应该落脚于大学生核心价值与社会主义核心价值体系的融合中。

一、在大学生核心价值观培育中融入社会主义核心价值体系的基本要求

大学生核心价值观培养过程中主要是帮助大学生处理两个问题：一个是成为哪种人才，另一个是如何成为人才。

第一，社会主义核心价值体系已经为大学生核心价值观的培育确定了培育方向。大学生核心价值观培育过程中要把社会主义核心价值体系当作培育的基本依据，以此为基本依据，就基本确定了大学生核心价值观的培育方向。分析社会主义核心价值体系可以发现，该体系是科学的，是基于社会民众建立起来的，它能够解决人民群众的实际问题，大学生核心价值观的培育以社会主义核心价值体系为基础能够帮助大学生在多元文化背景下明确自己的价值信仰，而且社会主义核心价值体系是以实践为基础确定下来的，它可以更好地指导大学生的行为。

第二，应该使用社会主义核心价值体系的培养要求对大学生核心价值观进行培育。社会主义核心价值体系中的内容和当下的时代精神及过去的优秀传统文化是相互统一的，它的这一特性要求大学生核心价值观的培养既要做到对传统文化的继承，也要学习新时代的新方法，也就是说，要在继承中进行创新。我国的社会主义核心价值体系同时具有广泛性特点、先进性特点，所以，大学生核心价值观的培养要注重民主，要尊重不同学生的个体差异，强调大学生的个性培养要充分激发大学生在核心价值观培养中的主观能动性，只有大学生积极参与了，大学生才可能将学校教育和自我教育进行充分的融合。

第三，社会主义核心价值体系应用在大学生核心价值观培养的过程时一定要注意内容的融入，而不是将内容灌输给大学生。也就是说，核心价值观培育不能仅仅使用课堂的知识传授方式，也要突出实践教育，让大学生在体验中真正了解社会主义核心价值体系的意义。

二、在大学生核心价值观培育中融入社会主义核心价值体系的理念模式

社会主义核心价值体系在结合大学生核心价值观培育的时候，需要构建出符合大学生核心价值观培育要求的工作理念或工作模式，这样才能始终保证社会主义核心价值体系在培育过程中的主导地位。

第一，社会主义核心价值体系必须在尊重学生个体不同、包容学生差异的情况下去结合大学生核心价值观培育，这样大学生才能从内心中主动接受社会主义核心价值体系，也只有这样，才能真正让大学生形成正确的核心价值观念、人生观念。换句话说就是大学生核心价值观培育要在尊重大学生个体成长规律、大学生的学习规律、心理需要的前提下开展，这样的大学生才可能在教育中获得情感的共鸣，才可能真正认可核心价值观念。当大学生认可核心价值观念后，大学生的价值观就会由外向内地发生根本性的改变。

第二，社会主义核心价值体系是在继承传统观念的基础上结合时代精神形成的，所以高校之前使用的课堂教育形式及辅导员下派到实践活动当中的教育形式已经不能满足当下思想政治教育的需求了。在这种情况下，就需要构建新的工作模式，新模式的构建需要考虑学校的人才培养理念、学生的需求、学生的专业特色及校园文化，在此基础上构建出“四位一体”的工作模式。具体来讲，“四位一体”指的是以社会主义核心价值体系作为基本的思想理念支撑，在它的引导下设定人才培养目标、明确人才培养方向；让大学生核心价值观培育和大学的校园文化建设进行融合，为大学生的成长创设氛围；实践活动的开展需要结合学生的专业特点、个人特点；为学生个人问题的解决提供平台，并且利用平台了解学生的真正需求。在四位一体的工作模式中，最关键的是社会主义核心价值体系的引领，该模式的基础是为大学生的价值观培养提供良好的氛围，培养手段是针对性地进行培育、因材施教，最后还可以利用平台反馈的方式对工作效果进行检验。

第三章 核心价值观引领高校思政教育的原则和方法

当代中国青年是与新时代同向同行、共同前进的一代，生逢盛世，肩负重任。要引导广大青年成为“志存高远、德才并重、情理兼修、勇于开拓”的人，就要从教育着手，教导他们爱国爱民，从学习中激发信仰、获得启发、汲取力量，在坚持自身原则的基础上不断开拓创新。

第一节 核心价值观引领高校思政教育的原则

在科技高速发展的今天，知识产业迅速发展，不同文化的相融与碰撞频繁，在这种背景下，社会思潮破壳而出，与当代大学生的价值观互相影响。思想政治教育培养大学生核心价值观的可行性和所能达到的理想性，是复杂而又不确定的，只有遵循一定的原则，才能保证教育的方向性和有效性。

一、坚持科学性与以人为本兼顾

以马克思主义为指导，代表最广大人民群众的利益，做中国特色的现代思想政治教育，促进学生的全面教育和发展是当今社会对学生的基本要求，思政教育作为全面教育的组成部分之一对促进学生个人的发展有着举足轻重的作用。思政教育的内涵广泛，不仅包括综合性的教育活动，还包括在学校进行的思想政治教育内容，而且还涉及哲学、法学、经济学等相关的概念，更重要的是还能影响人的心理素质教育。由此可见，思想政治教育作为一种综合性的教育实践活动，高校更应该将其纳入日常的教学活动中，通过向学生传授马克思列宁主义、毛泽东思想、邓小平理论、“三个代表”重要思想及习近平总书记关于中国特色社会主义的新思想，帮助学生树立正确的价值观念，为国家和社会培养全面发展的人才提供条件。人的本质的具体性、历史性，不但表示它的客观性，同时还能够把人的变化性、历史性特征表现出来。由此可见，人是不断发展变化的，如果把人的本质设想为某种固定不变的气质或某种抽象的观念都是不正确的、不科学的。既然社会关系是变动的，那么作为社会关系的总和的人的本质也就不是抽象的、固定不变的，这就需要始终认识到自己命运的主宰者和规定者是教育客体，在客体与主体的相互交往中实现自身价值，坚持按照以人为本的原则引领道德素质教育的发展，让教育客体形成普遍的主体。

二、坚持理论性与实践性相统一

理论与实践的结合与统一贯穿大学生思想政治教育的整个过程，任何成长与学习的过程都要有足够的实践。就思想教育而言，实践是整个思想品德的重要根源，是思想品德教育的加动力。在思想教育的过程中理论也是不可或缺的要素之一，理论与实践的结合与统一要体现在教育活动中，做到合情合理不拘泥于传统式施教，或寓教于乐。在对学生传授和讲解理论知识的过程中，还需要引导学生动态地掌握科学研究的发展方向，让学生学会将理论知识与科学研究相结合，在加强自身文化素养的同时还能够提高自身的思想道德修养和科学文化素养，提高自己的创造能力和创新水平，能够灵活生动地解决生活中遇到的问题，让学生在理论和实践的双重作用下受到思想文化的熏陶，或寓教于活动，理论与实践两要素之外还要考虑活动的深度与真实性。

第二节　核心价值观引领高校思政教育的方法

一、大学生思想政治教育方法的重要作用

（一）是组成大学生思想政治教育要素的重要部分

现在的高校大学生与之前有很大的区别，现在的大学生思维活跃，思维观念随着社会发展日益更新，能够接受新的教育理念，形成正确的价值观。

教育者在施教过程中要按照党和国家提出的具体施教内容，结合大学生素质结构使用特定的方式和方法，培养符合当代社会发展的有正确的价值观的大学生。

由此可知，大学生思想政治教育包含了以下要素，即教育者和教育对象、培育内容和

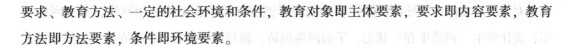

要求、教育方法、一定的社会环境和条件，教育对象即主体要素，要求即内容要素，教育方法即方法要素，条件即环境要素。

（二）是实现大学生思想政治教育目标的必要条件

大学生思想政治教育有三个阶段。

首先，大学生思想教育的内容要遵守党和国家的明确要求。在当代各种信息冲击下，现代大学生会有选择地接受各种理论，将其转化为内在的个性的思想理念，即内化的阶段。

其次，在多元文化的背景下，教师必须不断加强大学生的理想信念教育，使其转化为行动，培养学生良好的习惯，即外化的阶段。

最后，针对大学生在内化与外化阶段产生的社会效应，教师要做好观察并进行详细分析与评价，通过数据反馈，及时对施教方案及内容做出适当调整，找出对大学生个体观念和个别行为培养的有利方案，使其符合当代社会的要求。

二、大学生思想政治教育的方法创新

（一）推动思政教育精细化开展

1. 专业化细分

思政教育的专业化细分是指对思政教育的工作目标、工作内容、工作对象、工作载体、工作方法等的分门别类，根据不同情况，采取有针对性的举措，从而使思政教育对目标、内容、对象、载体和方法等有更深入的了解，能更熟练、更专业、更有针对性地开展工作。高校思政教育目标宏观上是“培养社会主义建设者和接班人”，中观上是培养具有高校特色的“高素质人才”，而在微观上，就辅导员工作来说，则需要一项一项工作地推进，将宏观和中观目标进行分解。

（1）工作领域的细分。当前，随着高校规模的不断扩大，思政教育的内涵也日益丰富，使高校思政教育者的工作量不断增加、工作难度也相应增加。思政教育内容，从横向上看，涵盖了学生党建、奖惩助贷、心理健康、就业指导、团学建设、科技创新、志愿服务、社会实践等多个条块；从纵向上看，分为精神空间、网络空间和网下空间。在精神空间中，辅导员要关注学生的思想状态和心理状态，促进学生树立社会主义核心价值观念、养成健全人格；促进学生拥有健康心理，对于有心理隐患和心理问题的学生及时提供帮助。对于网络空间，辅导员要做好学生上网习惯引导，学会正确使用网络，养成网络文明；关注学生“网络生存”状态，了解网络舆情，做好网络监管等。而在网下空间，则指我们平时所说的各类思政教育活动、科技创新教育活动、校园文化活动等。无论哪一个维度的思政教育工作，都应当按照条块进一步专业化细分。要引导和激励辅导员队伍专业化发展，鼓励辅导员结合自己的专业学科背景和兴趣爱好，结合工作分工和岗位职责要求，在学生工作某一个板块里“术业有专攻”。

(2) 工作对象的细分。在服务学生全面成长的过程中，也要针对不同学生群体、学生的不同需求和不同发展阶段对服务对象进行细分，分类指导，因材施教。根据高校现阶段教育内容的差异性和特殊性，可以把高校内部的学生群体分为以下几部分，分别是：本科生、研究生、进校新生和毕业生、高年级学生以及低年级学生群体等。在这些群体中又可以根据学校内部的规定和要求分为学习困难群体、心理弱势群体、经济困难群体等。不同社会经济背景、不同成长环境和成长经历的学生在思想、心理、行为等方面也会有不同的需求和特点，从而使学生呈现出不同的特质，包括志趣、爱好、心理状态、个性特征、气质等。通过比较和分析，探讨服务对象在行为和观念方面的特征及现状，分析其产生的原因，将有助于深入细致、富有成效地开展工作，这也是进一步提高思政教育针对性和有效性的立足点。这里所讲的“特殊”学生，并非对学生的另眼相看，不带有任何价值判断和意识形态，而只是对工作对象基于工作内容和要求不同而采取的一种归类方法。所以，在实践工作中，要注意保密，保护学生个人隐私，思政教育工作也要避免公开使用“特殊学生”这样的字眼，否则就可能引起其他人对这部分学生的歧视和偏见。

针对不同年级、不同学生群体、不同特质个体，在具体工作中的目标是不一样的。比如对于学习比较好的学生，可以进一步拓展其知识面；对于学业困难的学生，辅导员的工作重点则是帮助其树立信心、找到适合他的学习方法，帮助其顺利完成学业，这个时候“追求全面发展”可能成为退而求其次的目标。对于不同年级的学生，思政教育的重点也要有所区别：对大一的新生，要重点抓好适应性教育、热爱专业、校史教育等；对大二的学生，侧重抓好理想信念教育、道德教育和职业生涯规划教育等；对大三的学生，要注意抓好个人选择定位、情感恋爱方面的心理健康教育等；对于大四的学生要以职业道德教育为主。这就要求辅导员在日常工作中要善于抓住重点、找准问题关键、区分事情轻重缓急，不断因时、因地制宜地开展工作，从而使目标定位更加合理，工作计划更加贴近实际。

在工作领域细分的基础上，要进一步结合工作对象的细分，坚持“做精、做细、做

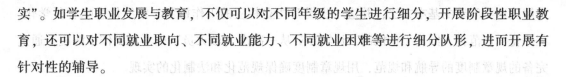

实”。如学生职业发展与教育，不仅可以对不同年级的学生进行细分，开展阶段性职业教育，还可以对不同就业取向、不同就业能力、不同就业困难等进行细分队形，进而开展有针对性的辅导。

2. 问题导向

在专业化细分的基础上要坚持问题导向，鼓励针对相关领域的实际问题加大调研分析力度，加强理论研讨与实践，并提出合理有效的解决办法。将学生纷繁复杂的问题进行合理的分类，探究原因，总是需要根据一定的规律，从而形成一种基本的解决方法，并在此基础上利用思想理论指导日常实践。

（1）以学生需求为核心。“以问题为导向”强调的是一种“以学生需求为核心”的理念，实际上是对“以人为本”思想的实践。思政教育工作者要善于发现学生的“问题”，这个“问题”往往就是学生由于某方面因素而导致的外在的表象，是学生的某些“需求”没能很好满足。思想政治教育工作者可以根据马斯洛的“需求层次理论”，对学生的需求满足状况进行分析，查找原因，找出学生存在问题的根源，只有这样，才可能将工作做细；只有这样，才能找准学生问题的症结所在；只有这样，才能真正提高思政教育的针对性和有效性。而这样的工作思路和路径，正是促使思政教育符合教育本身规律、实现科学化提升的基础条件。

（2）整理共性特征。坚持问题导向是以学生问题为指引，分析其产生原因，并提出合理有效的解决办法。大学生个体多元化的特征，决定了大学生存在问题的多样性和复杂性，但大学生作为一个群体，意味着这些问题必然具有共性特征，可以进行分类和整理。在工作对象细分的基础上，挖掘学生群体里的共性问题。如新生归属感的问题、毕业生就业困难群体的问题、农村学生问题、贫困学生问题、少数民族学生问题等；在工作领域细分的基础上，挖掘细分领域里的共性问题。如社会实践育人的有效途径、突发事件的正确处理、赴外交流学生的管理等；还根据问题发生的时间特点划分为常规性问题和突发性问题等。通过对典型案例的剖析，从实际出发，以社会生活焦点、思想观念疑点、大众舆论重点作为切入点，以问题为导向，在事务性的具体工作实践中探寻规律性，将发现问题、研究问题、解决问题作为思政教育的逻辑起点及落脚点。

（3）固化工作机制。高校思政教育者要注重理论和实践相结合，不仅用理论指导实践，还应该从实践中总结提炼理论。在对问题进行分类整理后，要对问题进行深入研究。认真仔细分析问题产生的原因、问题涉及的对象特征等，有针对性地提出解决问题的方法。但解决具体问题并不是最终目的，而是应该总结掌握同类问题的规律性，科学地归纳出解决这类问题的基本方法，并进一步提升建立相应的工作机制。精细化意味着科学化、程序化、规范化，固化工作机制，让辅导员从一次次“救火员”的零散工作中解脱，通过完备的规章制度的导航和规范，用规章制度确保规范化和法制化的实现。

（4）进行深度辅导。“深度辅导”是心理学上的用词，在思政教育中也可以借鉴心理学深度辅导的做法，树立以问题为导向的精细化理念，建立思政教育深度开展的工作模式。当前，一些高校探索出“辅导员工作室”“学生工作坊”等工作模式，提倡从“单枪匹马”到“团队合作”的转变，旨在强化问题导向，以“兵团作战”的方式对工作对象提供全方位的辅导和支撑，把教育引导工作做细、做深，做到极致，从而可以更加准确地把握思政教育中面临的课题的症结，理清脉络、对症下药，追求优质化成果，并在实践经验的基础上不断推进理论研讨，逐渐形成一套较为完善的操作规程和辅导理论，不断提升专业理论水平与实践能力，培养相关领域的专家。

3. 多学科协同育人

多学科协同育人是指各学科之间的各组成部分进行合作，通过协同合作形成协同效应，这样可以充分发挥育人作用，“有利于思想政治教育工作者在对大学生精准画像的基础上利用多学科知识对大学生进行精准施策和精准引领，切实提高大学生思想政治教育实效。”① 随着时代的发展，学生的需求越来越多样、丰富和个性化，学生工作的内容越来越丰富，涉及的领域越来越广，思想政治工作日益发展成为多维度、多类型、多层次的有机整体，在解决具体问题时需践行协同育人，要加强多学科支持、多领域知识运用、多资源整合，注重新方法新技术的运用，将多学科知识、方法、平台、资源予以整合优化。

（1）多学科工作支持。

首先，学生思政教育应该遵循科学性，结合教育学、心理学、社会学、管理学等相关学科的科学规律，来分析了解学生成长的规律、学生教育的规律以及思想政治工作的规律。所以，辅导员开展工作必须依赖于相关知识的积累，辅导员必须获得思政教育相关专业科学的专门知识，知识越多，专业性越强。同时，辅导员还必须具备“百科知识”，知识越广博权威性越高，越能获得学生的认同。高校辅导员职业是一个知识密集型行业，从事学生思政教育、管理和服务的辅导员，必须具备相关学科相应的知识。

其次，随着时代的变迁和学生群体特征的变化，学生思想政治工作的复杂性和综合性

① 熊校良. 大学生精准引领目标下的多学科协同育人平台构建［J］. 学校党建与思想教育，2021（05）：81-83.

不断增加。而对一个复杂问题，单纯依靠思政教育本身往往无法解决，要善于吸收和借鉴管理学、社会学、法学等领域的研究和工作方法，甚至需要社会上专业力量的介入，共同研究解决方案。

（2）跨学科组织应用。如果说“多学科支持”强调辅导员“一专多能”的话，那么“跨学科应用”就是强调“团队作战”。借鉴管理学上的“项目管理”理论，在思政教育工作中，也可以以任务、项目为导向，组织工作团队，比如近年来很多地方教育主管部门和高校正在努力探索实施的“辅导员工作室”“辅导员小组”“辅导员梯队”等，就是将不同学科背景、不同工作领域、不同工作经历、不同年龄段的辅导员组合在一起，实现优势互补，从而形成一个跨学科的工作团队。比如在学生危机事件中，既需要心理辅导员，也需要危机公关专业人士，可能还需要法律顾问、网络监管人员等，如果能将具备这些专业能力的辅导员聚集到一起，这样的团队必将极大提升工作执行力。

（3）多资源整合管理。育人工作是一项系统工程，大学人才培养仅依靠单方力量无法实现，更需要高校各方面的共同努力，以及家庭、社会各方资源。当前很多高校都在积极采取措施，努力推动“全员育人”机制的构建，构筑起包括高校党政管理干部、共青团干部、思想政治理论课教师、辅导员、班主任、专业课教师、朋辈等主体共同参与的全员育人格局。每个主体在学生的思政教育方面都有自身独特的优势，如第一课堂的专业课教师可以将德育教育的目的和主题隐含于专业教学中，由说教转变为渗透，实现润物无声。高校应围绕人才培养的核心，充分利用各主体的优势，整合各部门的资源。除了校内资源，校外资源包括家庭、企业、毕业的校友以及社会知名人士、学者等都应该统筹到全员育人的框架里，让各方力量成为思政教育的主体，发挥其主观能动性，为学生搭建起和谐的育人环境、校园环境、家庭环境、社区环境、朋辈环境等，发挥这些环境的积极作用，为教育工作所用。

（4）新技术手段支撑。思政教育的精细化，必须强调科学技术和教育手段的支撑。在技术上，要善于利用新技术和信息手段，使思政教育者能够更加全面、深入地把握具体情况，了解学生思想动态，提高思政教育的科学性、针对性和时效性。重视信息手段和科学方法的运用，可以为大学生思政教育提供新的思路和手段。顺应信息化趋势，依托信息科技和新技术、移动终端、电脑以及新媒体等，主动占领新媒体阵地，发挥新技术对思政教育的促进作用。如一些高校逐步开发新型移动智能终端平台，整合校园各活动组织方发布信息、管理活动，便于学生获取信息，管理生活和学习。慕课也是目前流行的网络课程，思政教育也可以结合慕课或者“微课”的形式，开展灵活新颖的授课或活动。在信息化和大数据时代，收集整理日常数据，利用专业工具进行数据分析，获得数据背后的信息。利用好大数据分析的方法，能够从大量烦琐的日常工作中，获取更多的信息，进而促进工作的科学性。

（二）推动思政教育个性化开展

个性化，就是根据人们个体差异，在大众化的基础上根据个体特质的需要，形成别具一格、别开生面的状态。思政教育的个性化，指在对被教育对象进行综合调查、研究、分析、测试、考核和诊断基础上，根据社会或未来发展趋势，根据被教育对象的性格、兴趣、爱好、现状、预期等潜质特征和自我期望，量身定制教育目标、教育计划和辅导方案，从而促进思政教育为被教育对象更好地接受、认同和转化为行动。

当代大学生思维活跃，他们行为的独立性、选择性、多变性、差异性也明显增强，以网络语言为例，现在“原创”“转载”等张扬个性、表现风格的词一直比较流行。我们要充分认识到这种变化，尊重他们的多样性。由于受到家庭氛围和社会因素等的影响，每个学生的成长轨迹都不尽相同，性格特征、兴趣爱好、行为习惯、价值取向和人生规划等也千差万别。他们都有自己的想法，也有表达自身想法、张扬自身个性的权利。在思政教育中，个性化强调具体问题具体分析，而不应该按照一个模式、一种方法来开展工作。强调了解当前学生自身发展的新期待、新需求，承认学生的个体差异，尊重学生的个体需求，发掘学生的个性潜能，注重学生的个性弘扬，开展分类指导，提高思政教育的实效。

1. 尊重主体精神

教育，包括思政教育，归根到底是一种人的参与的活动，参与其中的人就是主体。强调思政教育的个性化发展，首先，要强调和凸显参与其中的主体性，也叫主体精神。在中国语境中，主体性、主体精神、主体地位、主体价值这些词往往是同义或者近似的，都强调对于主体的尊重，强调发挥主体的能动作用。人可以有意识、有目的地支配自然和驾驭万物来满足人类社会物质的、精神的发展的需求，所以说人是主体。因为人能从事体力与脑力劳动等各种社会活动，所以人能支配客体。主体是实践活动中的范畴，是实践活动的直接参与者，是实践活动中的人。在思政教育活动中，最主要的主体有学校、教师、学生、家长、社会等，而其中发生相互作用最多的无疑是老师和学生这两个主体，在高校日常思政教育活动中，“老师”群体中最直接也最主要的是辅导员，所以，强调高校思政教育活动的主体性，就是强调要发挥大学生和辅导员的主体性。

高校思政教育中，强调主体精神，就是强调辅导员和大学生都要积极发挥主观能动性，意识到自我的主体参与，积极创造条件完成思政教育这一实践活动。需要指出的是，传统的强调“主体精神”往往单指尊重学生的主体精神，而不说教师即辅导员的主体精神，似乎辅导员天然就是主体，自然而然就会发挥主体作用，其实不然。在当前高校思政教育日趋繁重、日益多样化和专业化、精细化的情况下，不仅要强调大学生的主体精神，也要强调辅导员的主体精神。

（1）尊重和发挥大学生的主体精神。尊重和发挥大学生的主体精神就是要调动起大学生作为思政教育活动主体或者说主人翁的意识，不仅作为受教育者，而且作为教育实施者，不是被动接受教育、完成任务，而是主动策划任务、实施任务、保障任务完成；不是单纯的、简单地参与教育过程，而是积极、能动、创造性地参与教育过程，促进教育过程的顺利开展、有效开展和有特色开展。为此，要注重发挥大学生的主人翁性、积极性和创造性。

1）主人翁性。人们主体意识的每一次觉醒和进化都反过来推动社会的发展，促进人类的进步。教育机制发挥作用需要以个体教育中的主体性特征为基础，在对个体进行教育的过程中要遵循个体身心发展的规律，采用相应的方法促进个体的持续性发展。思政教育要入脑入心，本身就不仅是一种知识和信息的交流，而更重要的是情感和思想意识的交流，所以，在思政教育中调动大学生的主体意识，调动起主人翁精神，就是要将大学生调动起来，以平等的姿态，将教育者和被教育者，将信息发出者与接受者置于同一平台，进行信息交换和情感交流，以此实现辅导员对学生的影响，同时实现学生之间的相互影响。在思政教育中，强调大学生的主人翁精神，一是要进一步唤起大学生的主体意识，发挥“朋辈教育”功能，通过形式多样的载体，将大学生群体中那些“正能量”传播出去，更好地影响周边的大学生；二是要引导大学生以主动配合、合作、共享的姿态，接受学校和老师的教育，而不是消极接受甚至抵触。

教育学上的“朋辈教育”指的是教育者或受教育者在同一环境或教育背景下有共同语言，彼此之间能够分享交流自己已有的信息、行为观念，从而实现教育的目标。而在高校思政教育工作实践中，朋辈教育指由大学生自己来充当施教者，用自己的言语、故事、事迹、行动来传播“正能量”，发挥示范作用，来带动身边的其他学生一起进步。

教育活动是一个合作互动的过程，如果受教育者消极抵抗，那么教育效果将大大受到影响，甚至教育活动本身也不能顺利进行。在价值观越来越多元化的今天，思想政治教育工作效果受到多种因素影响，往往有被消解的风险。所以，调动学生的主人翁精神，让大学生以“主人”的心态来看待思政教育工作，以一种“我的事情我做主”“我也是老师”

"我要分享我的成功"等类似的态度来参与教育的过程，这样才能达到事半功倍和"入脑入心"的效果。

2）积极性。基于青年学生的心理特征和代际差异，在实践中，部分大学生对于思政教育工作往往存在消极应付心理。因此，调动大学生参与思政教育工作的积极性，目的就是要改变这些大学生对于思政教育活动的抵触情绪和厌倦心态。这一方面需要不断提高思政教育活动本身的吸引力；同时，还要通过其他手段调动这些学生的积极性，重点从以下三个方面入手：

一是重要性引导，即要进一步凸显思政教育活动的重要意义。这种重要性不仅指基于教育工作本身的价值，更要强调其对于青年学生的实用性，即要凸显这些教育活动对于大学生本身是需要的、是有现实意义的，这就需要在教育活动实施过程中，要更多地寻求教育素材与大学生成长成才需求和大学生心理特点、大学生群体兴趣点等的契合度。

二是丰富和创新工作载体，即要通过适当的载体来激发学生的积极性，来维护这种积极性。比如，学生社团这种组织形式，就是一种载体，通过让学生自由组合和"三自教育"的方式，可以比较长时间地激发和维持学生的积极性。再比如，适当的奖励和表彰也是一种增强积极性的手段，诸如此类，要灵活应用。

三是成就感维持。人们主体性的重要体现就是人们在实践过程中能获得存在感、成就感、幸福感，体验到作为主体存在的价值。所以，要在时间上维持大学生对于思政教育活动的积极性，应当使大学生在参与思政教育活动的过程中能找到其价值，能获得成就感和存在感。所以，一些共享、分享、诉说、展览、展示型活动，就是体现成就感的有效形式，类似的活动可以多开展一些。

3）创造性。教育活动中大学生主体意识的另一个重要表现是创造性，即大学生不仅参与教育的过程，而且还有创新，对于教育活动有所贡献。这不仅实现了对于学生积极性的激发，也促进实现了成就感，同时还使教育活动本身具有了创新性和特色性。比如，在信息化、网络化时代的今天，许多传统的思政教育活动通过网络和新媒体平台进行开展。辅导员不可能掌握全部信息化手段，而调动学生参与制作新媒体、网络育人平台等，就不仅使大学生本身受到了教育、体现了价值、获得了锻炼，而且使思想政治工作也实现了创新。此外，在教育活动选题、策划、实施过程的组织、管理、宣传、总结、表现形式等方面，也可以积极发挥学生的创造能力，从而促进思政教育工作主题鲜明、形式新颖、生动活泼，受到欢迎、起到实效。

(2) 尊重和发挥辅导员的主体精神。辅导员是高校大学生思政教育工作的主要实施者，其工作内容繁杂，工作对象价值观多元、性格多样，工作成效评价方式很难量化和具象化，这样的工作性质决定了辅导员工作是一个主观性、社会性、属人性很强的工作。因此，辅导员工作具有个性化的特点，对于同一个工作，不同的辅导员，其工作理念、工作思路、工作载体、工作方法和工作成效都可能不一样，因此，尊重和发挥辅导员的主体意识，强调其主体精神就具有重要的现实意义。尊重和发挥辅导员的主体精神，就是高校学生思想政治教育工作的现实需要。长期以来，在高校思政教育工作实践中，始终是强调辅导员个性化开展思政教育活动的，而当前尊重和发挥辅导员的主体精神，要强调以下三点：

1）允许和鼓励辅导员积极创新工作。高校学生思政教育工作有很强的政治性和政策性，要求辅导员应当严格贯彻党的教育方针，认真落实各项教育政策，积极地将思政教育的要求落到实处，切实促进大学生树立社会主义核心价值观。因此，从这一点上讲，辅导员工作是不能随意“发挥”的，无论教育内容还是活动主旨都应当紧扣思政教育的要求，辅导员可以创新、创造的空间主要在于教育的方法、形式、载体、手段、平台等方面。辅导员不仅可以创新，而且应当不断创新，要将思政教育工作常做常新。所以，在实践中，要允许和鼓励辅导员按照党和国家要求，按照学校要求，围绕育人目标，在思政教育活动的策划、组织、过程中，对思政教育的具体内容、平台、载体等方面进行专门的设计，体现出新意，增强吸引力和感染力，增加教育活动的生动性和互动性，从而增强育人效果。

2）积极鼓励辅导员专业化发展。发挥辅导员的主体精神，要着重调动辅导员对于业务的钻研精神、精益求精的精神，要促使辅导员按照专业化道路不断提升自己的专业化水平。高校学生思政教育工作内容越来越丰富、分工越来越细、专业化程度要求越来越高，单个辅导员很难在所有工作板块中都成为特别专业的专家，因此，应当鼓励辅导员在思政教育工作某一个或少数几个领域和板块中成为专业人才，成为专家型辅导员。这个过程是一个前期的学习和实践的过程，因此，必须强调辅导员发挥主动性、积极性，发挥主人翁意识，将工作压力转化为自我学习提升的动力。

3）为辅导员个性化开展工作提供保障。鼓励辅导员在思政教育中创新创造，要建立必要的保障机制，除了资金和物资保障外，更应营造鼓励辅导员创新的氛围和制度设计。比如同济大学每年拿出一定资金，专门用于评选“院系学生工作创新案例”，具体又分为“主题创新”“方法创新”“载体创新”等，通过评选表彰的形式，激励辅导员积极开展工作创新，这样就形成了很好的鼓励辅导员个性化开展工作的氛围，可以促进学生工作不断涌现一些新的亮点和特色，也有利于促进思政教育工作成效的提升。

2. 尊重个体差异

尊重个性化，是“人本主义”的直接体现。早在20世纪80年代，西方国家就已经提出了人本主义教育思想，认为了解一个人必须从整体出发，因为人是一个不可分割的整体，并且每个人都有独立性，有自己的喜怒哀乐和需求。

所以，尊重学生的个体差异，是实现思政教育个性化开展的重要前提。

（1）知人善育，正视学生个体差异。尊重人必须以知晓、了解、接触人为基础，所以，尊重学生首先要正视学生，要面对学生这个“客观存在”。学生的个性化是建立在共性与个性并存的基础上。现在在校的大学生大多是2000年后出生的，适逢经济全球化迅猛推进、社会环境巨变的时期。大学生的思维活跃，交际广泛，能够接触到很多新鲜事物，因此他们的观念更新快，接受新事物的能力强，能够在日常行为中体现出很强的主体性和独立性。服从意识减弱，单向的灌输阻力增大，这是当代大学生共同的特点。但是，由于每个个体的生活环境、生活方式、心理因素等不同，因此会导致他们的行为方式和发展规律呈现出不同的特征，大致可以分为不同类型的群体，群体间差异较大。此外，在群体共性的基础上，又因为学生个体的成长经历、个人禀赋、兴趣爱好、自身素质等方面各不相同，群体内部的学生个体差异性也很大。他们的人生目标千差万别，接受能力有强有弱，价值取向更加多元化，基于此，就需要发挥辅导员的作用，利用课余时间与学生单独进行沟通交流，根据每个人的特征进行因材施教，引导学生成长成才，并保持其独特鲜明的个性特征。

正视学生个体差异，要求思想政治教育工作者必须正确对待学生身上存在的缺点与不足。思政教育工作者要有包容之心，应正视学生个体差异，还要求思政教育工作者能够想方设法帮助学生，指出其不足、提供改进建议、帮助其改正。正视学生的个体差异，还要求思政教育工作者能帮助学生积极弘扬其优点与长处，无论是良好的个性特征，如开朗、活泼、勇敢、有创造力等，还是一定的素质特长，如艺术天分、文体特长、科研能力等，扬长避短，促进学生进一步拓展其优势，促进学生更好地成长。

（2）因材施教，体现层次差别。个性化的教育方法主要体现在因材施教上，根据大学生的个体特征和个性差异进行教学实践，尊重学生的个人禀赋、专业背景、认知水平、学习能力、自身素质等方面的个体差异。在进行学生工作时，需要从学生的实际情况出发，依据学生的个性特征、发展规律、生活环境和生活方式等情况进行因材施教，做到具体问题具体分析，切实解决学生的问题。

在目标设计等方面体现层次差别。由于个性的差异，每位学生想要的人生目标各不相同，有的想在专业领域做出一番成就，有的想锻炼自己全面发展从而更好地适应社会，有的就想出国深造体会不一样的文化，也正是由于个性的差异，在思政教育开展的过程中，我们对每名学生的目标设计也应该体现出层次差别。如喜爱钻研、动手能力强的同学，可以鼓励他们在科技创新方面有所建树；学习成绩优异，热爱科研的同学，可以鼓励到国内外知名学府学习，在专业领域实现自己的理想；学习成绩一般，但人际关系特别好的同学，可以在领导组织、协调和领导能力方面多加锻炼。

3. 弘扬个性特征

现代社会造就了一批具有较强主观意志、独立意识的年轻人。在大学生中更是存在强调个性自由、强调自我独立的群体，他们的思想更加复杂、价值观更加多元、个性更加张扬。在思政教育过程中，既要加强学生的全面发展，又要尊重学生合理的个人追求和个性发展，重视他们在学习与生活、物质与精神、情感与理智等方面多元化、多层次的需求，关注学生的个性特征和发展需要及心理特征，能够从根本上促进学生的个性发展，发挥学生的潜力。

鉴于目前社会对人才多元化的需求，更应关注学生个体的差异以及个性发展的不同需求，充分发挥学生在不同方面的能力和水平，树立正确的世界观、人生观和价值观，树立创新意识，培养创新精神。创新精神实质上是一种独立探究的精神，以“独创”为特色的创新思维必然是一种个性化思维，需要尊重学生的个性。培养创新型人才就需要在日常的教育教学过程中指导学生树立创新意识，培养学生的创新能力和水平，提高学生的创新精神，这样就可以激发学生自觉主动地发现问题、解决问题，提高学生的能力。并且在教育过程中可以对学生进行有目的的指导和训练，充分发挥学生的主体性，为他们的发展提供条件，创造学习环境，帮助学生培养组织能力、管理能力、人际交往能力以及团队合作能力等，使其成长为能够满足社会和国家发展需求的创新型人才。

充分尊重学生的自我，激发学生主动参与，鼓励学生主动探索，为学生实现个性发展提供一定的条件，营造良好的学习和成长氛围，允许学生适当的个性张扬和“奇思妙想”，使他们获得良好的个人心理体验和感受成功的契机和载体，促进学生个性发展和个人梦想实现。如部分高校针对学生个性化需求，提出“学生有梦想，我们来实现”的理念，通过提供资金、场地、物资等，创造平台帮助学生圆梦。

（三）增强思政教育的人文关怀

思政教育中提到的“人文关怀”是指有别于自然的人伦内涵，同时与神理有别的精神教化，并具有自身的特点，如文明、儒雅、文治教化等。马克思认为，人本的实现首先是满足人的合理需要、尊重人的主体价值、重视人的实践活动。在此基础上，实现人的多维度解放与全面发展，达到人的自由个性。现如今我们也对“人文关怀”进行了新的界定，“人文”特指能够以人的人格和尊严为主，充分发挥人的主体性，把人文的内涵与当代的社会主义核心价值观相联系，重点突出实现人的价值，能够很好地处理人际关系。

人文关怀始终坚持“以人为本”的教育理念，在实施教育的过程中可以发挥人的主体性，关注个体的生活环境、生活方式和心理状态，强调人的价值取向和教育理念。思政教育“以人为本”的人文关怀，是马克思主义人本论在高校思政教育实践中创造性应用的产物，它强调教育者与被教育者的平等性、亲近性、贴近性和柔和性，强调尊重学生独立的人格和自由的精神，着眼学生的全面发展，凸显学生的主体地位，从人文关怀、柔性管理和隐性教育三方面入手，在潜移默化中达到较好的教育效果。

1. **重视人文关怀**

“人文关怀是思想政治教育的核心维度和价值坐标”①，主要体现在以人为本，关注学生的发展和需要。“人”是思政教育的出发点与归宿。推动大学生思想政治教育走向人文关怀，首先要承认并尊重大学生是具有独立人格的人、完整的人、能动的人、创造性的人。把思政教育作为一种关怀学生，为学生服务的工作，在工作中既要坚持教育人、引导人、鼓舞人、鞭策人，更要做到尊重人、理解人、关心人、帮助人。要关心学生内心的感受，倾听学生的呼声，了解学生的情绪，关心学生的疾苦，关注细节、关注需求，善于把握学生思想变化、心理波动、学业困难、生活现状等，将思政教育做细、做活，弘扬学生的主体性，促进学生全面发展。

（1）尊重学生独立人格。思想政治工作说到底是做人的工作，需要“情”和“理”并用，以真挚的感情启迪人，情理交融，循循善诱，坚持以人为本。关注“现实的人”是马克思主义人文关怀思想的出发点。充分认识大学生这个完整的生命体，看到大学生是有思想、有情感的活生生的人。只有立足于人，从现实的人出发，从人的现实需要出发，并最终回归于人，回归于人的发展上来，才能真正提升思政教育的实效性。尊重学生，要避免居高临下，以师长的姿态来教训学生，以刺激性词汇来管教学生。要避免对学生进行分级分层，避免标签化管理，要善于发现每个学生的闪光点，客观公正看待每名同学。保护

① 曾长隽. 高校思想政治教育人文关怀：逻辑关系、现实挑战和提升路径［J］. 高教探索，2020（03）：123-128.

学生尊严，对家庭经济困难、学习困难、后进生等特殊群体的学生要注意隐私的保护，帮助他们克服欠缺的方面，不断完善自我。

(2) 满足学生成长需求。在科学发展观指导下，我国高校学生工作提出要以学生为本，更加注重学生多样化的需求。尊重学生的兴趣，满足学生的需求，学生工作应该从重管理转型到重服务，从规范学生转型到为了学生。

高校学生日常工作量多面广，学生基数大，导致辅导员经常需要处理大量烦琐的日常工作，在实际组织管理中容易严格按照制度开展工作，忽略了人的情感因素，以灌输式、教导式的形式达到思政教育的目的，忽略了学生的需求。学生工作必须尊重、正视和研究学生需求，并要把握学生个体、学生群体的不同需求，才能从根本上提高辅导员工作实效性。美国高校辅导员职责界定非常明确，即针对学生成长发展的需求，细分为针对每类需求的具体部门，如招生与入学服务中心、就业服务中心、学生教育发展中心、学生健康与医疗服务中心、学生政策及司法部门、国际教育部门以及校友基金发展事务等学生事务管理部门，每个部门在开展工作之前，都要调查学生的需求，针对学生的需求安排和调整自身的工作，学生则是按照自己的需要选择不同的服务。高校思想政治工作应该从学生需要什么、喜欢什么的角度出发，倾听学生的呼声，关注细节、关注需求。善于把握学生思想变化、心理波动、学业困难、生活现状等，主动挖掘学生的需求，特别是不主动表达的学生群体，但是在对学生个体的个性化特征进行了解的过程中，需要通过大量的信息敏感地捕捉到相关的内容，需要智慧与灵感。在学生特点的需求瞬息万变的时代，只有通过发挥各个方面的力量，才能造就一个灵活、智能的大学生思政教育体系，才能不断解决面临的新问题。

(2) 凸显学生主体性。"教育主体论"从20世纪80年代开始成为思想政治工作者的一种共识。思政教育必须尊重大学生的主体地位，激发他们的主体意识，大学生是一个独立的个体，有很强的主动性、自觉性和创新性，并且具有一定的发展潜力的人，凸显学生的主体地位，让学生在高校的育人、管理、服务等方面都积极参与，主动加入学生思政教育各环节，发挥主体作用。学生有权参与学校管理的全过程，并做出对自己有利的选择，避免只注重对学生行为的规范和学校教育秩序的稳定。要充分利用好学生朋辈的教育资源，依托学生群体内部资源实现自我感知和引领。同时，发挥学生社团、学生组织以及"学生自组织"是基于学生按照行政划分、志愿兴趣、共同任务等结成的组织形式，是凝聚学生、动员学生的重要方式，具有群众性、"草根性"、生动性等优势，在学生学习生活中发挥着越来越显著的作用。通过学生社团与学生组织，可以进一步丰富思政教育的载体，贴近学生的生活需求、能力需求、素质需求、情感需求，提升影响力与覆盖面，增强渗透力和吸引力；可以依托学校丰富的资源，发挥学生在学生社团与学生组织中的主动性和创造性，构筑“百花齐放、精彩纷呈”的文化氛围。因此，必须进一步抓好学生社团与学生组织建设。通过加强规范管理、帮助搭建平台、提供资源与指导等，扬长避短，发挥其在促进学生“三自教育”中的积极作用。

2. **重视柔性管理**

柔性管理方式在实行的过程中是自发的、民主的，通过这种管理方式能够使人们做到自律、自悟和自省，使他们能真正心情舒畅、不遗余力地为团队目标努力。

柔性管理方式的过程可以概括为“外在影响到自觉主动”这一变化，这一转变的过程受到一定的时间影响，是会反复发生改变的。根据柔性管理方式的转变过程可以发现它具有以下特点：质的模糊性、量的非线性、方法上的感应性及职能塑造性。

首先是质的模糊性。高校大学生是接受思政教育的主体，大学生的思维活跃、接受新鲜事物的能力强、交际范围广等，但是他们的心理特征和行为举止有时会存在不一致的情况，这种现象就与柔性管理的“质的模糊性”这一特点相符。

其次是量的非线性。大学生虽然开始逐渐走向社会，但是他们的身心依然处于发展和成形阶段，他们的心理特征复杂多变，作为独立的个体，虽然具有很强的发展潜能，但是自律性较缺乏，对学校的一些规章制度有时会出现排斥的现象，而这一点正好与柔性管理的“量的非线性”这一特点相一致。

再次是方法上的感应性。对大学生进行管理的主要人员是高校辅导员，辅导员在进行管理时，除了要遵从学校日常的规章制度外，更要言传身教，通过自身的学术魅力，加强与学生之间的互动交流，从根本影响学生，提高自身的威信力。而这一点正好与柔性管理的“方法上的感应性”这一特点相符。

最后是职能塑造性。思政教育的管理依赖于一定的制度要求，但是制度的制定不仅是管理人员单方面的输出，更重要的是要与学生的个性心理特征和身心发展结合起来，实现柔性管理的第四大特征——“职能塑造性”。

“柔性管理”运用于思政教育，主要是要改变以往管理模式单一化和刚性的特点，讲求管理模式的多元化，展现人本性、情感性、间接性等特点，坚持个性重于共性、肯定重于否定、身教重于言教等基本原则，采用教育、引导、支持、激励等工作方式，不断增强学生的接受度。它是在思考现状——刚性管理弊端的基础上，结合现阶段高校思政教育所处的时代背景提出的，旨在进一步体现思政教育的“人文关怀”理念，引导一种更完美的教育境界。这也是贯彻落实科学发展观，提高高校思政教育科学性、增强思政教育实效性的重要内容。

（1）以需求满足引导学生价值取向。传统的思政教育观念是：供给创造需求。只要能提供服务，就会有学生参与，教育就会有成效，工作效果由辅导员的能力决定。在新时期，思政教育不仅要为学生提供服务，更要进行“供给侧改革”，主动丰富学生的价值取向的内涵，为学生提供更多成长成才服务，为满足学生的价值取向，学校可以为大学生营造良好的学习环境，把学生的兴趣和爱好放在教育学生的首位，这样可以从学生的价值观改变和成绩变化对学校的教育方式进行判断。同时，大学生思想政治工作本身要求做好学生价值取向和文化客体选择的引导，使学生对服务的需求从被动接受向自觉接受转变。所以，实行柔性管理的关键点在于创建树立学生正确价值观的方法，针对学生出现的问题提出具体的解决方案，引导和鼓励学生把自己内心的想法表达出来，表达自己真实情感和愿望。柔性管理中强调个性重于共性，需要充分满足学生的多样化、个性化需求，将每一位学生都视为一个单独的工作对象，根据学生的特定需求来进行工作方式和内容组合，其最突出的特点是根据学生的特点来进行工作调整。从而可以有针对性地向学生提供差异性服务，真正体现以人为本。这种以学生个体需求和偏好为导向的工作方式，对辅导员队伍能力提出了挑战。

（2）以激励肯定的方式促进学生学习。新时代多样化的学生特点已经把思政教育的核心作用体现为：促进学习，激发灵感和洞察未来。激励、综合、协调学生以个体或团队形式，按照思政教育的目标进行努力，从而以更高的视野认识自身发展。在教育过程中，多激励，少打击；多肯定，少否定，通过正向的积极的鼓励，增加学生自我学习的动力。要善于发现学生的特长和优点，尊重学生的个性，理解学生个体的差异性，鼓励学生多元化发展，不要用一种发展模式要求所有学生。通过这样的一种目标确定，可以将学生激发成为思政教育的动力，而不仅仅是工作对象；可以将学生的创新能力整合到学生工作的统一战略目标之中，从而使学生的发展、思政教育的优化能形成有机统一、促进大学生思政教育的良性循环。

（3）以潜移默化的身教引领学生成长。重视“朋辈教育”的作用，重视潜移默化的身教，避免刻板的言传。高校大学生是进行朋辈教育的主体人员，这样的教育方式可以把处于相似的教育环境、生活方式、思想观念的人把自身的生活经历、思维方式、学习理念等分享给彼此，这样的教育方式有助于引起教育者和受教育者双方的情感共鸣，可以在沟通交流的过程中对学生的思想观念产生影响。

一是开展“朋辈教育”，用身边人教育身边人，用身边事影响身边人。依托优秀学长、优秀学生、优秀校友，通过选拔高年级学生担任低年级学生小班主任、副班主任；通过好人好事的宣传表彰等，鼓励广大学生自我感知、自我实践，引起内心理解和共鸣。

二是“典型示范”，以学生模范带动广大学生进步。比如有的高校通过开展“学生精英培养工程”，依托党校、团校等组织形式和载体，开展“学生精英培养计划”、实施“选苗育苗”等，培养具有典型示范潜质的优秀大学生。开展“学生典型示范工程”，通过“优秀学生”“励志之星”“感动人物”“年度人物”“研究生学术先锋”“优秀班集体”“优秀团支部”等先进个人和集体的评选、表彰和宣传展示，塑造一批学生个人和学生集体典型，发挥其示范带动作用，促进学校良好学风、班风养成，促使广大学生“学先进、争先进、做先进”，不断发展提高。

3. 重视隐性教育

所谓“隐性教育”，指教育者为了实现其教育目的而实施的不为受教育者明确感知的使受教育者能在不知不觉中受到教育的一种思政教育的类型，强调教育过程通过合理设计和恰当载体增强教育目标和内容的隐蔽性、增加教育过程的愉悦性、增大教育途径的开放性、延长教育节奏的渐进性、发挥教育接受的自主性，以生动活泼、喜闻乐见的形式，把教育目的、内容和形式在无形中渗透在学生的日常生活和学习过程之中，这样就可以把隐性和显性教育有机地结合起来，在不知不觉中对学生的思想、观念、价值、道德、态度、情感等产生影响，使他们在不知不觉中受到熏陶。长期以来，我们更多强调显性教育，强化显性课程，但隐性教育的作用和潜能还未得到很好的重视和发挥。

从思政教育方法上看，隐性教育是相对于显性教育而存在的，其特征表现在：①教育境界上追求的是“潜移默化”和“润物细无声”；②教育目的具有潜隐性；③教育功能具有浸润性；④教育内容具有隐形作用，是在不知不觉中对学生进行熏陶和影响的，尤其是隐性教育具有渗透性和间接性，并非思政教育第一课堂上以授课的形式给学生灌输道理，也并非通过思想政治老师直接向学生传授教育内容，而是将教育的目的和意向隐藏到学生的学习、生活和各种活动之中，隐藏到学生生活学习的环境中，利用内隐的方式将教育内容渗透在教育情境当中，可以让学生在潜移默化中接受教育的影响。

（1）隐性德育课程教育。隐性德育课程是指隐藏着思政教育目的，以潜移默化的方式发挥着思政教育功能的课堂，可以涵盖自然科学课程、人文社会科学课程以及专业课程，也就是今天大力提倡的“课程思想政治”，也就是“课程思政”。在不同的学科之中有不同的精神内涵，如人文社会科学具有明显的社会主义价值观和爱国主义精神等内容，自然科学中含有持之以恒的研究品质内涵，这些不同学科的教育也就是上文提到的隐性教育，专业课老师对学生的影响非常大，其在专业学术上的造诣常受学生的崇拜，进而延伸到崇敬专业课老师个人。因此，专业课老师应该利用自身的优势，在专业课程上不失时机地渗透正确的社会价值观念、专业道德等，还可以通过个人人格的魅力感染同学，引领同学对专业知识的探索、对科学精神的追求，甚至生活态度的积极向上。

(2) 校园文化环境熏陶。校园文化环境是开展大学生隐性思政教育的主要空间和载体，包括校园物质环境和校园精神文化环境。

校园物质环境是由校园建筑、道路、植物、文化设施、内涵育人信息的人文景观等构成的空间场所，大学悠久的历史沉淀在校园物质环境中都有不同程度的体现。如学校建筑，本身承担着教育功能，结构设计、建筑外形、功能变化、名称等都可能有背后的故事，同时在悠长岁月里的人物和发生在其中的事件等都有可能成为教育学生、启发学生的资源。构建充满真情实感、人文关怀的校园环境，其所内隐的文化、信息和历史等都在以无声的方式影响着学生的思想。学生生活学习在校园里，对校园环境总有着自己的解读和理解，从而内化为对学校精神文化的认同。更进一步，校园物质环境中所体现出来的精神，可以被转化为学生个体的精神，从而起到以境化人的隐性教育的作用。

校园精神文化环境是指大学的精神、大学的文化传承与创新。一所大学的精神文化，指引着身处其中的人们的思想观念、价值追求和行为方式等，这是一种潜在的、无形的却又无处不在的教育因素。大学精神可能就包含学术精神、人文精神、科研精神、批判精神、爱国主义精神等，不仅可以引领校园文化的主流，还可以激发大学生的理性，提升学生的思想境界，完善学生的人格品质。如搭建校史校情的课程体系，通过正规的第一课堂、“形势与政策”课堂、报告会、参观展览等多种方式，让学生了解学校的过去和未来，在润物细无声中影响大学生的认知，给大学生深刻久远的启示。大学生在这样的教育情境中可以克服自身思想方面的局限性，在学校为学生创造的学习环境之中，可以充分发挥这种教育力量、教育内容和教育因素在潜移默化中对大学生形成影响的作用，这样的影响可谓是“润物细无声”的内化和作用，对大学生形成正确的价值观和教育思想有着不可估量的作用。

(3) 渗透式学生发展教育。高校培养学生全面发展，为学生构建了丰富的第二课堂活动，搭建了多样化的育人平台，层面多样、内容广泛、形式新颖，参加者选择性强、自主性高，在寓教于乐的过程中，学生的自主性得以发挥，从而潜隐在活动中的思政教育因素会发挥作用，以极其自然的方式积淀到学生身上。

校园文化活动通过对活动的合理设计，运用多种学生喜闻乐见的方式，让学生积极主动地参与活动，享受活动。在愉悦的氛围中，与思政教育相关的因素如人生哲学、伦理规范和理想道德等，会以一种渗透的方式浸润学生，使学生在温馨愉悦的氛围中成长。

社会实践在新世纪大学生培养中有着非常重要的作用，不同于大学专业知识及技能等方面的培养，社会实践对大学生综合素质的提高存在潜移默化的影响，其作用不可替代。将大学生个体置于整个国家与民族的背景之下，置于历史与时代的维度之中，社会实践对大学生在更大范畴上具有意义，在更广义的高等教育中扮演着角色。

大学生作为即将进入社会并在未来发挥重要作用的群体，通过社会实践活动，将个体与社会更为紧密地联系起来，社会日新月异的进步与民族复兴道路上发生的深刻变化，他们将获得亲身经历甚至参与创造的机会，参与感与自豪感会让他们切身体验到国家在党的带领下所创造的辉煌成就，爱国的情感和承担民族复兴重任的使命感随之而来，形象且深刻，这将成为学生努力学习积极回报社会等正能量行为的动力。通过参与丰富多样的社会实践，大学生的社会阅读能力和解决实际问题的能力会得到充分的发展，其对理想和价值观的认识也不再抽象与片面，从而坚定当代大学生对其远大理想的信念和自信。在行知结合中，大学生原本相对稚嫩与单一的世界观不断成熟和完整，优秀的品格和个性在与外界的互动中形成良性的正反馈。

第四章 核心价值观引领高校思政教育的内容

第一节 爱国主义教育

"爱国主义精神是维护国家统一、促进民族团结的强大内生动力，同时也是实现中华民族伟大复兴中国梦的精神源泉。"① 爱国主义精神是深深地扎根于我们民族的精神土壤之中的，也是我们国家和不同民族赖以生存和发展的基础，也是我们一脉相承的宝贵品质。我们的先辈之所以为祖国的发展和强大抛头颅、洒热血，爱国精神在其中发挥着举足轻重的作用。正是因为有了爱国精神，我们的民族才会一直保持强大的凝聚力。

一、学校途径

（一）强化课堂主渠道的作用

在对学生进行爱国主义教育时，某种程度上可以将课堂作为对学生进行爱国主义教育的主要渠道。在学校的课程教学中，可以在各个科目中融入或穿插关于爱国主义教育的相关内容，通过事例帮助学生认识到爱国主义教育的重要性，以及爱国主义教育的强大力量，从而能够有效地培养学生的爱国主义情感，提高学生的思想道德修养。

在对学生进行爱国主义教育时，可以把学生具有的权利和义务明确解释给他们，让学生认识到国家的发展与我们每个人都紧密联系，不可分割，这样可以引导学生树立正确的世界观、人生观和价值观，为国家未来的发展贡献自己的力量。

---

① 梁冰倩. 新时代爱国主义精神：形成渊源、时代内涵及弘扬路径 [J]. 中共山西省委党校学报，2019，42（05）：123-128.

（二）营造爱国主义教育氛围

首先，丰富校园文化，为进行爱国主义教育提供条件。一个学校的校园文化影响着这个学校的长久发展，也影响着学生的价值观，因此，学校可根据具体情况营造良好的学习氛围，进行各种各样的校园文化活动，以此对学生进行爱国主义教育。

其次，学校要善于调动和利用各种资源，营造积极向上的氛围。现代的电子技术飞速发展，所起的作用也不可估量，因此学校可以根据需要充分利用报刊、电视、杂志和互联网等的优势，向学生直接或间接地宣传爱国主义的相关内容，让学生自己通过上网查找资料了解我们国家的奋斗历程，还可以组织学生去博物馆，通过亲身体验达到对学生进行爱国主义教育的目的。

二、社会途径

（一）大众传媒教育

就目前的电子发展技术来看，大众传媒的力量不容小觑，因此可以充分发挥电视、广播、网络、报刊等大众传媒的作用，对人们进行爱国主义教育，这样就可以让大众足不出户地感受到爱国主义教育的力量，人们也可以随时随地地了解到国家的发展趋势和党的方针路线。因此，大众传媒所带来的力量我们可以充分利用，充分发挥大众传媒的带动作用、辐射作用、感染作用和引导作用，让大众在潜移默化中感受到爱国主义教育，树立正确的价值观，改善自己的行为。

（二）生活环境教育

环境对一个人的影响非常大，要想对人们进行爱国主义教育，就需要为人们营造一定的生活环境，让人在潜移默化中受到爱国主义教育的影响，我们常说的“近朱者赤，近墨者黑”就是这个意思。

由此可见，在日常生活中要注意营造一个良好的生活环境，让人们在真实的情境中感受到爱国主义教育的力量，从而改变人们的社会主义价值观。

除了营造良好的生活环境，我们可以通过现代化的手段对大众进行爱国主义教育，如相关的纪录片、广告、新闻，或期刊、报纸、杂志，有时还可以通过电影、电视剧等手段进行爱国主义教育，这些方法都具有很强的渗透力，大众可以在观看的过程中不知不觉地

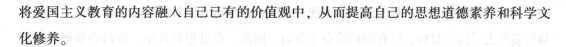

将爱国主义教育的内容融入自己已有的价值观中，从而提高自己的思想道德素养和科学文化修养。

第二节　理想信念教育

理想信念可以指引人生的方向，可以决定事业的成败，所以，作为新时代的青年，更应该坚定理想信念，理想信念是精神的支柱。青年一代有理想、有担当，国家就有前途，民族就有希望。这些重要论述充分揭示了理想信念对于大学生成长成才的极端重要性。

一、理想信念教育中的思想教育

理想信念就像一座灯塔，为航海的人照亮前进的方向，只有拥有坚定的理想信念，大学生才能不断提升自己、完善自己，才能促进他们的发展。理想信念是促进大学生成长的根本动力，并且，理想信念是大学生的精神支柱。大学生的理想信念教育需要通过加强高校的思想教育才能实现，在学校教育的过程中，不断铸牢大学生的理想信念，为培养社会主义现代化人才奠定基础。理论是实践的基础，大学生理想信念教育的首要任务是加强思想教育，让学生形成系统的理论知识，通过理论知识来指导实践生活。

（一）理想信念培育中思想教育的基础理论

1. 思想教育的目的

思想教育的目的是把受教育者培养成怎样的人，以及这种教育的总目标、总要求，它是思想教育的出发点和归宿。教育目的既受社会经济、政治的影响，又受生产力发展水平的制约，在阶级社会，教育总是为统治阶级利益服务的。根据不同的标准，可以将思想教育的目的划分出许多种类，从科学性上分，有科学的思想教育目的和非科学的思想教育目的；从重要程度上分，有根本教育目的和一般的教育目的等。

关于思想教育的目的，一般认为它的根本目的就是提高人们的思想觉悟和认识能力。这种观点虽然反映了它的重要内容，但是还不全面。思想教育的根本目的是不断提高广大受教育者的思想觉悟和认识水平。思想教育具有长期性和稳定性的特点。

思想教育的具体日的，是指在每次具体教育活动中所要达到的日标和要求，具有层次性和多变性的特点。思想教育的根本目的与具体目的联系十分紧密，抽象地强调根本目的，忽视具体目的，根本目的就无法实现；相反，只承认具体目的，忘记根本目的，具体目的就失去了远大目标，没有明确的奋斗方向。因此，在思想教育中，我们必须把具体教育目的与根本教育目的科学地结合起来。实现思想教育的目的，应注重以下环节：

（1）提高受教育者的认识能力。提高受教育者的认识能力，主要是指提高人们观察问题、分析问题、辨别是非的能力。人们在认识事物、改造客观世界的过程中，往往会因为主客观条件的限制犯错误。但问题不在于是否犯过错误，关键在于犯了错误之后，能否及时地、科学地分析和总结，吸取经验教训，克服主观主义，更好地按客观规律办事。要做到这一点，就必须不断提高人们观察问题、分析问题和辨别是非的能力。

所谓观察问题的能力，是指人们看待事物、察觉事物变化的能力，以及对各种现象的鉴别能力，主要表现为观察事物的敏锐性、全面性和辩证性，所谓分析问题的能力，是指人们对事物分析、综合和深入研究的能力。它主要表现为人们对事物认识的准确性和透彻性，能够透过现象看本质。所谓分辩能力，是指人们分辨是非的能力，鉴别正确与错误，真理与谬误的能力。它主要表现为对待问题时有鲜明的是非标准。分辨是非，不单纯是思想方法问题，它是政治态度、思想觉悟和道德品质的综合反映。要提高人们的认识水平，最主要的是深入社会实践，分析问题和解决问题，掌握科学的思维方法。

（2）提高教育者的思想觉悟。思想觉悟，主要是指人们的政治观点、立场、理想、信仰、人生观和道德观等。在思想教育工作中，必须把提高广大教育者的思想觉悟作为一个重要环节，要通过系统的理论教育和其他教育，使他们树立正确的世界观和人生观，树立高尚的道德情操，树立强烈的爱国主义思想和全心全意为人民服务的思想，发扬无私奉献精神，积极投身于物质文明建设和精神文明建设，充分发挥主人翁的作用。

2. 思想教育的原则

思想教育的原则，是思想教育工作的经验总结，是这项活动规律的正确反映，是进行思想教育所必须遵循的准则和规范。它体现在整个思想教育活动中，在发现思想问题、分析思想问题、制订教育方案、拍板决断、物质准备、科学实施、解决矛盾、总结问题等，每个阶段都有一系列相应的基本原则，是个复杂的动态系统，具有丰富的内容。科学揭示思想教育的原则，是一件难度较大，富有意义的工作，需要广大思想教育工作者和受教育者长期共同努力。

（1）身教与言教相结合原则。所谓身教与言教相结合，是指广大思想教育工作者必须以身作则，起表率作用，既重言教，又重身教。身教与言教相结合，是思想教育工作的优良传统和作风，是思想教育工作客观规律的基本要求。坚持言教与身教相结合原则，应注意以下问题：

1）正确认识言教与身教的重要作用。思想教育工作是塑造人的社会实践活动，必须把言教与身教二者有机地结合起来，既重言教又重身教，用自己的模范行动去教育和影响广大受教育者。

2）教育者必须先受教育。教育者与被教育者的关系是相对的，二者在一定条件下相互转化，思想教育工作者既是教师又是学生。因此，必须虚心向广大人民群众学习，学习他们丰富的实践经验和优秀品质，不能把自己的位置放在群众之上，不能以教育者自居。

3）加强修养，具有高尚的品德和作风。凡是要求群众做到的，自己必须首先做到。言必行，行必果，言行一致，表里如一，真正成为群众的表率，受到人们尊重与信任，这样才能增强思想教育的感染力、说服力和影响力。

4）思想教育工作者还要认真学习本行业的专业知识，努力做到又红又专。

（2）方向目的性原则。方向目的性原则，是由思想教育的本质所决定的，是区别于一切剥削阶级思想教育的重要标志，集中反映了思想教育的阶级性和培养目标的根本要求，是思想教育的首要原则。遵循这条原则，可以防止思想教育的自发性和盲目性，保证其性质和方向，处理好根本目的与具体目的的关系。坚持方向目的性原则，应注意以下问题：

1）科学理解方向目的性原则。理解是执行的前提。只有科学理解方向目的性原则的含义，才能提高遵循它的自觉性。理解这一原则的最主要任务，是牢记思想教育的根本目的，坚决反对各种错误的方向和目标，保证思想教育的性质和方向。

2）正确处理根本目标与具体目标的关系。在实践中，要坚决反对两种倾向：一种是只讲眼前不讲未来，即只注意现实教育，就事论事，不重视远大理想教育；二是只讲未来，不讲现实。这两种倾向都是片面和有害的，都会造成思想混乱。只有把根本目标和具体目标结合起来，才能更好地教育广大受教育者，做到立足现实，面向未来，自觉地为实现远大理想而奋斗。

3）明确具体目的。思想教育都要有科学的方向和目的。达到怎样的要求，完成任务的内容，解决哪些问题，实现怎样的目的，都要明确具体，落在实处。要坚决反对那种没有目的，或目的不明确、不正确的具体教育活动。

4）充分发挥思想教育主体与客体的能动性。思想教育主体要具有高尚的品德和情操，时时处处为人师表。同时，还要广泛读书，勤于实践，具有较高的思想教育艺术，科学把握思想教育的方向和目的。并有效引导受教育者把远大理想同自己的工作、学习、生活紧密联系起来，积极发挥自我教育的作用，逐步渗透，并且逐步实现思想教育的目的。

(3) 一体化原则。社会主义建设包括物质文明建设和精神文明建设。目前，一些单位实行的“双承包责任制”，就是对一体化原则的有益探索和尝试。其指标的内容一般分为两大部分：一是经济指标，如生产任务、经济效益、上缴利税等；二是思想指标，如培养树立先进典型等。

(4) 关心原则。关心原则，并不是单纯地满足广大人民群众的物质需要，还要注意满足其精神需要。关心人，要处理好目的与手段的关系。解决困难是手段，启发思想，提高觉悟，调动他们的积极性。因此，必须把关心同启发、引导、激励有机地结合起来，这样才能充分发挥思想教育的作用。

(5) 民主原则。在思想教育活动中，必须坚持民主原则。在进行所有工作时，都必须牢固地树立群众的观点，一切为了群众，一切依靠群众，虚心向群众学习。思想教育工作中教育者与被教育者是一种平等的关系。这就决定了思想教育必须坚持民主原则，平等待人。

从思想教育的特点上看，也必须坚持民主原则。人的思想变化是一个十分复杂的心理过程，要受主客观等多种因素的制约和影响，经常出现反复，是曲折性与渐进性的统一。因此，必须采取民主的态度和方法，平等地讨论和交流，摆事实、讲道理，以理服人，而不能采取简单的方法。否则，就无法建立起平等、信任的同志关系，就会引起对方的反感，就无法解决思想问题。

1) 加强民主修养。思想教育工作者要不断加强民主修养，充分尊重受教育者的民主地位和民主权利，相信他们、依靠他们、尊重他们、爱护他们。正确分析和对待群众的思想问题，避免简单的方法，即使是对一些错误的批评和指责，也要宽宏大量，有则改之，无则加勉，允许他们有一个认识、反思和觉悟的过程。

2) 改善民主的方法。思想教育工作者要善于正确分析两类不同性质的矛盾。对于群众内部发生的矛盾，可通过集中讨论或争论的方法，对矛盾进行分析，并改正错误思想，广泛开展批评和自我批评。同时，还要广泛开展群众性的自我教育活动，通过自由讨论、对比和指导来科学分析形势和前进中所遇到的困难、挫折，增强信心，纠正错误，不断提高他们的思想觉悟和认识水平，把各项工作做得更好。

(6) 理论联系实际原则。所谓理论联系实际，就是指在思想教育活动中，必须紧密联系国际国内形势，结合思想教育工作者和受教育者思想实际，有的放矢地进行思想教育工作。一切从实际出发。坚持理论联系实际的原则，必须做到一切从实际出发，不唯上、不唯书、不唯洋，要唯实。结合实际，灵活运用书本，运用科学理论来指导自己的实践活动，充分发挥自己的主观能动性和创造性。

思想教育的目的是解决实际问题，因此，它特别强调实际效果，另外，思想教育工作者还要积极投身到社会实践中去，虚心向广大人民群众学习，不断在实践中丰富自己，提高自己。这样才能避免脱离实际和群众，更好地联系实际，把思想教育工作做好。

（7）情理原则。情理原则，是摆事实讲道理，交流思想感情，启发思想觉悟，激励人们前进的一个重要手段。它的基本要求是尊重人、理解人，通情达理，以理服人，以情感人。情理原则，在思想教育中具有十分重要的作用。它是做好思想教育，启发群众，激励群众的前提条件。

1）坚持情理原则。讲情，必须符合人民的利益，必须有利于中华民族的振兴。

2）发挥理的作用。要避免就事论事，使受教育者树立正确的世界观和人生观。要做到这一点，思想教育必须先明理，因为明理方能育人，方能用科学理论去启发、引导和激动受教育者。

3）思想教育工作者要对受教育者具有深厚的感情，树立全心全意为人民服务的思想。要不断加强修养，关心、爱护受教育者，态度要谦虚、热情、真挚、友好，要信任和尊重对方，虚心向他们学习，以人之长，补己之短。

4）善于说理和表达感情。思想教育工作者要不断提高自己的教育艺术，能够通过语言、动作、表情来吸引对方和感染对方，引起感情共鸣，有效地激发广大受教育者的积极性。

3. 思想教育的要素

系统论认为，要素是组成系统的各个部分。它是构成系统的实体。离开要素，就没有系统。但系统并不是各要素的简单相加，它还包括系统的结构状态。如果要素好，结构不好，也会影响系统的功能。对于思想教育要素的划分，可以更细一些。因为这样可以更好地了解它们的特性和本质，认识其相互之间的关系以便将它们科学地结合起来，提高思想教育的整体功能。

（1）思想教育对象。思想教育对象是指思想教育主体通过教育活动所要施加影响的群体和个体，或者称为接受思想教育的集体或个人。所谓群体，既可以是个系统，也可以是一个层次。个体，则是指某个具体的思想教育对象。同思想教育主体一样，思想教育对象也可以从不同角度划分出许多种类。从职业上分，可以分为干部、工人、农民等，从性别和年龄上分，有男女之别，大小之分等，范围十分广泛，情况非常复杂。

思想教育对象的思想基础、道德品质、科学文化水平状况、生理心理特点、自我教育能力、群体结构等，都是思想教育工作的重要依据之一。思想教育对象在整个思想教育活动中，并不完全处于被动地位，具有积极的能动作用，既是思想教育客体，又是思想教育主体。因此，须采取有效措施，逐步提高他们的思想觉悟和道德水平，努力调动他们的自觉性和积极性，充分发挥其主体的能动作用，逐步达到思想教育目的。

思想教育对象的主体作用反映在许多方面，不但包括自我教育，还包括他们之间的相互教育，包括对思想教育的制约和影响，他们与思想教育主体之间的区别是相对的，二者在一定条件下相互转化。从内因的角度看，影响受教育者思想转化的原因如下：

1）思想教育对象的人生观。人生观是人们对人生的价值、意义、目的的根本看法和基本态度，它制约和影响着人们对生活道路的选择，支配着人们的行动。人生观包括幸福观、生死观、荣辱观、苦乐观、恋爱观、发展观等。它把全心全意为人民服务，为大多数人谋利益作为自己人生观的核心，因此才能认清人类社会发展规律。

2）思想教育对象的世界观。所谓世界观，就是人们对于整个世界的总的、根本的看法。因为人们所处的地位不同、阶级不同，因此世界观也就不同。辩证唯物主义和历史唯物主义是唯一科学的世界观，是认识世界、改造世界的思想观念，它对社会历史发展起着积极的促进作用，而唯心主义和其他错误的世界观，则对社会历史起阻碍作用。

世界观不同，人们观察问题、处理问题的立场、观点和方法也就不同。我们必须加强世界观教育，让广大教师与学生系统地掌握辩证唯物主义和历史唯物主义的基本原理，学会全面地、发展地看待问题，认清人类社会发展规律，树立全心全意为人民服务的观点，更好地认识世界和改造世界。

（2）思想教育主体。思想教育主体是指所有有目的、有计划地对受教育者实施教育、施加影响的团体或个体。从不同角度，思想教育主体可以划分出许多种类。从宏观上看，有群团组织、社会其他团体；从微观上看，有单位、学校、家庭和社会；从队伍构成上看，有专门机构、专职人员和兼职人员，就连广播、电视、电影、录音、录像等也可以视为特殊的思想教育主体。其中，最重要的是那些从事思想教育的专职工作人员，是具有远大理想和高尚道德情操的思想教育工作者，是人类的核心工程师。

思想教育主体，是思想教育工作的主要因素，处于十分重要的地位，决定着思想教育的内容和方法，起着组织、引导、控制的作用。他们素质的好坏，结构的优劣，都直接关系着思想教育效果，关系着把受教育者培养成怎样的人。因此，要做好思想教育，必须认真研究思想教育主体，大力加强思想教育队伍建设，造就一支知识化、年轻化、现代化的庞大思想教育队伍，并做好思想教育机构改革，建立健全职能部门，创造良好的环境和条件。

思想教育主体的重要地位，是要与受教育者建立平等的，互帮互助、互教的新型人际关系，用科学文化知识，用科学理论和自己的模范行动去启发人、教育人和引导人。这样才能得到受教育者的信任和尊重，把思想教育工作做得更好。

(3) 思想教育方法。所谓方法，就是人们认识世界和改造世界所应用的具体方式和手段。正确的思想教育方法，来源于思想教育实践。符合客观事物发展规律的方法，才是科学的、有效的。因为人们的阶级立场、观点不同，因此在思想教育方法上也存在唯物辩证法和形而上学的矛盾，存在两种根本对立的思想教育方法。

思想教育是一项十分复杂的工作，从了解思想信息，进行科学决策，到具体实践、检查总结，每个阶段、每个环节都应该有许多相应的科学方法。但是，由于主客观条件的限制，目前对这些方法还缺乏深入的总结和科学的概括，对它的认识还较为表面。

(4) 思想教育环境。思想教育环境，是指制约和影响思想教育活动的自然环境和社会环境的总和。所谓自然环境是指人类生活以外的一切自然条件的状态。它不仅为思想教育活动提供场所和信息，而且还直接影响思想教育主体和对象的心理。社会环境，主要包括基本国情、精神文化环境、社会环境、社会风气环境、社会心理状态等。这些环境是由许多因素构成的。因此，研究思想教育环境，可以从影响人们思想变化的具体因素着手。

1) 物质因素。物质因素，是指物质资料和物质生产、生活、消费、享受等。其中，物质生活需要对人的思想影响较大。比如衣、食、住、行、用等是人类最基本的生存条件，是一个涉及全国乃至全球安定的重大问题。如果这个基本需要得不到满足，就会产生大量思想问题。因此，我们必须做好经济工作，发展社会生产力，不断满足人们日益增长的物质文化生活方面的合理需要。并在开展与物质生活有关的工作时，坚决贯彻物质利益原则，实行多劳多得，处理好国家、集体和个人三者之间的关系，在发奖金、提职、提干、评职称、选先进、评劳模时，公平公正，当奖则奖，当罚则罚，不能任人唯亲。否则，就会产生大量思想问题，挫伤人们的积极性，加深矛盾，影响各项工作的开展，甚至造成其他严重损失。

2) 政治因素。政治因素的内容很多，影响着人们的思想变化。因此，必须适时科学引导，使全国人民对于国际国内形势有一个正确的看法，增强信心，团结一致，克服困难，去夺取胜利。

3) 社会风气。社会风气的好坏，直接影响到人们的思想状况。

4) 人际关系。人际关系是社会关系中的一种。实质上，它是人与人之间心理上的关系，心理上的距离。人际关系的好坏，也影响到人们的思想变化。如果一个系统、一个单位的人际关系较好，大家团结互助，气氛和谐，心情舒畅，那么考虑工作的时间就会多些。

5）工作环境。工作环境是个广义概念，既包括领导队伍的团结、作风和能力，也包括人际关系、组织结构、生产或工作条件等；既有自然因素，又有社会因素。如果一个单位的领导德才兼备，公正廉明，关心群众，工作秩序井然，成绩显著，大家就会心情舒畅，安居乐业。同时，工作单位的场所环境是否优美，温度是否适宜，空气是否流畅，颜色光线是否协调，噪声的大小，也会影响人们的健康和情绪，甚至导致错误思想的产生，因此需要尽量优化。

6）家庭邻里关系。如果邻里关系融洽，周围人们的思想品德高尚，互帮互助，那么相互之间就会有好的影响，就易于和睦相处，思想安定。

7）精神因素。精神因素包括的内容也相当广泛，既包括政治立场观点、思想法律意识、科学文化知识、理想、道德、情操、友谊、爱情、信任、关怀和荣誉等，也包括必要的文化娱乐条件。许多地区、单位和部门做了大量工作，对于陶冶人们的情操，加强思想教育起了很好的作用。

8）身体状况和意外事件。人们身体健康，平安无事，思想和情绪往往比较正常、稳定。另外，地理和人口环境、文化科技状况、思想教育传统、政权组织结构、国际环境、社会心理环境、民主法制环境等，对人的思想和思想教育也有较大的影响。思想教育不能脱离现实条件，超越历史发展，必须从实际情况出发，具体问题，具体分析。

总而言之，人的思想变化是十分复杂的，既有外因的影响，又有内因的作用。外因是变化的条件，内因是变化的根据，外因通过内因而起作用。因此，在思想教育过程中，必须认真分析、研究每一个内部因素和外部因素，注重改善思想教育环境，力争多端着手，获得综合效果。

（5）思想教育信息。信息，一般是指能够带来新内容、新知识的消息。信息在人类社会和人们思维活动中普遍存在，是一切物质和事物的共有属性，信息无时不在，无处不有。信息具有客观性、可以识别性、传递性、共享性、无限性、开发性、时效性等特点。

思想教育信息，是指思想教育方面的情况、指令、知识、资料等的统称。认真收集、分析、整理、传递和运用思想信息，可以使思想教育工作者耳聪目明，掌握主动权，增强思想教育的针对性、及时性、科学性和有效性。思想教育信息的范围十分广泛。

1）上行思想信息。上行思想信息主要是指下级向上级反映思想问题，汇报思想教育情况等。

2）下行思想信息。下行思想信息是指由上而下的思想信息。

3）平行思想信息。平行思想信息是指同一层次的部门或人员之间相互交流思想信息。例如，思想教育主体与思想教育对象的交谈，到先进单位进行参观访问等。

4）扩散思想信息。扩散思想信息是根据新闻媒介和社会上的广泛传播的有关信息。例如，国际国内的重大事件，人们对于某些社会现象的看法和意见等。

思想信息是思想教育的重要因素之一。除了上述这些方面，它还包括思想教育的内容和思想信息的收集、分析、整理、传递与沟通，是个十分复杂的问题。

（6）思想教育其他条件。思想教育是一种实践活动，不但需要主体、客体、环境、信息、方法等因素，而且还需要许多必备条件。例如，必要的辅助人员、职能机构、新闻出版单位、必要的资金和教工学员生活用的必要物品，学校、会议室、学习室、俱乐部、影剧院等教育阵地，以及教学用的桌、椅、黑板、录音机、电视机、放像机、收音机、扩音机等必要的器材。离开这些必备条件，没有人、财、物等的保障，思想教育就难以顺利进行。因此，在思想教育中，必须充分重视这些条件的重要作用，加强这方面的建设。

思想教育的六个要素之间不是简单相加，而是有机地组合。其中，思想教育工作者处于主体地位，受教育者处于主导地位，环境制约和影响着人们思想的发展变化，信息起着沟通协调的作用，其他条件给以充分保障。它们之间是一个相互制约和影响的发展变化过程，从而构成了思想教育的完整系统，发挥着整体功能。

4. 思想教育的作用

思想教育的作用反映了物质和意识的辩证关系，体现了意识的能动性和对物质的反作用。思想教育是革命的、积极的。它除了对物质文明和精神文明建设具有保证功能以外，还有以下作用：

（1）转变作用。在思想教育中虽然对受教育者进行了科学理论的灌输，批判了各种反动思想和理论，但是客观世界的矛盾是普遍存在的，由于主客观因素的影响，人们的思想还会有反复、有波动，还会产生这样或那样的错误思想和行为，还会有先进、中间和后进之分。因此，思想教育还必须不断地、适时地纠正受教育者的不正确思想和行为，转变其立场和观点，避免唯心主义和形而上学，把他们引导到正确的轨道上来。

目前，转变人的思想和行为是一件难度较大的事情。因此，在教育中必须深入调查了解，摸清受教育者的思想脉搏，关怀体贴他们，积极帮助他们解决实际困难，不怕挫折，不怕反复，进行长期、耐心、细致的思想教育工作，促使其不断向好的方向转化。

（2）调节作用。事物在发展中往往呈现着不平衡状态。由于各方面条件的制约和影响，受教育者的心理、思想以及周围的环境气氛和人际关系，往往都处于不平衡状态的矛盾中。如不适时科学调节，就会加深各方面的矛盾，造成一系列弊端。因此，思想教育必须充分发挥其调节作用。

思想教育的调节作用反映在许多方面，它既可以调节受教育者的心理状态，相对解决心理平衡问题；又可以调节人与人之间的矛盾，创造良好的人际关系；同时还可以调节周围的环境关系，创造良好的社会风气环境。但是不论进行哪方面的调节都必须坚持科学教育原则，采取正大光明的方法和手段。

（3）激励作用。因为思想教育能够科学宣传其他科学文化知识，用正确的思想体系启发人，用先进人物教育和影响广大受教育者，努力满足他们的合理需要，及时纠正和引导他们改正缺点错误，树立正确的世界观和人生观，从而提高思想觉悟和认识水平。

（二）理想信念培育中思想教育的教学策略

1. 塑造思想教育教师形象

教师良好形象的形成，是通过由里及表的精心打造、不断修炼来完成的。就思想教育教师而言，高素质是指其蕴含的思想观念、人格特征以及由此决定的师德品质、学术水平、能力技巧的总和。提高教师素质，必须致力于强化精神、塑造人格魅力、完善知识结构和提高教学质量。塑造高素质的思想教育教师形象需要注意以下方面：

（1）敬业精神。决定教师素质状况的重要因素是敬业精神，并且，敬业精神也是教师投身教学工作的最大动力。特别是思想教育教师，与一般教师相比，由于他们的工作成绩与效果有着潜在性、短期不易显现性和评价指标软件性的特点，因而需要强化他们的职业责任感，增强他们的事业心，提高他们的积极性。

（2）人格塑造。人格是教师个人做人的尊严、价值和品质的总和，也是教师个人在社会中的角色与作用的统一，是教师素质内蕴的精华，其所表现出来的魅力可以影响学生的一生。一切师德都是建立在教师的人格基础之上的，教师的行为举止会在潜移默化中对学生产生影响，尤其是在学生的心目中，思想教育教师更是社会道德和规范的化身。因此，应当让思想教育教师认识到，提高学生素质和陶冶学生情操是自己的职责，实现这一职责需要通过传道授业，且具有正确的世界观、人生观和价值观，做到学为人师，行为规范，言传身教。

（3）教师教学的方式、方法以及教学手段的提高也是至关重要的。为适应新的教学环境，需要重新修订一整套教学模式，使它贯穿于教学的各个环节，包括备课中如何设计新的教学方案，上课时如何进行讲解，如何灵活地采用提问、练习、讨论等互动方式，如何熟练地运用现代化教学手段，如何制定评估机制评价教学效果、调整教学行为。在这一系列过程中，要求教师具有强烈的创新意识，不断提高新技能，从而促进教学达到生动、有效的理想境界。

2. 拓展思想教育教学载体

当前的学生群体是网络受众主体之一，在网络环境中，大学生是网络信息的接收者和扩展者，也是积极参与网络互动的主体。学生处在开放的大环境和发达的大众传媒的信息包围之中，学校德育的主体性地位受到多元信息流强烈的冲击，作为受众主体的学生，他们完全可以凭自己自身的情感好恶去选择多样的价值判断和情感评价。在这种情况下，要求思想教育教学必须及时拓展载体，构筑思想教育与学校各门课程、全社会宣传媒体协力配合的学生德育工作机制。

拓展思想教育教学载体，先要齐抓共管，形成德育与智育、体育互相渗透的互动机制，寓德育于各门课程教学之中。所谓要齐抓共管，就是要求专业教师切实履行教师职责，利用讲台，做到既教书又育人。例如，体育场上的比赛，要求既竞争又合作，这些正是思想教育方面的要求。因此，无论是智育教师还是体育教师，都可以在传授知识的同时，通过道德文化、思维方式、治学精神以及课堂教学的组织形成等，给学生以正确的导向，发挥潜移默化的思想教育作用。思想教育也可以结合专业课程，联系有关专业知识进行讲课，使教学效果更贴切实际，更加丰富。总之，适应信息传播广泛快捷的新情况，思想教育教学与智育、体育等部门的教学实现相互渗透，使思想教育教学的载体得到拓展，将会使思想教育教学更有成效。

另外，通过齐抓共管，还可使思想教育的教育效果得到增强和巩固。思想教育教学载体的拓展必须把思想教育教学与第二课堂和社会相融合。思想教育应抓住时机，拓宽视野，将思想教育教学和社会实践教学有机结合，将教育教学落实到具体的社会实践中，引导学生走出课堂，与社会连接，并融入社会生活中，采取“走出去，请进来”的形式，学校应该加强与社会教育教学资源的联动，与多方合作，充分利用优秀的民族道德教育资源和爱国主义教育资源，促进学生的思想教育。

（三）理想信念培育中思想教育的过程分析

1. 思想教育过程的基本特性

（1）社会性。思想教育既有自然因素，又有社会因素，是一个社会性的系统工程。因此，我们必须充分重视社会环境对思想教育的制约和影响，处理好二者之间的关系。

（2）系统性。思想教育是一个复杂的系统过程，由许多分系统和子系统构成。从教育机构上看，有中央、省、市、县、乡各个部门；从教育对象上看有工、农、兵、学、商各行各业；从教育过程上看，有发现思想问题、分析思想问题、制订教育方案、科学组织实施、解决思想问题和检查总结等阶段。

（3）实践性。思想教育是一种社会实践活动。它是根据人们在社会生产和生活过程中产生的思想问题，有目的、有计划、分步骤进行的。

（4）集体性。思想教育主要是在各种不同集体环境中进行的。即使是个别思想教育，也离不开集体的帮助和影响，要受到集体的监督、评价和表扬。

（5）多端性。人们思想觉悟的提高是多因素制约和影响的结果，不但需要各个方面的帮助，而且还要受到家庭、集体和社会等各方面的影响，需要从物质、精神等各方面来进行教育。

（6）长期性和反复性。社会是发展的，人们思想的斗争是复杂的、长期的。因此，思想教育不可能一蹴而就、一劳永逸，它要根据社会的发展，人们思想的变化而长期存在，是一个不断循环往复的过程。这种反复并不是内容和方法的简单重复，而是根据新情况、新问题，采取新方法、新手段，结合新内容，进行反复的教育和感染、熏陶。

（7）个性发展和有效控制相结合。思想教育既鼓励个性发展，又严格要求用思想体系教育，引导受教育者沿着正确方向发展，控制其思想和行为防止向错误方向发展和演变，从而培养个性成熟的、全面发展的新型人才。

（8）科学灌输和自我教育相结合。思想教育不但强调科学灌输，而且重视自我教育，注意发挥受教育者的主动性、积极性和创造性。

2. 思想教育过程的阶段分析

（1）发现思想问题的阶段。发现思想问题，是思想教育工作的起点。在发现思想问题这个阶段，思想教育工作者主要是根据各方面信息，通过有效的方法和手段，全面地、准确地、及时地了解受教育者的思想情况和各种行为表现，为制订思想教育计划奠定了良好的基础。

发现思想问题，实际上就是广泛了解思想教育有关的各种社会信息，这里既有广大受教育者对政治、经济、文化、教育、科技的建议，也有对人口、外交、民主、物价、治安、环保、分配的关心等，范围十分广泛。全面、准确地掌握这些信息，就可以更好地了解广大受教育者的所想、所思、所爱、所恨、所求，发现和纠正工作中的缺点和失误，要因人而异。发现思想问题，可以从以下两个方面着手：

1）寻找共性问题。即注意广大教育者的思想倾向性，在思想问题尚未严重，处于萌芽时期，就及时掌握，迅速采取有效措施加以解决，防止向坏的方向发展，尤其要注意每个正式组织和非正式组织成员的思想变化状况。

2）注意个体思想问题。因为共性寓于个性，没有个性，就无所谓共性。不能用共性问题代替个性问题，因为每个人的情况不同，所以对待同一事物、同一问题，往往也会有不同的观点和看法。因此，要努力做到因人而异。同时，要注意深入实际，采取调查研究；科学预测，系统分析，纵横对比等科学方法，保证思想信息的全面性和准确性。

（2）分析思想信息的阶段。发现思想问题，是为了获得思想信息。但是分析思想信息这一阶段所获得的信息是一些未经过系统分析、归类、整理的基本素材。对于这些思想问题的产生、形成、发展、变化和特点、本质、存在范围、程度和解决的方法还不明确。因此，仅凭这些还无法做好思想教育工作，获得思想信息之后，下一步就要进行思想信息分析，即对前一阶段收到的各种思想信息进行系统的分类整理，解剖分析，去粗取精，去伪存真，由此及彼，由表及里，找出规律性的认识。它是前一阶段的总结，是后一阶段的准备和基础，是思想教育工作的重要步骤之一，起着承前启后的作用。

1）分析思想信息的主要方法。分析思想信息，是一项难度较大的工作，必须采取科学的方法和手段。

第一，定性分析法。定性分析法即进行性质的分析，把同一性质的问题归为一类。在归类排队时，要注意全面、客观，不能先入为主，不混淆两类不同性质的矛盾，努力做到实事求是，定性准确。

第二，定量分析法。定性问题解决后，还要进行定量分析。在分析中要运用现代方法和手段，计算出思想问题存在的范围和所占的比重，分清是主流还是支流，是多数还是少数，把握受教育者思想变化的趋势，为下一步的思想教育决策提供科学依据。

第三，因果分析法。因果分析法即研究思想问题产生的主观原因、客观原因、具体环境、社会条件、历史背景等，并科学分析思想问题的后果和影响，找出它们之间的必然联系。

第四，趋势分析法。趋势分析法即在掌握大量思想信息的情况下，分析思想变化的发展方向和特点。采取趋势分析法对于预测思想变化，解决思想问题，防止矛盾激化是行之有效的，在预测分析时也必须采取科学方法和手段，坚持科学原则。

2）分析思想信息的注意事项。分析思想信息，还应注意以下问题：

第一，环境的影响。环境的影响主要有以下两方面：

国际环境的影响。现代社会是信息社会，随着科学技术的发展，广播电视的普及，信息传递日益迅速、普及，人们不用出屋，就可以看到远在万里之外的美国洛杉矶的比赛，全球联系日益一体化。世界局势的发展，都或多或少地影响着人们的思想和行动。因此，必须充分重视国际大气候的影响，适时科学引导，防止向坏的方向转化。

国内环境的影响。其中最重要的是政治形势和经济形势。若社会经济稳定，社会风气较好，人们安居乐业，那么人们的思想往往就比较稳定，不安定因素就会减少。分析思想问题，还应该考虑到工作环境、生活环境、人际关系等诸多因素，应综合分析和考察，防止片面性。

第二，人们思想行为的变化方式。深入分析和研究受教育者思想行为的变化方式，对于提高思想教育的针对性和有效性，具有十分重要的意义。因为人们的思想行为受多种因素的制约和影响，所以其变化形式也多种多样。

榜样激励式：榜样激励式即在榜样的激励下，产生某种思想，发生某些行为。

领导影响式：领导者对人们的影响是很大的，它既可以是正激励，也可以是负激励。

自我转化式：自我转化式即在外因的影响下，经过长期的自我修养，逐渐提高了思想觉悟，向好的方向转化。自我转化式这种方式也有两重性，在一定条件下，也可能向坏的方向转化。除此之外，还有家庭影响式、社会影响式、团体影响式等，从中也可以得出规律性的认识。

(3）制订思想教育方案阶段。经过对思想问题的分析，教育者对思想问题的性质、类型、范围有了较为清楚的认识，找到了思想教育的目标，解决了应该进行哪种教育的问题，但是怎样进行教育的问题还没有解决，所以接下来就要制定思想教育方案。它是为了解决思想问题寻找优化的途径和方法，是思想教育的关键步骤之一。

思想教育方案，可以从不同角度划分出许多种类。从规模上分，有宏观教育方案和微观教育方案；从参加人员的多少上分，有集体教育方案和个体教育方案；从时间长短上分，有长期教育方案和短期教育方案；从解决目标的多少上分，有多目标方案和单目标方案。但无论制订哪种思想教育方案，都必须遵循思想教育的客观规律，坚持科学的原则，充分发挥职能部门和智囊机构的作用，广开言路，集思广益，虚心听取各方面的意见，采取有效方法和手段，注意方案的整体详尽性、相互排斥性和选择性。

(4) 决断与准备工作阶段。对各种思想教育方案进行分析评估之后，就进入领导拍板决断阶段。即由思想教育部门的有关领导根据各方面信息和思想预测，根据国际国内形势，紧密结合本地区、本系统的实际情况，从众多方案中选择一个最优方案付诸实施。它是思想教育过程的关键步骤，起着承前启后的作用。在进行思想教育决策时，有关领导必须遵循思想教育的客观规律，处理好宏观与微观、全局与局部、领导与专家的关系，充分考虑方案的利害得失，力求实现其民主化和科学化，当机立断。

进行决断后，马上要进行各种准备工作。一方面要确定教育机关、人员和场所，订购或编写教材，准备必要的教育器材，通知学员、编班分组、安排食宿等，要全部落在实处，不出任何疏漏；另一方面，必要时还可以进行局部试点，检验方案的可能性和可行性。如果试点成功，立即普遍实施。

(5) 解决思想问题的阶段。实施思想教育，解决思想问题，是思想教育过程的中心环节。前边所做的大量工作，如调查研究、收集信息、科学分析、制订方案、拍板准备等，其目的都是为实施教育，解决思想问题做好准备。解决思想问题这个阶段是对思想教育方案的贯彻落实，是对广大受教育者进行直接的、具体的教育过程，是用来教育人、启发人、鼓舞人和激励人的，是正确思想与错误思想，先进思想与落后思想的斗争过程，是一个借助外部条件，促使内因向好的方向转化的过程，是受教育者思想品德形成的重要阶段。

实施思想教育，解决人的思想，不但要注意思想教育的主体、客体和环境等多种因素的相互影响和作用，而且还要注意受教育者思想品德的发展规律和过程。从一定意义上讲，受教育者思想品德的培养和提高，也就是培养受教育者知、情、意、行的过程。

所谓知，就是指受教育者对思想道德品质的认识水平。它是人们对是非、善恶、美丑、荣辱的认识、判断和评价。正确的认识是正确行为的先导，是高尚品德和道德行为的思想基础和内在动力。因此，在思想教育过程中，要特别注意提高受教育者的认识水平，使他们懂得真、善、美，假、丑、恶，培养他们的道德情操。

所谓情，就是使受教育者树立深厚的感情。它表现为人们对周围的人和事物的态度，它对人们的行为起着重要的调节作用。感情也具有两极性，表现为积极与消极的对立性质。

所谓意，就是培养受教育者的意志，它是人们实现理想、完成任务，战胜困难和挫折的毅力，是取得事业成功的巨大动力。在思想教育中，不但要培养受教育者树立远大的理想，还要有不怕挫折和失败，为实现这一伟大理想的顽强意志。一个具有坚强意志的人，必须树立崇高的理想，具有坚定的信念，为实现这一目标不怕任何艰难险阻，不达目的誓不罢休，经得起任何形式的考验，具有较强的自觉性、自制性和坚韧性。

所谓行，就是培养受教育者的行为。它是人们在一定的认识、感情的支配下所表现出来的具体行动，是知、情、意诸要素相互作用和影响的结果。评价一个人，不但要听其言，而且还要观其行。

上述四个要素是相互联系，相互作用，相互促进，辩证统一的。因此，对每个要素都必须充分重视。在思想教育过程中，必须紧紧抓住启发觉悟，激发情感，锻炼意志，养成习惯等主要环节，努力达到其教育目标。另外，实施思想教育还必须坚持科学的原则，采取科学的方法等。比如，在方式上可以采取讲课辅导、自学讨论、进行座谈、参观访问；举行先进事迹报告会、学术讨论会；组织读书竞赛、知识竞赛、演讲比赛；组织观看电影、电视，收听广播、录音等，做到丰富多彩。

(6) 检查总结阶段。检查总结阶段，是思想教育过程的一个重要环节，是一个思想教育周期的结束阶段。检查总结阶段对于加强和改进思想教育工作具有十分重要的意义。检查总结阶段这一阶段的主要任务是检查思想教育计划的执行情况：思想教育主体的工作情况，受教育者思想觉悟的提高，教育内容的安排，方式方法的选择，组织实施的过程，教育目的实现程度等，经过认真分析、总结经验教训，评选出思想教育的先进集体和个人，为制订新的思想教育计划提供科学依据，推动思想教育工作的深入开展。在检查总结阶段，应注意以下问题：

1）检查的标准要客观、全面、科学。要注意思想教育效果的综合性、整体性，既看物质成果，又看精神成果。目前，部分单位重物质，轻精神，只要盈利多就一好百好的做法是较为片面的，必须加以纠正。同时，也要注意思想教育效果的对比性。

2）辩证地看待思想教育效果。在检查中，只要受教育者有了进步，就应该肯定和鼓励。在检查中要既看现象，又看本质。要看广大群众的思想觉悟是否有所提高，社会风气是否有所好转，是否促进了各项工作的开展。

3）了解的信息要全面、准确。在检查中既要看成绩，又要看缺点，防止先入为主，偏听偏信。要认真听取各方面的反映和意见，深入到群众中进行调查了解。

4）做好评比，抓好典型。要有科学的评比条件、程序和方法，并公开进行，由大家共同监督，做到客观公正。同时，还要大力宣传和关怀、培养先进典型，不拔高、不隐过，推动思想教育工作的深入开展。

5）做好反馈。对经验要系统总结，使之条理化、系统化，必要时可以用制度固定下来，逐步加以充实和完善；对于工作中的失误，也要认真总结，提出改进措施；对于没有解决的问题，要分类排队，做好记录以便日后处理。这样，才能不断提高思想教育的科学性，增强其教育效果。

总而言之，思想教育是一个完整的系统过程。前一个阶段结束，后一个阶段开始，如此循环往复，推动着思想教育活动的健康发展。深入研究和了解这些阶段，对于遵循思想教育规律，提高思想教育的自觉性和主动性，培养和造就新人具有十分重要的意义。

（四）理想信念培育中思想教育的发展趋势

科技的发展必然导致思想教育的变革。社会生活的内在逻辑是，科技的重大发展改变了生产力，因而改变了生产方式，也因而改变了生活方式，从而改变了社会关系，改变了社会的精神世界。因此，人们应该根据科技发展的时代趋势去认识思想教育的变革方向。

1. 思想教育发展的意义

（1）减少思想教育的现实迟滞，增强适应未来的主动。“大学生思想教育在一定意义上说，就是帮助大学生按照社会要求，形成对人、对事正确的态度。”在社会变速加快的时代，思想教育者跟不上客观形势的发展变化，出现思想教育的滞后状态，从而延缓历史的进程，向前看是改变教育滞后的有效办法。

（2）启迪思想教育的自身转变。是以过去经验来指导现实，还是以未来可能性走向来指导现实，这是古代人与现代人的分界线，思想教育者要有勇气实现这种思维方式的转变，克服思想教育的经验化、模式化倾向，克服自身的思维惰性。为了提升适应未来的自觉，就应该积极推动思想教育自身内在的革命。

（3）强化引领新潮的主动。思想教育的基本品性应该是对时代的主动，对未来的召唤，这也是思想教育的魅力所在，而这种主动性来源于思想教育者对时代走向的把握。思想教育者应该高瞻远瞩，展望未来，敢做新思想的领潮人，热情地呼唤应用。

2. 思想教育发展的特征

（1）功能增大，作用强化。思想教育是时代发展的催化剂、助动力，因此思想教育将活跃于社会生活的各个方面，外延弥散性凸现，而相应的思想教育的影响面趋广，时空辐射力强化。

（2）独立性趋强，外干预减弱。思想教育随着其科学品位的不断提升，将呈多元性态势，其独立性将不断强化，与之相应的是工具性色彩将不断减弱。

（3）复杂性趋高，变速加快。人们将生活在快节奏的生活氛围里，生活进程中的不定性增强，新问题增多，因此思想教育中丰富性要求与快速反应性需要都将进一步强化，因而思想教育的复杂性与难度也将随之加大。

（4）活动规模趋大，视野拓宽。由于信息化的高新技术的广泛应用，思想教育正逐步形成社会化、国际化的大工程，呈现出超时空的教育走向。

（5）融入社会生活。思想教育将更加深入地走向生活世界，将与教育、文化、传播事业，与管理、生产融为一体，从而使其张力性强化。

（6）目标趋实，价值性增强。思想教育将更贴近人生，贴近实际，更为人们所需要，从而将更加增强人们对思想教育的价值性感受，因而也更为人们所欢迎，更易为人们所接受。

二、理想信念教育中的美育课程

美育的最终目的是促进人的全面发展，并实现人的价值和满足人的需求，深切关注人的发展，这也是育人工作的根本目标，所以，在探讨美育的过程中，我们应该遵循人的发展规律。理想信念教育的本质就是提升受教育者的认知和审美能力，让受教育者对未来产生美好的向往，并积极参与到美育教育中，进而完成个体的审美实践。

（一）美育课程建设

1. 美育课程建设的载体

（1）建设美育课程的基本载体是美育课程的课堂教学。教学活动作为学校的主要教育活动，其主要的教学活动就是课堂教学，所以，组织学生开展教育活动的主要形式就是课堂教学，这也是实现美育的主要途径和渠道。美育是以美成人，所以，在设计教学的过程中，应该根据具体的教学目标、教学形式和教育内容进行合理、科学的设计。

1）注重教育目标的全面性和层次性。美育的目标可以从理论上将其分为表层和深层两个层次，这两个层次彼此相互联系、相互渗透。表层方面主要负责传递审美知识，提高审美能力以及审美创造能力，培养与审美有关的能力，如对美的感知力、想象力等；深层上是陶冶人的精神，重建人们的心理结构，塑造和完善人格，培养人们综合素质全面发展。

实现美育的目标不是一蹴而就的，而是循序渐进，从部分逐渐到整体的过程，美育的最终目标是要使学生具备健全的人格，这也是美育课程的根本任务。美育所要培养的人才并不单单是能够熟练掌握某一项艺术技能，现代美育不能只停留在表面，注重提高表层的审美知识和审美能力，而是要让学生通过学习相关内容了解相关背景知识，拓展思维，不仅收获到基础的文化知识、价值观和审美方法等，还极大地拓展了学生的思维空间，让学生拥有更加深厚的文化内涵，打破仅限于专业知识和方法论的局限。

所以，美育课程是将追求真善美相结合，在此基础上对学生进行的人格教育，其所关注的是学生整体素质的发展和个性的自由发展。在美育教学中，教学目标必须是层层深入的。在教学目标层次上，应该做到表层目标和深层目标、一般性目标和特殊性目标、长远目标和短期目标三个方面相结合。在教学目标全面性方面，既要教授学生相关理论知识，还要注重对学生行为、情感、认知、体验等方面的教学。确立起科学合理的教学目标，对于有计划地开展教育具有重要的作用。美育课程一方面要传授学生有关审美的知识，另一方面要注重引导学生体验艺术中的审美境界，深入领会艺术创造者在其中蕴含的情感，让学生深切感受艺术的魅力，不断培养学生的人文精神和提高学生的人文素养，促进学生的全面发展和提高学生的素质。

2）注重教育内容的系统性和科学性统一。美的事物在某些方面具有相似性，但是不同的事物具有不同的个性，所以也表现出差异性，在对学生进行美育时，要注意向学生普及美的共同标准，在此基础上再针对不同个体对审美的不同要求和特点进行教学，帮助学生提高审美能力，在个性发展方面更加理性，做到普适美和个性美的统一。

美育教学内容设置方面，要遵循系统性和科学性原则，以培养学生的人格为重要目标，系统地规划教学任务和完善课堂体系，并且在美学教育中不断明确人格培养的方向。

首先，课程内容的选择需要明确教育目标，其目的在于让学生通过学习课程内容了解更多的教育背景和教育知识，不断丰富学生的知识结构，拓展他们的思维，并引导学生掌握基础的文化知识和价值观等，能够更加理性、独立地思考，提高审美能力，丰富文化内涵，不断形成更加完善的人格，而并不是对学生进行专业性教育，要他们掌握某个学科门类的知识结构和体系。

其次，在选择教学内容时，要重点安排文学艺术类课程。具体来说，文学艺术课堂教学包含的内容非常丰富，有音乐、美术、文学等各个方面的内容，其中，理论知识主要包含文学和美学的艺术理论、文学艺术等多方面的知识。当学生掌握了基础的理论知识以后，对文学和艺术中审美的原则和范围会有更多的了解，同时让学生知道美是以何种形态存在的，以及在人类发展过程当中所进行的审美活动。通过审美活动学生会进入一个审美世界，这个审美世界是独属于自己的，学生可以从中获得精神上的愉悦，如果没有具体的审美活动，学生无法更加深刻地理解和获得美。

课堂教学为学生提供了审美活动，学生可以在课堂实践活动中不断发散思维，使学生和教师的沟通更加顺畅，不会因为知识水平的差异而无法沟通。以往单一、封闭的课堂教学都可以通过课堂活动得以改善，课堂活动涉及很多领域，是学生比较感兴趣的，让学生获得多种情感体验，锻炼学生观察能力、想象力和创造力，也可以提高实践能力，为审美教育的发展指明了方向。教师在教学过程中，应该注重培养学生普适美理念，让学生在审美方面更加科学理性，并根据个人性格特征，树立具有特色的个性美，进而提高学生的自信心，让学生在普适美和个性美之间找到平衡点，让学生拥有更加完善的审美人格。

3）注重教育形式的多样性和互动性。每一个人都具有自主性，可以进行自主选择和自我教育。在每个人的人格发展中，自我意识都发挥着重要的作用，它既组织人格发展，也推动着人格发展，在无形中影响和塑造人的品格结构的各个部分，影响不同部分之间的关系，并且，自我意识也会约束个人的行为。外在教育的作用需要受教育主体将其自主转化为内在动力。受教育者的自主意识被调动以后，学习积极性会被调动，主动在课堂中进行自我建构和自我建设，这既可以充分保障美育功能的发挥，也可以帮助受教育者完善人格。

美育不止需要美学理论指导，还有教育学和艺术理论等，更应该将理论与实践相结合，在教学中采用感性和形象的方式，这样才能对学生的情感世界产生影响。美学课程并不是简单地欣赏，而是告诉学生美的规律，向学生传递有关美学的知识，并不断深入，是理论性和系统性较强的课程。和一般的专业课相比，美学课程也具有自身的特点，它是通过艺术作品来让学生获得启发，在课堂上既向学生传授知识，也陶冶学生的情操。所以，从形式上来看，高校美育课程要注重课程的多样性以及与学生的沟通交流，吸引学生注意力，调动学生学习的积极性。

首先，课堂教学要多与学生进行互动。教育的过程原本就是教师和学生互相交流思想和情感，美育课程的教师应该营造良好的课堂氛围，让每个人都能平等自由地分享自己的观点，这样才能激发学生学习的积极性，促使他们自主学习，由此不断开拓他们的思维，拓展他们的想象力，激发他们的审美创造力，让学生能够更加有效地学习。教师在课堂教学中要帮助学生理解审美对象，引导学生认识艺术作品的魅力和价值，使他们无形中受到熏陶，学会欣赏和探索艺术作品，也可以在教育教学的过程中激励学生，帮助学生理解和认识艺术价值，营造一个和谐轻松的教学氛围，引导学生多提出问题，再采用小组讨论的方式，活跃课堂氛围，启发和引导学生，让师生之间有更多交流的机会。

其次，在授课方式上要更加多样，文学艺术的授课方式可以多融合当下的多媒体和网络科技，结合新媒体实时、灵活的特点充分展现文学艺术的特点，将音频、视频、图片的内容运用多媒体在课堂上进行展示，将课堂教学中的相关艺术作品更加直观、具体地呈现在学生面前，让学生不仅体会到作品的外在魅力，更感受到其丰富的内涵和意蕴，让学生走进艺术的世界，调动学生学习的积极性，激发他们的联想和想象，充分利用审美本身的感性特点，打破审美教育中重理论轻实践的局限，结合审美理论教育和学生的审美体验以及审美素质，激发学生学习文学艺术的兴趣，提高学生审美能力，帮助学生塑造更完美的人格。

（2）建设美育课程的一般载体是美的校园文化。一般载体就是最常见的载体。在学校教育中，校园文化不可或缺，它是最普遍的教育载体，并且，能够为学生的美育教育营造良好的教育环境。校园文化是师生共同创造的，是教育教学中产生的文化财富和精神财富，这些具象的精神财富和文化财富是校园文化中不可缺少的一部分。

校园文化是一种独特的意识形态和群体意识，其存在和发展都是客观的，在人文自然环境的长期熏陶和影响下，将积淀下来的传统文化和人文精神转化为某种人们共同的价值追求和行为规范，进而在校园文化主体身上不断产生影响，对校园中个体的价值观、人生观、情感、人格等方面起到引导和影响的作用。同时，校园文化也是一个综合体，具有多个层次和不同的方面。在构成要素方面，理性和感性兼具，既有比较实用的，也有艺术性的，动态和静态相结合，理论和实践并重。在构成要素方面丰富多样，可以从不同方面对学生进行美的教育，通过多种方式和渠道影响他们的审美心理，不断提高学生的审美能力，激发学生创造审美的能力，加强学生对美的理解能力和感受能力等，从而帮助学生在感知、情感等心理功能方面协调发展，让学生拥有更加完美的人格。

1）校园物质文化的载体。在建设校园文化的过程中，物质文化是不可或缺的一部分，优美环境的打造可以为学生营造良好的创造氛围。干净、整洁、优美的校园环境在学生人格塑造和培养中具有重要的作用，引导着学生不断完善自身人格，让学生保持积极向上的生活态度，生活中不断探索，并不断引导和激励学生和教师保持进取心，培养和提高师生的审美能力，引导师生形成积极的发展观念。

校园内的建筑、教学设施、活动场所、植被绿化、图书馆等都属于校园物质文化。首先，校内的建筑与景观建设是比较实用的部分。建筑也属于艺术的一个门类，其最大的特点是既可以满足人们的使用需求，也可以利用其空间形象，将一个国家或者民族的思想感情、审美能力及文化背景等特点展现出来。其次，是建设科研条件和教学手段。现代社会，科技发展迅猛，科研条件和教学手段也在不断地创新和发展，传统的教学方式和研究方法在如今科学技术快速发展的时代已经不适用了，反而会制约和阻碍科研的发展，在人才培养中，教学手段和科研条件的建设至关重要。

另外，数字化教学环境的建设也不可或缺，学校校园网、电子图书馆、多媒体教室等先进的设备为教师和学生信息技术能力的提高创造了条件。在校园文化宣传中，语言媒介也普遍运用，学校广播站、网络、报纸、杂志、黑板报、明信片、贺卡等作为校园文化宣传的媒介，也极大地促进了师生和生生之间的沟通交流，为校园精神文化的传播提供便利。

校园物质文化要将其意境化的特征充分体现出来，才能够在学生人格培养过程中发挥更大的作用。主体对客体的反应是通过情感表现出来的，人们会根据自身情感体验来判断客观事物是否满足自身需求，因为有客观现实的需要，所以才会有情感的产生。校园物质文化集中体现了校园中人们的精神生活，每一处人文景观都传递出人们的情感以及思想倾向。优美的校园建筑和设施应该与大自然融为一体，让人们一看就能够产生情感上的共鸣，进而在精神上受到熏陶。

2）校园精神文化载体。高校不仅要为学生学习知识提供渠道，还要注重学生精神世界的建设。校园文化可以丰富学生的精神世界，与传统课堂教学相比，文化建设并不会制订明确的教学计划，也不会以课堂的形式进行授课，也不会进行分数评定，它是精神层面的产物，是校园内充斥着的特色氛围。优秀的校园精神文化能在无形之中影响学生、熏陶学生、同化学生、改造学生，能够帮助在校学生树立正确的人生观、世界观以及价值观，让学生正确认识世界、了解世界，思考人生，探索属于自己的光明未来。校园精神文化和美育之间的互动交流能够让学生身心健康发展人格健全发展，能提高学生的道德水平。

校园精神文化建设需要建设载体，也就是校园文化活动。校园文化活动能够承载校园精神，能够将道德要求、文化要求、品质要求融合在活动过程当中，能够让精神层面的校园文化表现在具体的实践活动当中。校园文化实践活动具有自发性和群众性，学生在实践的过程中，可以获得知识，体验情感，精神文化的内化需要学生在课内活动、课外活动当中主动理解与表达，只有这样才是真正的精神内化。

所以，校园精神文化活动必须注重体验性，只有让学生真正感受了，学生才能真正内化精神文化，促进自我人格的养成。体验的过程中学生投入了情感，也能在活动当中发现自我、认识自我。从心理学的角度来看，体验的过程是感受活动蕴含的艺术的过程，如果学生能够全心投入，那么会在活动当中获得沉浸式的体验。体验讲究的是主动、亲身经历、细细品味，体验过程是学生知情意行的互动过程，能够让学生养成良好的人格品德，对学生的发展而言至关重要。

校园精神文化活动在实施过程中主要涉及两个层面的内容：①做到校园文化活动的丰富多样。校园文化活动能够有效地提高学生的审美性，让审美文化更加丰富，有内涵，也是学生在课堂之外提高美育的主要方式和手段，因此，学校应该组织和艺术相关的讲座、会演、报告以及交流活动，为学生艺术的获取和提高提供渠道，让学生的艺术需求能够得到更好的满足。②做到审美实践活动的丰富多样。学生的审美实践需要依托各种各样的审美实践活动，也要依托社会上的审美资源，校园文化很多都涉及审美要素，而且表达形式比较新颖，活动格调比较高雅，这些都能够给学生带来审美体验，也是发展高效美育的重要载体。除此之外，社会当中的艺术馆、美术馆、旅游景点也能够为审美提高、审美活动的开展提供支持。

学校要时刻了解关注社会上的美育资源的发展动态，并且为学生课后美育活动的开展提供指导，鼓励学生参加各种形式的文化演出、文化活动，培养学生感受艺术美、自然美、社会美的能力，形成多层次的审美欣赏能力，不断地提高自己的审美能力。

3）校园制度文化载体。校园制度文化包含管理措施、管理制度、行为准则和规范校园内的行为等，校园制度文化的特点是精确、稳定、权威以及有导向性，校园制度文化能够很好地指导学生的人格发展，具体体现在以下两个方面：

首先，校园制度文化可以规范和指导学生发展人格。青年时期正是形成和发展人格的最关键阶段，并且，青少年具有较强的可塑性，外来的不良文化可能会对青少年的成长产生误导，校园制度文化所具有的权威性能够很好地约束和纠正一些不良行为。校园制度是任何人都不能违背的，需要彻底贯彻落实的制度，这种权威性也体现在校园活动当中，强有力地约束了不良行为、不良思想的产生，能够让学生形成正确的思想，让学生的发展符合整个社会、学校以及家庭的期待，具有引导学生人格发展的重要作用。

其次，校园制度文化能够让学生形成正确的价值观，让学生形成正确的是非判断标准。学生健康的人格应该包含正确的价值观以及是非判断标准，学校的制度文化是社会当中制度文化的缩影，校园制度文化的建立健全能够让学生正确认识社会当中的政治制度、经济制度、道德制度、法律制度，能够培养学生养成正确的社会价值观。

（3）特殊载体：教师的言传身教。

1）良好的性格。人格的核心是性格，性格是由人内心深处表现出来的比较稳定的应对现实的行为习惯。一般情况下会根据人表现出来的性格特征将人划分为某一个性格类型。性格类型的划分包括内倾、外倾维度、稳定不稳定维度，如外倾性格包括积极、主动、开朗，内倾性格包括孤僻、沉着；稳定情绪包括镇定、沉静，不稳定情绪包括焦虑、激动、多变，等。在教育的过程中，教师需要清楚认知自身性格，结合自己的性格特点展开教学，如外倾性格的教师应该在教育过程中多多采用说服和实际活动锻炼的形式展开教学；内倾性格的教师更加适合使用示范法、榜样法以及情感陶冶法展开教学。

总体而言，教师的情绪应该保持稳定。并且，教师除了完成教学任务以外，还需要加强与学生的链接，关心、爱护学生，积极引导学生，做到诚实守信、公平公正、终身学习，教师是学生的榜样，在生活当中要做到知行统一、以身作则，向学生传递正确的思想品德以及价值观念，教师的行为能够指导学生、引导学生效仿。

2）融洽的师生关系。师生关系的和谐融洽能够有效地促进教学的顺利进行，师生关系的融洽能够不断地拉近老师和学生之间的距离，能够让学生的学习动机更加丰富，不仅让学生有知识需求，还会让学生产生感情需求，而且和谐融洽的师生关系也能够让教师的工作从职业需要转变为职责需要。所以，教师必须关爱学生、尊重学生、信任学生，对学生有满满的爱，对学生的爱是师生关系融洽的基础与前提，对学生充分的尊重和信任是维持师生关系融洽的桥梁。另外，教师应该注重发展学生的个性，尊重和欣赏学生的不同个性。同时具备协调能力、管理能力、沟通能力，这有助于教师和学生建立良好和谐的关系。

3）较强的交流能力。如果教师有较强的协调、管理、沟通能力，那么教师会表现出乐于沟通、乐于交流的积极态度，会让学生感受到真诚、诚恳、信任以及尊重的感觉，自然而然也容易得到学生的认可，对于学生人格的健康发展也有重要作用。师生关系的融洽能够让师生在感情方面表现一致，能够形成强大的师生合力。所以，教师应该认识到个人发展不仅仅是知识和技能的发展，也要注重情感方面的发展，要和学生平等、和谐地交流，在为人处世、交际待人方面为学生树立榜样。

4）良好的自我调控系统。对于教师人格而言，自我调控是非常重要的，自我调控可以让教师保持积极乐观的心态，可以让教师正确、理性地看待他人，可以让教师保持正面的情绪，塑造坚忍的意志。教师的自我认识可以让教师接受和提升自己，也能够让教师更好地认识他人，接受他人，有良好情感的教师能够和学生培养出融洽的师生关系，他们能够在教学活动当中表现出热情、积极、诚实的情感，能够有效激发学生良好情感的产生。能够自我调节情绪的教师不仅能够快速调整自己的消极情绪，也能够在学生情绪出现问题

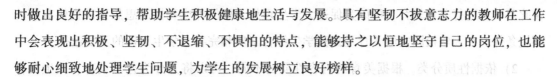

时做出良好的指导，帮助学生积极健康地生活与发展。具有坚韧不拔意志力的教师在工作中会表现出积极、坚韧、不退缩、不惧怕的特点，能够持之以恒地坚守自己的岗位，也能够耐心细致地处理学生问题，为学生的发展树立良好榜样。

除此之外，教师应该还具备创新意识、学习意识以及实践能力，这些也是具有优秀人格的教师应该具有的品质。教师是培养社会未来栋梁人才的人，创新意识能够让教师不断地探索教学方法、教学形式，能够让教师创新出适合学生发展、启迪学生思维、激发学生创造性的教学形式，能够让教师更好地完成教学任务。而且创新意识能够让教师主动接受新观念、新潮流，能够让教师始终保持积极学习的态度，不断地提高自己、充实自己，让自己的学识更加丰富，丰富渊博的学识能够吸引学生、引导学生更好地学习。

综上所述，教师的榜样作用是巨大的，教师的言传身教能够在无形当中对学生产生巨大的影响，所以，教师的以身作则、言传身教是大学生人格素质培养当中的特殊载体。

2. 美育课程建设的内容

随着高等教育改革的不断发展和完善，受教育者的学习氛围变得更加自由和开放，受教育者成为教育的主体，主要表现在学生拥有了更大的自由来选择学习内容的时间和空间。同时，得益于现代信息化社会的迅猛发展，学生也会充分利用各种途径来挖掘美育信息以适应大众文化的冲击。因此，审美教育若想实现长远发展目标，就必须在坚定审美教育目标的方向下，尽快完善自身的教育内容以满足大学生不断变化的审美需求。

（1）美育课程建设内容的类别划分。近年来，越来越多的美育工作者开始积极探索美育教学方法，并在美育内容的选择上越来越倾向于适应时代发展需要和理想人格培养，同时，在高等教育理论研究与实践方面进行了很多大胆创新尝试，这些重大举措在提升当代大学生的综合素养，推动美育工作的健康、和谐、可持续发展以及适应素质教育方面发挥了重要作用。现阶段而言，美育教育课程大致可以划分为以下方面：

1）根据教育范围进行分类。一般可包括以下三个方面：

第一，家庭是人生的起点，也是美育的起点，实现家庭美育教育的有效途径就藏在家庭的日常生活中，家庭日常生活也可以看作是一种教育。

第二，社会美育涉及的领域非常广泛，包括各种影视演出、广播电视节目、展览、文化馆、俱乐部、体育场、图书馆等周边生活环境的美化，还有布置的商店橱窗、整修的名胜古迹、开发的风景游览区及设计的路边广告等，都是社会美育的组成部分，都是可以利用的社会美育场所和工具。

第三，培养大学生人格的有效途径是学校美育。学校本身的功能就是“教书育人”，在此基础上进行美育教育，可以为促进大学生理想人格的养成和提高思想素质提供有利的环境条件，在大学校园实施美育是提高学生综合素质和完善大学生人格的重要途径。

2）依据性质分类。根据美育的内容性质的不同，可以将其分为艺术美育、人生美育和自然美育三类。

第一，艺术美育凝练和集中了现实生活的美，它主要包括影视艺术美、美术艺术美、环境艺术美和音乐艺术美等。

第二，人生美育在审美教育中的作用也不可忽视，人生美包含人的心灵美、形体美、语言美、服饰美、人情美和环境美等。

第三，自然美育是最原始的美，是与人类生活最贴近的美，自然美就藏在大自然中，与人类的社会生活息息相关。

（2）美育课程建设内容的教育维度。

1）审美认知教育。所谓审美认知，由感知、判断、推测和评价等几项审美心理活动构成，它并不只是其中任意单一心理活动的欣赏过程，而是在现有的审美认知图示下，鉴赏和认知审美情境及构成审美关系的审美主体与审美客体的过程。总体而言，审美认知教育针对的是审美活动的认知过程和接受过程，是在对审美信息进行加工和整合的过程中，采取的一系列方法，包括输入、编码、转化、储存、提取运用等。从审美心理学的角度出发，审美认知教育的最终目的是帮助受教育者建立审美心理认知结构，然后通过一系列活动加强认知，并将形成的审美认知运用到未来的审美活动中。审美教育活动是一个复杂的活动过程，主要可分为把握了解审美理论知识、加工处理审美信息、控制审美活动心理机制等阶段。

作为个体进行审美活动的重要步骤，审美认知教育实现了对审美信息的获取和运用，在培养学生正确的审美感受和审美意识方面发挥了重要影响力。因此，在审美教育活动设计过程中，本书的观点在于以现有的活动为基础，进行以下两方面的完善：

第一，注重系列性、层次性的审美基础知识教育。审美基础知识教育应做到三方面工作：①以美学基本理论教学为前提，引导学生建立美学体系，让学生体会美的概念、审美的意义和方法等，进而指导学生开展审美实践；②将个人在生活经验中培养起来的审美感知，与具体艺术形式的欣赏、各艺术门类的了解等结合起来，从而使学生用更客观、更综合、更多层次的视角和心态去感知绘画、雕塑、影视、戏剧、建筑、音乐、舞蹈等艺术样式的审美特质；③实现审美教育向其他类别科学教育活动的渗透，在教育内容上用自然美、社会美、科学美等审美对象的提升来加以完善，并升华到人格审美的境界。

第二，加强对传统文化的审美引导。从古至今，人类历史上诞生了四大文明——两河流域文明、埃及文明、印度文明、中华文明，随着历史变迁，有的文明湮没在了历史长河中，唯有中华文明不断被丰富、不断向前发展，这种持续发展性从侧面印证了中华文明的存在合理性和强大的生命力。中华民族的传统文化是中华民族屹立在世界民族之林的有力支撑，是中华民族国民性和民族魂的力量源泉，它凝聚了中华儿女几千年的智慧与汗水，是中华民族向前发展、不断进步的精神动力。

审美教育中融入优秀文化元素是人格养成的先在性和历史继承性的内在要求，只有不断提升审美教育的民族性、传统文化性才能不断完善审美教育的真正内涵，才能让审美教育更具审美价值。

2）审美情感教育。所谓审美情感，是指审美主体对客观存在的美的体验和态度，它是人类的一种高级情感，贯穿于审美活动始终，而审美情感教育是一个综合的概念，包括审美关爱教育、审美理想教育和审美修养教育等。在审美实践活动中，审美情感从审美主体的实践活动中而来，同时又对审美实践具有能动的反作用，既指引其开展审美活动，又使其活动沿着规范化方向发展。以下分别就上述三个重要构成部分进行分析。

第一，审美关爱教育。人的需要大致可以分为两大类：物质需要和精神需要，而在审美活动中，人们通过对事物的鉴赏所获得的审美情感其实是一种精神需求的满足。不同于一般的审美认知教育对实用功利目的的侧重，审美关爱教育关注人的精神需求，以及人格与审美情感的契合度。因此，在审美教育过程中，教育者要实现的首要目标就是建立大学生的关爱心、真诚心，使中国传统优良文化中的“仁”在当代大学生身上和人格上得到实践。

纵观当下部分高校在培养大学生的审美情感方面的一些实践，可以发现，当代学校审美教育的重点和难点在于如何发展和建设学校美育。就部分高校的尝试而言，大概包括两方面：一是组织多种多样的社会实践志愿服务活动，比如爱心敬老、爱心助残、爱心募捐、社区公益等，在参与这种公益性质的社会活动中，学生不仅可以培养自身的优良思想素养，同时可以获得独特的情感体验与情感共鸣；二是充分利用学校的美育课堂，让大学生的高尚人格在和谐的学校氛围、优良的学校文化等的熏陶与引导下得以沉淀。

总之，大学生的人格养成是大学教育的核心内容，要坚定培养大学生的审美情感方向，在多种样式的社会实践活动中，引导大学生关爱家人、关爱同学、关爱师长、关爱其他社会成员，进而引导大学生形成良好的行为习惯、高尚的思想道德和积极的团队意识，积极投身到审美社会活动中。同时，在日积月累的实践过程中，将这种具体的行动上升为精神境界和人格品行，不断培养大学生树立团队意识和关爱意识，由此提升和健全大学生的自我修养。

第二，审美理想教育。审美理想是人的审美意识最高层次的体现，是人们对于美的最高要求和愿望，它以审美经验为基础，并以此为出发点进行了高度凝练与总结。意识来源于实践，并对实践有能动反作用，作为意识层面的最高审美体验呈现，审美理想同样源于社会实践，是人类在从事社会生产过程中从现实中进行思考，从思考中产生理想，从实践中实现理想的过程中概括出的共同愿望。同时也由于这种在审美经验基础上的升华，决定了审美理想与一般理想信念的不同之处，即审美理想具有一般逻辑概念所替代不了的地位和有经验性的形象特征。但是，审美理想的表现要通过以审美理想来反映现实的艺术媒介来实现，只有这样，才能赋予审美理想“物质化”的属性，才能为社会大众所接受。

从表现状态的角度来看，审美理想这种审美经验和艺术直觉主要潜藏在审美主体的内心，并不是外化于行的逻辑状态。这一点上，康德曾提出审美理想在确定审美主体、开展审美实践、评价审美实践方面的方向性、指导性和基础性作用。培养当代大学生积极向上的审美理想之所以具有轻重的重要意义，就在于审美理想对审美认知具有深远的影响力，是衡量审美认知的重要标尺，而科学审美理想的建立与培养对大学生健全人格建立的意义就在于它对认知活动的导向性作用，即引导认知活动朝着审美理想的标准和方向进行。

第三，审美修养教育。“修养”是人的道德品质、综合素养、外表形象、知识水平与能力等多方面的统一体，审美修养教育是将审美教育与受教育者审美心理结构的搭建进行有目的、有意识地融合和转变的过程，即由审美他育转变为审美自育，因此，审美修养教育是审美教育所预期实现的一个重要目标。我国的审美修养教育自推行以来，就拥有坚实的文化基础和现实影响力，并且在众多美学思想家的不同审美教育理念的指引下，对于提升大学生的个人修养发挥了重要作用。

审美情感教育的内容就是要为学生自我形象修养、内在气质修养的培养，以及正确的审美修养标准的认同感培养提供科学的方向和方法引导，并在对审美修养标准的认同感作用下完善自身行为，形成具有人格的审美影响力。在审美修养的培养方面，不同于德育以强制性的道德观念灌输来使学生获得某种道德标准，审美教育以对个体个性的尊重为出发点，特别强调氛围对学生审美修养的潜在影响和激发学生主动培养自身修养的积极性，以此为基础，不断改善自身行为，提升精神境界，在散发独特魅力的同时，收获大众的认可与尊重。

3）审美实践教育。审美实践教育的方向在于促进完整人格的形成，这一方向实现的途径就是以感性的发展来推动其向审美情感教育的转变。感性是美育的起点，具有现实性和艺术性双重属性。感性发展的层次同样有两方面的体现：一是满足与解放感性要求，二是提升与塑造感性。与之相对应的，审美实践教育也包括主体的审美体验和审美创造等内容。从本质上而言，审美实践其实是人的实践活动，这种自主实践以最直接、最集中的方式将美的内涵进行了展现，并以对自由的体验自主进行审美创造。作为功利与超功利的统一结合体，审美实践教育既体现了美的无功利性，又体现了美的功利性，即实现人格养成。

从生命的角度而言，人的生命具有自然性，人在生活与社会活动过程中会萌发自然需要与内心欲望。但是，人的感性生命会在人类进化中被理性所规范，进而成为社会文化的内容，赋予感性生命更多的内涵。所以，人们总会将人的感悟能力看作是一种社会人的感性能力，这种感性的能力又展现了一个人的理解力、判断力和认知力等。

审美教育的过程是以审美形式使人的感性得到解放、人的文化得到提升，从而使深层心理活动的非理性因素得到激发。在审美实践教育过程中，要坚持两个基本原则：一是以学生的基本感性需要得到满足为出发点，二是以学生的感性能力提升为落脚点。这两个基本原则之间存在密切的联系，感性需要的满足要以感性能力的提升为前提，感性能力的提升可以满足学生的感性需求，同时激发学生更多、更高层次的感性需求。

现阶段我国的美育实践侧重于对学生实践理论的教学，而对学生的审美需要、兴趣和个性的关注度尚显不足，进而导致学生的感性需求得不到满足，学生的感性能力得不到显著提升。当这种情况在现实中发生时，学生为了自身感性需求的满足和感性能力的提升，不得不寻求校外帮助，因而学生的感性能力会带有一定程度的大众审美倾向。但大众审美对缺乏感性能力的学生的影响具有明显的消极色彩，比如会让学生陷入对感性世界的沉溺中，对个人主观情感宣泄的过分强调以及对单纯的感官刺激的追求等，最终导致了学生在理性思考和把握自然、艺术、人生等方面的失衡。

发展学生的感性能力是学校美育实践的首要任务，要达成这一目标，应依托于直观的审美形式，尊重学生的个性发展。之所以要坚持这一根本方向，主要在于感性与个性是相互联系的内在统一体，感性建立在个性的基础上，人在自由表达感性因素的时候，都是通过直观的审美形式来显现的，当做到这两点之后，才能培养和发展人的感性。具体来说，通过美育实践活动促进人的感性发展需要做到以下几点：

第一，尊重和培养个性。在美育中非常重要的一点在于，要建立美育与现实生活和历史具体的个体之间的联系，也就是将感性融入美育过程。这是因为，感性是个性的一部分，美育作为一种感性教育，其最基本的宗旨就是尊重和发展学生的感性，也就是尊重和发展学生的个性。概括而言，审美教育是尊重、建构、强化学生个性的本体意义的最重要和效果最明显的选择，这也是美育区别于德育、智育的重要内容。因为，相对于美育，德育强调的是适应于大多数人的道德规范，这种规范的建立在于指导人的个性建立的实践；而智育从根本上尊重和保护个体对未知世界的好奇心和探索欲，尽管如此，不同个体所呈现出的不同的对于这个世界的把握都将与客观存在的某一真理相贴合、相联系，或者相一致。作为一项感性活动，在审美主体和审美对象的选择上，审美都十分强调个性化、具体化、生动化的眼光、感受、体验、直觉与洞察。

第二，尊重学生感性需要，完善学生感性机能。人的感性机能是人们开展艺术审美活动、获得审美感受的重要媒介，是以情感为核心，又超出情感体验之外的能力，既包括感官层面的机能，如感觉、知觉等，又体现在情感体验层面，如想象、情感等。感性是一个包括心理和生理两方面内容的综合概念，在感性教育层面，其教育核心诚然表现为心理机能的完善，但是生理机能的完善仍旧是其最重要的组成部分。这是因为，健全完善的生理机能是人们开展一切社会活动和实践活动的基础，在人们进行艺术审美实践方面发挥着不可或缺的核心作用。从这个角度来看，在开展艺术审美活动时，要重视对人的生理机能的完善，尊重学生的感性需要，凸显人性和人格关怀。

第三，形成良好的审美趣味和审美观念。相对于理性教育对逻辑结论的侧重，感性教育重点在于把握对象内蕴。但现阶段我国的教育现状是智慧教育占据绝对的主导地位，在这种教育模式影响下，人们看待世界的方式是通过概念和推理，而从实践和体验中获取对世界的直观感知相对要薄弱许多。而事实上，这种直观获取对世界的整体感知的方式，要比从概念获得的内容要具体、意识更丰富、影响更深远。这种感性教育在人们用单一的理性认识来感知世界的环境下具有一定的必然性，感性认识的培养和感性认识的直观作用发挥越发显得重要。基于此，可以将美育的实质理解为一种感性教育。

3. 美育课程建设的原则

教学实践是教学原则的起源。教育原则持续丰富、发展、更新的独一来源，以及赖以形成的土壤、根基，都是教育实践。自从有教育活动以来，人们在教学的实践中，经历持续的探究，渐渐发现了让教育获取成功，有规律可循的要素，并从失败中总结出经验。所以，一部分思想先进的教育学家和思想家将获得的经验提炼成理论原则，用来规范教育实践。

人是集理性、非理性和感性于一体的矛盾综合体，因此，完善的教育应该充分发展人的理性和感性。现今，在大学里部分学生在欣赏、浏览文学艺术作品时，未能从其中取得审美的喜悦、心灵的悸动，也未能感受到作者的精神感情；当他们置身于大自然的环境中时，他们的态度是漠然的，当他们欣赏世界名画时，他们毫无波澜。大多数情况下，大学生都缺少审美能力，这些学生不知道如何鉴赏美，不知道何为美，更谈不上表现美和创造美。但是，美育的核心要素就是以美成人，它的教学目标就是培养和提高学生的审美能力，进而，教育出品格上和谐发展的学生。美育并非寻常的技术教育、艺术教育、知识教育，它是全面的审美素质教育，是以教育学生完整的人格为目标的教育。通过美育，需要推进学生形成完美人格，教育美的情操，发扬美的品格，确立美的理想，同时，还应该教育学生创造美、鉴赏美的能力。

(1) 乐中施教的原则。能让人“乐”的教育才是美育。美可以激发人的情感，让感官得到愉悦的满足，人想要欣赏美，所以，乐于受教。不仅取决于审美对象，人们对于自身的力量、智慧的信任也是人们的审美愉悦性的起源。所以，进行美育活动时，受教育者经常处于愉悦的精神状态、心理状态，由此产生浓厚的感情经验，享受巨大的审美情趣。这种愉悦性是吸引、引导和教化人参加美育活动、提高审美能力的重要因素。

在对大学生进行美育时，应联系学生的审美特点，依照教育目的，因材施教地对其进行审美教育，将简单的生理愉悦变为浸透着理性的崇高情操的原则，就是美育中乐中施教原则。审美教育具有天时、地利、人和的优势，可以以乐促教、寓教于乐，将美育教育渗透到大学生生活的方方面面。美育教育需要保持以美成人、乐中施教的原则，把形象教育、愉悦教育落实到教育的全过程中。

(2) 潜移默化的原则。美育的效果并非立见成效的，这是一个持久的培养过程；人格的培养也并非一举完成的，而是跟随一生的个体培养教育。美育应该是学校全过程、全方位的教育，是大学育人的关键内容。所以，发展美育的过程，不可拔苗助长、操之过急，应坚持耳濡目染的准则。高校应该将美育置于校园的各个角落中，让美育无处不在、无时不在，让学生逐渐习惯美育教学的存在，从生活的点滴中感受美育的乐趣，从而在潜移默化中提高大学生的审美能力，在无形中发生变化的原则即是美育所实施的潜移默化原则。这两点是美育在实施中坚持潜移默化原则的含义：①将美育贯穿、浸透到校园文化中；②将美育贯穿、浸透到教育全过程中。

1) 实现美育在教育全过程的渗透。在进行教育时，由教育活动中的所作所为至课堂内外的教育活动，由后勤至管理，由教学至教育，由教育环境布置至学校布局，皆体现在审美。为推进学生包括品格在内的全面发展，实现教育活动、教育目标、目的，发展所有学生的多方面的潜能教育，就是包含审美设计的教育。这需要形成受教育者完整人格修养的过程，同时，还需探索学生在教育活动时，所提升的审美情趣、发展的智力体力、获取的知识技能。学生在接受教育时对美的感受，会让学生在活动中感受到自由创造的愉快，不断激发他们的创造性，只有这样，学生才会争相参与教育活动，在教育活动中大胆创新。美育的特点是以情动人，让学生在轻松的环境中潜移默化地接受美育教育，让其在受到知识的过程中提高自身人格，让其在潜移默化中使人格得以塑造，取得和谐全面的成长。

学校美育是教育全过程的教育理念，同时，也是技能、知识、艺术的教育，它表现并浸入于所有教育全过程的教育方法、教育艺术。汇入了教育者的情感创造、人生体验，这是对教育技巧的凝华、领先。学校教育的详细教学内容，每一个活动它本身都是美好的、精彩的，要让高校学生在了解知识时，能够让所有进行这项活动的人皆能够从中取得美的感受，用欣赏的态度参与其中，让教学活动能够变成特别的审美活动，让学生潜移默化地使人格得以丰富发展。

2）实现美育在校园文化中的贯穿。实施美育的关键途径就是校园文化，它色彩显著的特征、丰富的内涵在高等教育中施展着许多功能，对塑造学生的优良人格有着无可比拟的影响。

第一，运用校园文化的审美性推进学生向往崇高的人格。因为，它对推进学生向往崇高的人格起到的教化作用。需要主动提倡、营建健康向上、推崇科学、团结友爱、求实创新的校园文化，让学生能够在这种氛围中感受到直觉体验与领略，融美于灵魂。主动宣传先进集体事迹、先进模范人物，完全发挥出教化人、勉励人的作用。通过优良的学校环境、学校风范，使教学科研生活得以满足，学生灵魂得以净化，学生思想情操得到熏陶。

第二，通过丰富学生的审美体验，建立良好的校园环境，让学生时时刻刻都能受到美的教化。校园文化的载体就是校园环境。静谧干净的图书馆，宽阔明亮的教室，设施先进的实验室，绿叶成荫的人行道，设备齐全开放的体育场地，以及文化底蕴丰富的人文景观，这些都会让人觉得心旷神怡。良好的校园环境对学生的活动、学习皆产生良好的影响。校园是学生长时间生活的乐园，也是教学的关键场地。如果在凌乱不堪的学校中学习，学生会寝食不安、心猿意马；然而，在干净整洁的学校中学习，学生会无时无刻地感受到美的享受，接受着美的教化，熏陶美的情操。

(3) 因材施教的原则。因材施教原则在美育中表现为：依照学生的兴趣、性格、能力等实际情况，来对其推行不一样的美育，进而，让学生的品格可以和谐、自由地发育。推进个体完整品格的建立必须尊重学生审美的个人倾向。由教育学的角度来看，个体身心智能差异的科学态度、对学生主体地位的完全尊重、对学生的未来发展留下一定空间，这些都是因材施教原则的体现。由教学教育角度来看，从学生的实际情况着手，对于不同学生的特点，因材施教地对其进行教育，让学生依据不同的方法、条件、渠道来获取最佳的教育效果。因材施教原则是契合学生品格发展规律的基本准则，同时，也反映了在教育中学生内心的发展规律。美育，以美成人，因材施教的原则可从以下三点来落实：

1）从实际出发进行美育，定位准确。教师在对学生美育之前，应熟悉学生，学生擅长哪方面，哪方面又比较薄弱，教师都应该熟悉，还应对学生的审美认识水平有正确的定位，要把好所有学生的“脉搏”。辅助其认知自身的胜势，熟悉自身的审美状况，进而，让学生的积极性得到调动，协助其获得自信心。

2）教师需对学生的个性特点，策划出最佳计划，让学生的性格获得充分的发展。在美育时，教师应全面熟悉不同学生的不同身体状况、兴趣、爱好，及学生的接受能力、一般知识水平，方便教师从现实出发，策划出不同性格的学生发展的最佳计划，扬长避短，让教师能够指向性地进行美育。

3）教师需鼓舞学生的学习兴趣，准确看待学生的个别差异。美育应以美成人，需完全理解学生的才华、爱好、需求，让学生在美育时，能够探索到最擅长、最喜爱的领域，还能在该领域中继续探索。这个过程中，教育需对学生有着高度的熟悉程度，尽可能地把握其爱好所在，随时找准时机鼓舞指引学生，来加强其学习的自信心，让学生的自我美育主动性得以提升。在美育的时候，要想学生的审美能力得到提升，培育其审美兴趣，则必须严谨落实因材施教的准则，进而，能够让学生的个性得到全面发展，健全学生的和谐人格。

（4）循序渐进的原则。在培养学生品格的美育时，需依照其认知发展的规律，由低到高、由易到难、由浅入深逐渐开展的原则，即在美育中的循序渐进原则。

依据认知的次序，由此及彼、由表及里、由感性到理性即人们对于事物认知的过程，学习的过程亦是如此。美育中的循序渐进的原则亦是依据由简到繁、由近及远的认识次序来进行教育。学生结束了在中学时期的学习之后，进入到大学开始学习，这时他们从人生的一个时期进入到另一时期。在这一阶段的大学生多数都缺少实践经历，其行为、思想、心理都在逐步向成熟的方向发展，学生的审美观有健康之分，有高尚之分。所以，教师在进行审美教育时，应让学生先学会欣赏社会美、艺术美、自然美，待其产生了一定的健康高尚的审美观时，然后再让学生的艺术创造能力、审美想象得以发展，最后建立完整高尚的人格。

1）辅助学生拥有准确的审美态度。简言之，人们在审美活动中所持有的审美观念即审美态度。在喜悦的心态下获得精神世界的陶醉、自由，在美的鉴赏中实现对物欲、名利的超越，以美的角度分析世界，以美的眼光去认知世界，这就是正确的审美态度。它能够培养学生乐观豁达的三观，并能够用美的经验来化解生活中的矛盾、问题，擅长探索生活中的美，不会畏首畏尾、斤斤计较。会积极看待成长中经历的挫折、苦难，不轻言放弃，同时，善于解决生活中遇到的压力，并转化为无穷的动力，让其能够快乐地学习、工作、生活。

2）让学生的判断能力、审美欣赏得以提升。因为人们鉴赏、判断、感受、发现美的能力即判断能力、审美欣赏。以下主要从两个方面培养学生的审美能力：

第一，积极展开相关审美实践活动，让学生在社会的广袤天地、俊秀的大自然中，在具体可感知的审美体验中，在校外、课外五彩缤纷的实践中，能够真正鉴赏美、感受美、了解美、学习美，在美的熏陶下能够提升审美能力、升华情感，逐渐完善其人格结构。

第二，占领课堂教学的领地，牢牢掌握知识的授予，通过教授美学的基本知识，让学生把握基础的美学理论、美学常识，理解美的内容形式、本质特点，让学生拥有基本的美学修养，然后再产生准确的审美判断标准，能够在理论上指引审美的活动。

3）让学生的审美创造能力得到培养。发挥出人的创造性是建设完美人格的关键目标之一。人们在审美实践中，恪守美的准则、依据美的规律，自主创造事物的能力就是审美创造能力。非凡的动手实践能力、丰富的想象力、身心的解放皆是美的创造力的来源。求变求新、活泼好动是学生的特征，美育需指引学生积极依据美的规律来美化客观世界、主观世界，运用美的尺度来引导、评价生活，同时，还应激励其创造热情。学校美育还应为学生构建创造美的平台，激励、指引其对美的创造热情，让其有充足的机会去展示自身的才华，有充沛的能力、志气去描绘自身、世界的未来。高校学生创造能力的培育，主体创造欲望的激励，完善自身人格的有效途径就是美育。

4. 美育课程建设的方法

（1）知识传授法。美育教育当中，常见的授课形式是通过课堂教学的方式，这也是目前高校教育当中最常用的方法。除了课堂教学方法以外，也有其他一些知识传授的方式。比如说学习宣传法和知识讲授法等。

1）学习宣传法。通过各种舆论和传媒的方式，将美学知识传递给学生，通过给一些学生创造专题讲座，来让一些知名的专家为学生传达美的思想，并且在讲座中引发学生的

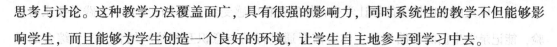

思考与讨论。这种教学方法覆盖面广，具有很强的影响力，同时系统性的教学不但能够影响学生，而且能够为学生创造一个良好的环境，让学生自主地参与到学习中去。

2）知识讲授法。通过教育者口头传授向学生传递美学的相关理论知识，这种方法十分常见。知识讲授法运用过程当中需要注意的是，教育者所传递的教学内容需要十分准确，对于知识的讲解需要系统又全面，并且具有科学性，在传授理论知识的同时，也需要注重实践的结合，通过循序渐进的启发和引导，让学生们有层次地学习，而不是一概的灌输。

除此之外，知识传授有一些特征，比如说具有直接性，在教育者教学过程当中，教育者首先是能够接受教育的，并且在教学之前教育者与受教育者两方都需要明确教育的开展，这样才能有效实现教育目标；其次还具有系统性，教育者实行审美教育，是一个长期的过程，受教育群体需要在相对固定的时间地点接受教育，这就需要教育者对教育内容有步骤、有目的、有计划地展开，根据受教育者接受的能力阶段进行不同时期的教育；最后还有易普及性，一般意义上来看，知识传授只需要有一两名专业的教育者，就足够对数百名受教育者进行教学活动了，覆盖面十分广阔。

教师在课堂上传授美育教育，不仅仅要将传统的理论知识传授给学生，同时也要引导学生们对于审美的起源和本质进行探索，正确看待审美的价值和规律，掌握基本创造美的方法。日常学习生活当中，学生们也需要亲自去感受和创造人与自然的美，并且学会有意识地自我鉴别，对美产生正确的评价。比如，“社会美”就可以让学生们主动地与自己对照，找出差距与完善的目标，让自己处在一个合适的定位中重新审视自我并完善自我。美的认知需要感性多于理性，所以美与丑不一定有明确的界限。从理性上让学生们认识到美的规律与本质，并且通过一些艺术常识，提高学生们的审美能力，让学生们在学习了一些理论知识之后能够运用到生活与学习当中，提升自己的审美能力，同时也能够让学生的人格更全方面地发展。

（2）实践体验法。实践方法在美誉教育教学当中表现在高校组织的各种审美实践活动中，审美实践活动是最基本的能够提升审美能力的方式之一，也是一个客观改变世界，从而影响主观精神世界的过程。实践活动分为劳动实践、校园活动以及参观访问等。

在实践活动过程中，学生们通过亲身经历逐渐形成美的认知，在潜移默化的体验过程中提升创造美和审美能力，亲身实践能够从思想意识、感官体验、情感等层面认识到价值与意义，形成独特的美的认知，让身心得到和谐发展。体验能够超越理性，让人感知到生命当中的情调和生命力，在精神上让人得到满足。

以美成人的实践体验能够让学生在体验过程中感受到心理上的变化，实践需要亲身体验，能记录学生们的心路历程，体验需要通过行动与意识互相统一结合，产生综合的反应，实践之后的感受和体验能够通过人的内化与主体化，成为精神上的养料。

以美成人理念当中，实践体验是一种十分重要的教育方式。学生们通过实践活动可以在审美上将已掌握的理论知识得到应用，同时也可以在实践中获得新的感受和体验，这可以从客观和主观两个层面增强美育理论的成果，让审美达到新的高度。

美育实践的过程当中需要注意遵循一些原则：①建立一个有效的机制，让实践与认知这两个层面能够更灵活地互相配合，从而形成一种长效的机制。大学生的审美过程是有波动性的，通过一次实践活动，不可能立即提升学生们的审美能力，所以应该通过这种长效机制为大学生们创造更多的实践体验活动，再根据新的问题和形式灵活地将活动形式进行转变，逐步提高审美和创造能力。②通过引导来加强实践体验活动的效果。如果仅仅让学生在形式上参与体验活动，这就容易流于表面，而没有达到实际的教育效果。所以在实践体验活动中需要受教育者受到一些引导。比如提前制订体验计划，根据审美现状，制定相对应的体验方式，如需要记录和观察学生体验过程中的感受，通过一些理论知识和参考对象地提供，让学生们在思想和情感上产生共鸣，在体验活动中达到审美的教育的目的。

（3）环境熏陶法。环境熏陶法是指通过美的事物和美的文化，形成一个美的环境，在受教育者没有意识的前提下，潜移默化地让他们感受到美的熏陶，逐渐形成美的意识形态。大学生们正处于一个思想活跃的阶段，他们身上有许多可以开发的潜质，比如说他们具有诗人的品格、容易被激发起的情感以及浪漫主义气息。同时，他们又有一定的文化知识基础，如果在他们的生活环境中创造美的事物，让美与他们的生活紧密关联，这样就能够让他们在熟悉的生活中不断地被美熏陶和感染，让美育教育事半功倍。大学生生活在校园中，如果学校能够具有良好的人文气息和审美精神，那么这将是对大学生的审美教育十分有利的。由此可见，以美成人的美育教育想要得到更好的教育效果，那么校园是一个重要的载体。

大学生的素质教育和健康成长都离不开一个良好的校园环境。一个良好的校园环境能够让学生们感受到身心愉悦，同时也能够潜移默化地提升他们的审美格调，这种环境熏陶具有强大的教育力量。校园环境包括校园绿化、配套设施、建筑等方面。比如，建立一个绿树婆娑的校园环境、与校园文化相适应的建筑构造、干净整洁的空间等，都是能够让学生们体验和感受校园文化的方式。

同时，校园文化活动也能够为学生增强审美教育的心理体验。校园组织的各种活动，比如演讲、社团、兴趣小组、读书会等方面活动，都是可以让学生们通过这些活动感受到美的感染力，从而震撼到他们的心灵，陶冶学生们的情操，逐渐增强他们对真善美的理解。学校可以通过一种民主的管理制度，建立良好的校风和和谐的人际关系，再通过丰富多彩的校园文化活动，打造良好的校园文化氛围，让学生们在良好的环境中健康成长，潜移默化地在思想和行动上受到校园的熏陶，建立起完善的人格和全面综合发展。

环境熏陶也需要注意两个方面：首先，在形式上要举办一些具有感染力和吸引力的活动，让学生们产生共鸣，这样喜闻乐见的形式才能够达到教育目的；其次，注重学生的主体性，不但要通过正确的鼓励引导让他们主动参与各类文化活动，同时也要让他们可以主动进行创作，让他们在参与活动中感受到美的力量。

（4）情感共鸣法。情感共鸣法是教师在美育教育的过程当中需要把自己的情感融入课堂之中，从而让学生们产生情感的共鸣。这是一种通过教师的能力来传授知识，提高学生的觉悟能力，让学生们逐渐养成完善的人格的教育方法，这种方式非常注重受教育对象的情感激发，美育教育就是一个把客观对象逐渐内化为情感的过程，所以情感的熏陶和调动是十分重要的。

找到与学生情感共鸣的方式就需要坚持情理交融的原则。教育者在审美教育过程当中，需要通过激发人们的美好情操和积极进取的情感来达到审美教育目标，这种情感是积极向上的。注重学生们的精神进步启发他们的理性思考，能有助于他们树立正确的人生观、世界观、价值观。

因为大学生在参加审美活动时，具有一定的情感性，所以在培育过程当中，一定要注意情感的教育。比如说在教学手段、过程、氛围、语言，这四个方面都可以注重情感因素的设置，通过营造一个愉悦的教育环境，让学生们在温馨愉快的气氛当中进行审美能力的学习和提升；在教学过程当中，让学生们独立主动地参与到教学中去，有意识地让学生们去感受美和接受美；教学语言上，可以用生动形象的语言，让学生们感受到情感，通过语言的艺术，让学生们接受美的知识，提升美的能力；在教学手段上，可以采用多样化的手段，提升学生的学习兴趣，比如设置辩论、竞赛、参观等活动，让学生们产生浓厚的兴趣，积极主动地参与到教学过程中去，产生良好的教学效果。

5. 美育课程建设的机制

机械的原理是机械运作的动作和构造，主要应用于机械学这门学科，现在更广泛应用于社会科学领域，主要是指机器组织中各个元素之间的运作方式和内在联系。运行机制的高效运用能够促进各个要素的联系和相互作用，能够优化内在循环，并且还能确保校园事务的正常运行和有效发展。通过建立科学有效的校园管理机制，能够保证大学生的美育教育和优秀人格养成，是规范和促进发展的基础性工程。

（1）校院两级“齐抓共管”的领导机制。完善的领导机制直接影响着教育工作的落实。“齐抓共管”是指在组织、改善、加强大学生美育工作时设置的组织领导和运行机制，这样的方式可以将具体的工作落到实处。所以，在领导机制的影响下，美育工作得以正常、有效运行，因此，建设校院两级“齐抓共管”的领导机制显得更重要。

（2）以“学科建设”为依托的动力机制。建设和发展高校的美育学科促使以美成人的美育机制得以发展。伟大实践的依据是科学理论，高校在发展美育实践过程中也需要强大的理论支持。美育理论对于大学生美育实践过程起到了重要的指导作用，因此，各大高校应该不断加强高效的美育教育建设，从而促进大学生的健康、全面发展。

1）加强美育学科建设。美育教育在20世纪90年代就被写进了我国的教育方针，但是一直以来，美育教育在高校的发展就不乐观，相比于德、智、体教育的发展，美育教育的发展还有很大的发展空间。20世纪80年代，中国的美育教育逐步进入复苏的状态，学界对美育理论的研究不断深入，美育教育慢慢作为专门学科得到统一和发展，为了平衡各学科之间的发展，学界对美育的研究和建设更加深入，也取得了一些初步成果。

美育教育属于新兴学科，它需要综合各类学科，如心理学、教育学、文艺美学、脑科学等学科，在各类学科的共同关注下才能构建起美育的科学理论体系。除此之外，美育学科所具备的特殊属性还注重理论和实践的结合。所以，在建设学科教育时，高校应该充分重视和建设美育学科，联动相关研究人员共同攻克学术问题——研究美育学科的发展规律、功能特点和方式方法等问题。此外，学校还应该提供学科建设必需的人力、物力、财力等基本物质条件，共同推进美育学科的建设和发展。进而不断提高美育学科的高水平，让高校的美育工作能够在更加完善和系统的理论基础上不断发展。

2）借助学校学科优势建设美育课程。高校必须紧跟素质教育的发展方向，结合学科的优势，面向全体学生，综合古今中外的美学思想、教育思想、文艺学思想以及现实教育，借助信息数字化的传播方式，打造独具特色、内涵新颖的美育课程。在统筹学校的各项美育工作时，要始终以学科建设为主体，有目的、有步骤、有计划地推动建设美育课程工作，将相关的学科课程充分融入美育课程实践的过程中，不断完善美育的课程建设，并结合其他学科教学，将美学知识渗入学校教育的各个方面。

除此之外，美育理论的知识传授离不开戏剧、小说、诗歌、绘画、音乐等艺术的创造和欣赏，通过实践活动，美育学科的内涵将渗入到大学生的各项实践中，进而提高大学生的审美创造能力和鉴赏能力，让大学生的情感得到满足和升华。

(3) 以“个性化评价体系”为依托的评估机制。随着美育学科的不断发展，其需要更加完善的评价机制，但是因为美育学科本身的特殊性，在评价时也具有个性化的特征。20世纪三四十年代，在现代教育体系中，教育评价作为学科的一个分支，产生于美国。关于教育评价的内涵众说纷纭。布卢姆认为教育评价是处理和获取学生学习水平和教师教学水平的有效方法，能够对达到教育的最终目标起到辅助作用，能够明确学生对知识的掌握程度和发展水平，能够实践和研究教育教学，并进行及时的反馈和矫正。

总而言之，教育评价需要有一定的教育目标和标准，通过科学的方法对教学活动、教学人员、教学水平进行高质量的价值判断，进而促进教育的改善和有效发展。个性化评价是指学生可以根据自己的方法对教学任务进行自我评价并形成自己的语言表述形式，这种评价方法尤其适合学生评价学习策略、文化意识和情感策略等方面，并且，个性化评价因为直接与所学的课程相关，融合了学生在学习过程中跟踪评估的学习特点，更具独特性。

实施美育教育的目标是让所有学生的人格水平和艺术水平更加全面、完善地发展，这是一个多元化的结构体系。因为学生的价值观、情感经历、行为习惯、文化背景各不相同，所以每一个学生都具有个性化、独特性、差异性的一面，并且，每一个学生都具有主观能动性，不以其他人的意志为转移，所以，反映出不同的评价特点。由此，美育评价的个性化更加多样化，也更具艺术性和特色性。

6. 美育课程建设的框架

设计和建设美育课程的基本框架包含以下四点内容：

(1) 理论和实践。美育课程针对的主体是所有大学生，且属于公共基础性课程，所以，在设计课程内容时，不应该过分专业且隐晦难懂。美育课程的内容主要包括审美实践和基础理论两部分。在学习中，应该坚持理论先行，实践起到加深作用，所以，提高审美的前提条件是学习好理论知识。但同时，只有通过审美实践，才能更深刻地学习理论知识。美育课程的最终目标是引导学生树立正确的审美观，通过培养审美能力丰富学生的情感世界，进而使学生的人格能够健康地发展。

(2) 美学理论知识。学习美学知识能够提高大学生的审美鉴赏能力和引导学生树立正确的审美观，在选择美学知识时，应该选择有指导性的入门知识。通过基础知识的学习和掌握，对美的意义、特征、范畴和形态等内涵进行初步了解和掌握，进而做出审美判断，树立正确的审美观念。除此之外，美学还有其他的学习内容，包括审美情感、审美经验、审美趣味和创意等知识，这一类的知识需要从审美心理角度分析审美活动，进而深入探究审美活动的产生和发展。

(3) 美育理论知识。在美育课程中，虽然学习美育基础知识并不是最重要的，但也是非常有必要的。美育的基础知识之所以不是主要的课程内容，是因为美育课程的设置并不是针对师范生的专业课程，没有必要进行系统的学习。学生可以选择性地学习美育基础知识，从而了解美育知识。

(4) 各种类型的美育理论和审美实践内容。审美实践活动是实现美育课程的主要途径，所以，它的课程内容主要部分是各类美的创造和鉴赏。想要鉴赏各类美的理论前提是认识和了解各类美的基础知识。只有掌握了各类美的特征、含义、形态等理论知识，才能在一定基础的理论知识上提高个人的审美实践能力。

（二）美育视域下的理想信念教育

1. 理想信念教育的美育本质

特定的实践形态中存在与之对应的理想信念，在那些积极价值追求的实践中具有美的属性，由此角度出发，我国实现人类自由全面发展的共产主义远大理想蕴含着极高的审美价值。在这种实践过程中，体现了个体的生存状态、个性面貌，而且能够让个体感到身心自由、愉悦，是一个体验美的过程。理想信念教育的根本目的是让受教育的人认识到其中蕴含的审美价值，并且心生向往，进而能够主动参与其中，最终实现个人的审美实践。在整个大学时期，如果将理想信念教育比作一次审美活动的话，那么其核心目的就是从美学的角度去看待人生的意义，用美学的规律规划自己的大学生活及未来。

大学生理想信念教育实践中出现的矛盾主要集中在以下两个方面：内心预判的理想无法落地实现，社会价值取向无法与人的价值取向相统一，归根结底，还是存在人生价值的认知与审视的问题。为了实现社会价值与个人价值的统一，我们应该努力激发大学生对生命自由的向往之情，使其主动追求自我发展，实现精神世界的再塑造，从美学的角度完善主体人格，提升自身境界。

2. 理想信念教育中美育的运用——工匠精神

在大学阶段，高校理想信念教育体系的设计应该符合该阶段的规律，根据大学生认知启蒙、参与体验、建立情感、内在思考、确立目标、投身实践的逻辑顺序，设定具体的教学情境，做到多层面、全覆盖、讲重点、纵向深入。作为一种审美意象，工匠精神应该贯穿于营造审美环境、整合审美资源、建立审美关系、激发审美需求、学习审美能力、参与审美实践的全过程。

（1）营造审美环境。美是一种基于形式的感官体验，因此，在理想信念教育的过程中，要重视并善于利用这种首因效应，关注教育形式上的美感，在校园的建筑、生活教学场所融入工匠文化元素，营造浓厚的工匠文化氛围，充分展现工匠文化的形式美，让学生通过视觉上的美感体验进而形成深刻的心灵烙印。融入工匠文化并不是简单地拼接、装饰，而是精心雕琢艺术作品，这本身也体现了工匠精神。它不仅要与当代大学生的审美特点相符，而且在此过程中也培养了大学生的审美人格。我们要把工匠文化发展成为一种既有历史色彩又有现代高度的精神内涵，就要将传统的美学思想与现代工业化的理念相互借鉴，营造一种有特色的精神标识。

我们应当以动态开放的理念去营造工匠文化环境，使它成为学生参与、贡献的重要实践平台。只有借助特定的载体，工匠精神才能够成为具体且可以感知的审美对象。在宏观方面，我们可以从办学历史、文化底蕴专业发展与改革的发展方向中深入挖掘其中所包含的工匠精神内涵；在微观方面，可以通过对中西方匠人的成功经验、优秀校友学成报国的过程中，发现传承工匠精神的价值所在。经过整理筛选这些例子，形成多维度多阶段的高效资源体系，同时可以通过匠心故事汇编、匠心数字博物馆、匠心寻访与宣讲等线上活动进行宣传，做到与线下相结合。

（2）构建审美体系。站在美育的角度来说，理想信念教育需要在各个主体以及客体之间构建审美体系，同时依据美学规律进行。在以学生为核心的前提下，建立自我之间、学生之间、师生之间、校生之间为代表的四种审美关系。依托于这些审美关系，才能够进行人格完善与培育，传递理想信念价值。

1）入学教育时可以为学生详尽地介绍学校历史与文化、办学定位、社会责任、育人成果等，增强学生的认同感、归属感及责任感，并贯穿于以后的教育教学工作始终，在细节中体现学校的管理、教育与服务质量，让学生从内心真正地认同、信任学校，激发学生的爱校热情。

2）教师在教学内外要始终以工匠精神严格要求自己，为学生在德行方面起到引领示范作用，成为学生楷模，在每一次师生互动中都适时地加入理想信念教育。

3）学生在学习过程中，应该团结协作、良性竞争，通过彼此之间的相互影响，重塑认知、磨砺品格，努力成为工匠精神的传承之星，将工匠文化铭记于心，并以此规范自身，努力竞逐。

4）除了学习外界的知识，学生要更加注重对自我认知的定位、对自身状态进行评估，合理规划自身发展，利用工匠精神带来的审美启示与力量，激发实现自身审美的需求，拓宽实现人身价值的视域。

第三节　个人修养教育

做事先做人，一个人为人处世，首先要修德。人而无德，行之不远。因此，在对大学生进行思想政治教育时，个人修养教育应作为其中的重点内容。

一、大学生感恩教育

（一）感恩教育的含义

恩情有助于维系人与人之间良好关系，实现国家之间、地区之间的连接，支撑社会关系。感恩教育不仅是一种道德教育、情感教育，更是一种人性唤起的人性教育，是培养学生感恩意识以及习惯，使学生常怀对自然、对他人、对社会的感恩，将感恩内化成为每个人品质的一部分。社会中的每一个人都应该心怀感恩，也应该把感恩教育放在教育的重要地位。

（二）感恩教育的内容

1. 对父母养育之恩的感恩

从牙牙学语的孩童到长大成人，父母是成长过程中最亲近的人，他们对孩子的照顾与付出是任何一个人都无法比拟的，都说父爱如山，母爱似海，他们的爱时刻伴随着孩子。我国的文化传统就是极重孝道，重视“亲亲”的道德伦理，而国外的文化中，父母的感恩教育也在感恩文化中占有重要地位。对父母的感恩是道德基点，如果对父母都无法做到感恩、回报，那如何能做到对他人、对社会、对国家感恩呢？因此，对父母养育之恩的感恩教育应该在感恩教育中占有根本性地位。

2. 对学校和老师培育之恩的感恩

尊师重教是当代社会重要的行为和道德规范，教师的教育与引导在每一个人的成长过程中至关重要，这不仅关系到个人发展，同时也会影响到国家建设的发展。因此对学校和老师的感恩教育在教育过程中尤为重要。

3. 对社会和他人帮助之恩的感恩

当代大学生生活、成长于社会之中，随时都与他人发生着关系，遇到困难时也经常受到他人的帮助，大学生应该对每一个提供帮助、给予善意的人心怀感恩，感谢他们提供的帮助。正是由于每一个人的无私付出，社会才能更加和谐、美好，因此在感恩教育的过程中也应该将此蕴含其中，以培养大学生对社会和他人帮助之恩的感恩。

4. 对党和国家再造之恩的感恩

在新时代下，我国整体的发展为大学生的成长和自身价值的实现创造了良好的基础和条件。大学生也在党的领导下和谐幸福地生活着，因此，作为新时代的大学生，要努力提高自己，立志报国，牢记党和国家的恩情，为祖国发展添砖加瓦。

5. 感谢自然环境的赋予之恩

水、空气、环境等自然环境都是人们赖以生存的空间，人们日常生活中的一切吃、穿、住、行都是从自然中汲取的，因此要对自然心怀感恩。当前人们对环境的破坏，对自然的过度开发都严重破坏了生态环境，人们在日常生活中应该加强环保意识，合理利用资源，维护生态健康，将感恩之心融于保护自然的实际行动中。

二、大学生自我教育

（一）自我教育的特征

自我教育是伴随现代社会生活方式而产生的教育方式，与传统教育方式相比具有自身的特点，也正是这些特点使它成为一种具有独特优势的教育方式。“大学生自我教育作为知识传授教育的重要补充，对于大学生群体的心灵、思想和观念世界的健康养成至关重要”①。自我教育的特征主要包括以下五个方面：

1. 自主自为性

自主自为性是自我教育的最基本特征之一。自主自为性是指在自我教育过程中，自我教育从发起到实施以及完成和实现，都发挥着主体作用，所有教育行为均由自我教育者本人独立完成或者主要依靠自己完成。

自我教育的自主自为性特征是因为自我教育是一个在自我教育者本人自觉意识指导下

① 石磊，金炜康．大学生自我教育的实施路径［J］．中国高等教育，2022（02）：59-61.

的自组织过程。这种自组织过程是主体思想发展自主性、能动性的高度体现。自主自为性是在个体主体性基础上形成的。没有自主自为这一特性，教育就成为教育者灌输，受教育者被动接受的传统教育模式。理想信念教育中的自我教育是具有主体意识的个体，具有自己的价值尺度和实践能力，而且具有反躬自省的能力，这就使得受教育个体在教育总过程中始终是作为一个独立个体，自觉地进行着实践活动。一切其他因素都作为一种外在环境支撑而存在，只能对个体的行为思想产生影响，而不能够直接指使个体做任何行动，更不可能让个体被动接受一种价值理念和思想。

自我教育的自主自为性以个体自我意识的成熟为基础，成熟的自我意识使得个体不仅能够审视外部世界，还能够省视自身。自我意识使自己与外界区分开来，清晰地认识到自己，关注自己，自我成为个体思考的立足点和落脚点；同时也意识到自己是可感知世界唯一的可支配者，只有通过自己的实践才能变革世界、变革自己。自我意识的成熟标志着个体主体性的觉醒，个体对教育活动有了自己的认识和感受，产生了自己的想法，随之而来的就是个体对于世界和自身的变革。在自我教育过程中，个体始终是以独立自主的状态来参与的，自我教育个体对教育内容有自己的看法和安排，对教育行为有自己的选择和计划，对于结果的评定也是基于自己的角度。自我教育过程中，原先被视为被动接受对象的个体开始自己主动操控教育过程，自己全程实施整个教育活动，教育计划的设定、实施、评价和调节，无不是个体自己承担的。于是自我教育个体成为教育活动的设计者、实施者和感受者，担当起教育者与被教育者的双重角色。在这两种角色的自由转换中，个体的思想实现了嬗变。

个体感受到了自身发展的独立性和自主性，将外在的压力转化为内在动力，并为了化解压力不断发挥自身的潜能，让自己始终处于一种积极思考的状态。个体在自我感知的过程中，可以自我选择教育目标、自我选择教育内容、自我内化教育方法、自我调控教育过程和自我评估教育效果。在这个动态的教育过程中，我们可以清楚地看出“实现自我”的重要性。相比于灌输式教育，自我教育更能激发受教育者的创造性、主动性和能动性。

2. **相对封闭性**

相对封闭性是指自我教育系统中，自我教育的教育者和被教育者统一于同一个体自身，在个体范围内就可以构成教育矛盾关系，开展教育活动，无需外在力量的过多涉入。同时，这种封闭性是相对的，自我教育个体可以在自我范围内开展教育，但仍需要外在教育者的引导、干预以及外部环境的支撑，完全独立于环境的自我教育会陷入主观专断的误区而迷失方向和影响进程。

自我教育之所以具有相对封闭性，从根本上说是由人类意识的特性决定的。人的意识不仅能够反映外界，还能将视角转向自身反观自省，站在主体位置审视作为客观存在的世界和自身。人类意识高于动物意识的地方在于，除了对外界刺激积极反映的功能外，人类意识还发展出一种独特的能力——建构能力。这种建构能力建立于人的意识对于第二信号系统熟练运用的基础之上。人类完善的第二信号系统能够将外在信息刺激转化为抽象的信号，借助思维运作对其进行加工整理，可以认识对象的表象和属性，尤其是对于不能或者不易用第一信号系统感知的对象更是有力。人类意识借助第二信号系统和思维规则反映自身的情况，并在主观世界中构建出一个与现实对象同构异质的映像。于是个体的主观领域内便同时出现了一个作为认识改造主体的自我和一个作为认识改造对象的自我，一对矛盾便形成了，自我教育模式在个体主观领域内构建并开始运作了，不需要外在教育力量的参与。然而自我教育活动并不是一个完全封闭的系统，而是与外界相联系着的。因为，进行自我教育的个体本来就是在特定社会环境中进行活动的，需要外在环境的信息和物质的交流作为支撑。同时，由于个体自身的局限性，在一些环节上还不能独立完成或者独立操作，这会造成理想信念教育的偏差和误区，必须要外在教育者发挥主导作用于预、指导，推动自我教育朝着良性方向发展。

自我教育系统的相对封闭性对自我教育的开展具有重要影响。一方面，封闭的系统使得自我教育个体可以脱离外在教育者的直接参与，自主独立实施理想信念教育，减少了外在教育者的工作量，更重要的是给予个体更大自由发挥的余地，为主体性彰显提供了空间；另一方面，封闭的相对性要求自我教育个体必须始终关注环境的反馈信息和外在教育者的指导，不能主观臆断地实施教育活动；作为自我教育的监控者的外在教育者也必须紧密关注个体的自我教育活动，及时、准确地引导。

3. **直接性**

任何教育模式都是中介性的，除了自我教育是直接性的。外来的思想政治教育往往停留于共性化，自我思想政治教育更具个性和直接性。个体是教育的主体，个体可以更好地把社会标准和自身的特点融合起来，发挥个体的主观能动性对自我提出要求，进而确定自己不同时期的思想目标和品德修养目标，最终形成更具针对性的政治教育思想。中介性或间接性说明教育是手段，而非目的。直接性是指：一方面，教育主体无需借助其他力量就可直接认识教育客体；另一方面，教育方式上直接以自身体验为切入点，排除了中介性、中间性，跳出所谓的“价值中立”的科学思维方式，进入到价值领域中，具体表现为政治立场巩固和思想道德境界的提升。

自我教育过程中，作为改造对象的主观意识成为直接认识、作用对象，不再依赖于物质形式的载体。传统教育模式中，面对众多教育对象，教育者需要借助其他力量和途径才能把握大概情况，不能确保准确把握教育对象的全部情况，而且教育的规划也是多依靠单方面制订的。由于实践经历不同，教育对象不一定能对教育活动产生共鸣，对教育内容的接受与理解程度就会打折扣。

自我教育是在个体切身感受的基础上自己设定和实施的，实施的教育有明显的针对性，实施过程中的情况也能及时反映到教育活动的操控者那里，并及时做出修正。既作为教育对象又作为教育主体的个体由于参与了自我教育，积极关注整个活动，对于教育活动产生了强烈的期待和信任感，接受过程中的心理阻碍会减少，接受效果会更明显。这是传统教育模式所不能达到的，因为传统教育模式中，教育者与被教育者分别为两个具有主体性的个体，而且二者活动范围也不同，相互把对方视为一个外在存在。这种形式的理想信念教育活动的设定、规划、实施及评定都是由另一个独立的个体执行的，与教育对象的实际情况会有很多的偏差，针对性不强；而作为教育对象的个体也会把施加于自身的教育力量视为对自己的异化，产生抵制心理，这就会导致理想信念教育活动的低效。而自主自为的自我教育则能够打破教育者和教育对象之间的障碍，加深双方的信任，增强理想信念教育的针对性和实效性。

从理想信念教育的角度来看，不管是教育的主体还是客体，都是现实生活中具有主体性的个体，并且，还构成了一对辩证的统一体。与人的其他特性相比，主体性更能体现人的创造性、主观能动性和为我性，更能在理想信念教育中收获自我价值。

个体自我教育的为我性形成了个体自身对内在品德的需求。主体的为我性是指从自我的角度出发，促使客体为主体服务。在理想信念教育中接受主体的为我性主要是指从满足自身的需求出发，受教育者根据其内在的标准判断教育者的宣讲内容是否可以为自己所用，如果有用，受教育者就会自主接受它们，相反就会产生抗拒。所以，理想信念教育需要从人的为我特征出发，满足人合理的物质需求和精神需求，特别是要为实现个体价值提供精神力量，在精神力的指引下，主体才会目标明确。只有这样，才能实现理想信念教育的价值，才能让理想信念教育获得存在的必要性和合理性。

自我教育者的直接性是建立在自我体验的价值真实性之上的。自我教育个体自主自为地进行理想信念教育活动，自己的实践经历与体验成为调动情感的最直接的依托，自己的切身经验提供了最好的教育材料。自我教育的直接性对于自我教育的意义就在于增强了针对性，调动了情感，提高了教育效果。事实证明，自我教育个体越能真实认识自我，越能提高情感认同就越能增强教育的针对性和实效性。

任何个体关注自我发展都是多于关注他人发展，作为一般的教育者也是如此。常规教育中教育者对教育对象的关注相对较少，而且是以关注自我为跳板来关注教育对象的。自我教育中的教育者的关注是对于主体和对于客体关注的高度统一，这从主观动机上就使得自我教育比其他教育更有优势。

4. 全时空性

全时空性是指自我教育对教育环境的全面适应性，它可以在此时进行，也可以在彼时进行；可以在此地进行，也可以在彼地进行；可以在这种环境下进行，也可以在那种环境下进行。自我教育对环境的要求不高，一旦被激发，自我教育就会按照过程循序渐进地进展，环境只是自我教育的潜在支撑因素。自我教育者可以随时随地地对自己进行教育，因为自我教育中，教育者与教育对象是物质统一、精神统一的，教育者与教育对象存在于同一时空，不仅可以全程掌握对象的情况，而且也可以随时干预对象的思想与行为。

全时空性使得自我教育比其他教育要有优势，具体表现在以下方面：

(1) 传统教育模式中，教育者与受教育者毕竟是两个人或组织，在时空上是可以分离的，在实施教育的时候才相互联系发生影响。除此之外，二者是作为两个不相关的独立个体存在的。教育者不能全程观察教育对象，即使可以观察到其行为，由于思想与行为并不一定是同一的，也不一定能真正了解对象的真实思想。

(2) 传统教育模式中，教育活动的进行对环境依赖很大。环境设置既要符合教育主题，又要考虑教育者和教育对象的情况。教育环境的布置成为教育活动的重要部分，也成为影响教育效果的重要因素。而自我教育则不同，教育者与教育对象统一于一身，随时掌握对象情况，可以以第一身份与对象交流，对象不会从态度上产生抵制和叛逆。这对于化解理想信念教育中存在的问题具有重要意义。传统教育中教育者与教育对象时空上的分离，导致情感上的疏离，对教育环境的要求使得教育者只能择机开展教育，而且教育环境的布设也增加了教育成本。自我教育的成功实施则可以将这些问题解决，随时开展教育。

(3) 传统教育模式由于教育者与教育对象分离，以及教育活动的计划性，教育活动往往被分为一些独立的阶段，对儿童、少年、青年和成人等对象的教育各不相同，各个阶段的教育安排有异，教育对象一旦离开了原设教育环境就不再是教育对象，教育过程中断也造成了教育效果的断层。自我教育能够打破教育的阶段性限制，根据对象自身情况开展针对性教育，弥补外在教育者的缺位，具有持久和稳定的激励效果。

与一般的教育不同，理想信念教育是从满足人们的需求出发，尤其是满足人的精神需求，不断引导和启发人开发思维，改变人的观念，引导人追求更高更远的理想目标，进而为人的发展提供更强的精神动力。

5. 终端性

终端性是指自我教育在整个教育活动中可以视为教育环节的终端，是对外在教育的承接和深化，是外在教育产生作用的最终决定环节。自我教育机制的终端性是从理想信念教育的过程和结果上来讲的，自我教育处于理想信念教育过程中的末端，理想信念教育的最终结果是开启受教育者进行自我教育。

自我教育的激发与进行是外在教育进入个体注意范围的关口。没有个体的主动关注，外在教育内容进不了其感知范围，达不到感知阈值，成为过眼云烟，自然不能入脑入心。自我教育意识的产生是自我教育开展的前提，也是外在教育内容能够进入个体内心世界的基础，在这个意义上我们可以将自我教育视为把外在教育引入个体内心世界的导引者和守门人。没有自我教育的有效开展，理想信念教育的内化—外化进程就进行不下去，理想信念教育目的就不能顺利实现。

自我教育的终端性是外在教育生效的标示，对于理想信念教育具有重要意义。没有个体的自我教育，理想信念教育内容往往就被挡在教育对象的主观世界之外，不能真正入脑入心。只有激发和促进自我教育，打开通向教育对象内心世界的门扉，让教育对象在自己开垦的土壤里自主播种、耕耘、收获，这样才能增强理想信念教育的实效性。

（二）自我教育的环境

1. 自我教育环境的个体分化

自我教育个体分化为主我和客我，二者相互作用，构成了一个相对独立的系统。此系统并不是也不能孤立的存在，而是存在于一定的环境之中。把自我个体以外的一切因素都作为自我教育机制系统的环境来看待，自我教育环境为自我教育系统的运行发展提供不可或缺的支撑。从系统论观点来看，自我教育环境是将其内部组成的各个要素综合起来形成一个合力，以特殊的方式作用于个体认识的形成。

环境对自我教育的作用是非常重要的，情感教育和情感培育就必须在自我教育环境中进行，须臾不能离开，自我与理想信念教育环境自成一体，人触境才能生情，自我教育必须在环境中进行才能取得切实的效果。自我教育者的主体性只有在具体的环境中良好发挥才使得自我教育从可能变成现实。自我教育个体经常在这些环境中活动，直接接受来自这些环境传递的信息、物质和能量，这些环境发出的刺激更受个体的关注，更容易影响个体的思想与行为，决定着自我教育的具体走向。一方面这些交流联系是直接的，传递内容是明确的；另一方面，这些环境的交流在自我教育系统即自我教育个体所接收的信息中所占比重较大，因而，其传递的信息对自我教育系统影响最明显，是影响自我教育进程的主要因素。自我教育机制运行的正常与否会改善或破坏环境，环境本身的变化也会改变自我教育的运行。

2. **自我教育环境的划分依据**

（1）依据环境中构成因素是否具有能动性。按照环境中构成因素是否具有能动性，可以把环境分为“属人”环境和“属物”环境。

1）“属人”环境。所谓“属人”环境，指的是自我教育系统之外所有的社会个体构成的集合，包括自我教育者的血缘关系成员（如家庭成员），具有共同社会生活的群体成员（如同龄群体）和共同处于理想信念教育矛盾体系中的理想信念教育组织者和理想信念教育知识。这些因素作为自我教育系统的环境存在，同时还作为具有主体性的社会成员而存在，与自我教育系统积极地交流信息、能量和物质，影响自我教育的进展。人的环境与自我教育系统在交流方向上呈现出双向互动性特征，相对其他环境因素来讲，它们对自我教育的影响更直接、迅速。

在自我教育“属人”环境中，思想教育组织者具有重要地位。自我教育的个体自己不可能最先拥有先进的素质，必须要外在教育者对其进行初始的灌输、引导。思想教育是主导性非常强、方向性非常强的教育活动，必须要外在教育者进行监控、引导和指导，如果没有外在教育者作用的发挥，自我教育就会陷入“不教育”的放任自流的误区。作为思想教育基本途径的自我教育也离不开外在教育者的主导作用，否则就会成为“无指导的教育”，陷入放任自流的境地。所以，把理想信念教育组织者作为一个特殊因素单独关注是有必要的。

2）“属物”环境。所谓“属物”环境，指的是自我教育系统之外的所有非人的因素构成的集合，包括自然化的物的环境（如山川河流、动植物）和社会化的物的环境（如建筑、机器、音像资料）。“属物”环境主要是对自我教育的物质保障，包括对自我教育个体生命维持的保障和对自我教育活动所需物资的保障。这些因素形态比较固定，在自我教育进行过程中以一种静态、被动的方式为自我教育系统提供物质、信息和能量，在联系交流的方向上，呈现出单向性特征。虽然物的因素在自我教育过程中是被动的，但是其作用是基础性的，它不仅为自我教育系统提供物质基础，还是人的环境存在的物质基础。没有物的环境做基础，就没有“属人”环境的存在，自我教育系统就没有得以演进的可能性。物质环境为自我教育个体提供了存在和活动的基础，社会环境奠定了自我教育发展的基本方向。

（2）依据环境的时空范围。按照环境的时空范围，可以把自我教育的环境分为小环境和宏观大环境。

1）小环境。所谓小环境，是指自我教育个体经常活动的具体环境（如家庭环境、校园环境、单位环境等）。自我教育个体与周边小环境的交流互动性更强，对于来自小环境的信息刺激反应更加积极、受其影响也更大。

2）宏观大环境。所谓宏观大环境，是指周边小环境以外的其他环境的集合（如社会物质生产环境、社会风俗习惯、国际关系等）。社会大环境虽然与自我教育个体的互动性不强，多是单向的信息传递，但是社会大环境作为最基础的环境对自我教育个体的行为具有根本性制约作用。

所谓"时势造英雄"就是指社会大环境对人的影响甚至起决定作用。社会环境在自我教育过程中主要是担当直接反馈者和最终评判者的角色。个体的行为实施后，社会环境会对其做出多方面的反应，这些反应又对个体的思想和行为产生影响，进而影响自我教育活动。同时社会环境还是个体行为的评判者，主要是从个体与周围人关系、对社会作用价值角度做出评判，这些评判会促进或抑制个体的相关思想与行为，也会对自我教育方向与进程产生影响。作为更基础的宏观大环境与个体的直接交流并不多，以单向交流为主，个体被动接受其发出的信息刺激。宏观大环境以一种潜移默化的方式产生基础性影响，通过周边小环境发挥出影响力量。这种环境不会对自我教育具体过程产生直接影响，但是却对自我教育的一些前提性条件做出限制，如社会大环境以其传统文化的力量，塑造了一个理想自我的形象，规定了自我教育的方向和基调。

（3）依据环境的性质。按照环境的性质，可以把自我教育的环境分为"硬环境"和"软环境"。

1）"硬环境"。所谓"硬环境"是指它是可以通过有形的物质性指标来衡量的环境因素。它包括能够影响自我教育个体或人类教育活动的由一定生产方式所形成的经济和社会制度的总和，具体指政治制度、法律、经济等方面能用指标量化的因素。从客观上来讲，"硬环境"可以促进我国教育主体对孕育客观事物新规律的掌握和运用。站在国家的角度看，如果一个国家的制度优越，经济、政治、社会制度合理完善，整个国家团结安定，那么这个国家的人们必定团结一致，情绪安定。在稳定的环境下，人们劳动的积极性和创造性就会得到充分的发挥。

2)“软环境”。所谓“软环境”是不能用物质指标量化但客观存在的，经常以潜移默化的方式对自我教育主体的身心发展产生实际影响的各项条件，如社会风气、民族性格特点等，具体是指文化环境。在实践中产生理性认知对于人类来说并不简单，站在微观的角度看，理性认知的产生需要主体进行自我教育，不断蓄积知识信息，还需要一定的契机才能产生。自我教育环境中，最关键的就是文化环境。

文化环境是指人类主体环境中影响主体活动的精神文化的总和。人类在获取理性认识和发展机遇的过程中，传统文化的运用和掌握非常重要，它能够为人类创造良好的文化环境，换言之，古代人类在实践过程中积累的经验能够为思维主体捕捉问题提供充足的认知基础。文化环境能够影响认知的产生，原因在于思维和心理等各种动机会受到文化环境的熏陶和影响，在特别的文化环境的熏陶下，思维和心理活动也会更加活跃。

自我教育环境对自我教育者的素质处于支配的地位。人的理性认识的形成，从主观角度出发，在自我教育环境中，自然环境对认识自我教育主体的素质具有支配作用，主要表现为自然环境可以为自我教育主体提供直接思考的条件，并且在实践的过程中，通过教育的途径不断促进思维主体的思维水平和思维素质的提升。自我环境中的自然环境是指可以直接影响个体思维活动的身体器官条件和现实生活条件以及自然资源的总和。

在形成认识素质的过程中，良好的自然环境处于支配地位，除此之外，良好的自然环境还可以在更深层次的人的素质构成以及影响人的思维活动中发挥作用。体力素质对创造力和主观能动性起着决定性的作用。智力素质是创造的基础。精神素质可以引导主体形成正确的人生观和主人翁责任感，并对自己的事业充满动力和信心，从而不断发挥主观能动性、创造性和积极性。主体的素质越高，能动性也就越高，创造力也就更强，为社会创造的价值也就越大。自我教育的自然环境可以激发意志和积极性。

自我教育个体、外在教育者和外在环境共同参与自我教育过程，相互依赖、相互促进。离开任何一方，自我教育都会无法进行或者陷入迷失方向的误区；只有充分发挥和协调各方面的作用，才能使自我教育按照预期理想方向发展，发挥出独特的教育优势。

（三）自我教育的规律

1. 外部刺激规律

运动性是一切事物存在发展的根本特征，自我教育体系构成要素之间也处于不断的联系之中，环境和外在教育者在自我教育的全程中与自我教育者进行着物质与信息的交换，不断实施着对个体的刺激。这些来自不同源头的刺激在自我教育的全程不断地发生着。刺激源是多个方面的，既有外在教育者，又有社会环境和物质环境。这些刺激由于来源多样，相互之间不可避免地会出现冲突，对原定目标也会产生不同的影响。具体而言，外在刺激如果与目标同向，就会对自我教育产生积极促进作用，反之则会造成自我教育体系的紊乱，影响自我教育的进程；如果刺激之间并行不悖，相互促进就会形成强大的合力积极推动自我教育进程，反之相互冲突的刺激之间指向不同方向，会导致自我教育体系紊乱，个体无所适从，严重的还会对个体造成精神上的损伤。

同时，自我教育过程中的刺激的稳定性对于自我教育的稳步进行具有重要意义。人的行为是在不断地刺激下获得动力的，具体的目标的实现过程中一旦原有的刺激流中断，个体的行为就会由于缺乏直接的推动而停滞。个体会由于缺乏刺激感到原有目标不再具有现实意义而将它剔除出目标体系。

在自我教育过程中，外在教育者充当着监督者与指导者的角色。外在教育创设的理想信念教育环境是自我教育的重要环境依托之一。在自我教育激发阶段，外在教育者不仅向个体发出、输入合理想信念教育目标的刺激信息，同时还利用掌握的资源条件对与理想信念教育目标不合的刺激信息进行阻隔。在个体自我认识、自我设计阶段，外在教育者虽然不直接参与，却可以应个体的请求或主动帮助其认识自我、设计自我。

在践行与调控阶段，外在教育者还担任着监督、评价自我教育活动的任务，与个体的自我评价不同，外在教育者的评价主要是从外在角度进行的。他不能深入个体的内心世界了解其思想状况，但却可以凭借掌握的有关知识经验，根据对个体外在行为和状态表现对自我教育的进行情况进行判断和效果评估，也可以通过与个体交流思想的方法了解个体的思想状况。外在教育者根据对自我教育个体行为状态的观察和评判结果，对自我教育个体活动实施积极反馈和引导。

外部刺激规律启示人们：①外在教育者要努力加强对各种刺激的过滤与控制、引导。外在教育者要积极构建一个有利的理想信念教育环境，发出正向刺激推进个体自我教育的正向发展，对于不能掌控的外在教育环境的刺激要尽力过滤掉不良信息，对于原始刺激进行引导，使其有利于促进自我教育的发展。同时要对自我教育的刺激进行控制，排除不必要的信息刺激，过多的刺激，无论是否与目标一致都会有负面影响。②对于自我教育的个体来讲，主要是增强识别能力、加强意志力和抵制干扰的能力。

2. 目标体系的向心性与变动性规律

自我教育目标的形成基于自我认识，自我认识又是在外部刺激作用下产生的。由于个体实践活动的具体性，特定实践是主要针对一部分对象的活动，而且，具体的外部刺激携带的信息量不会过多，只能是对于个体的具体方面的反映和刺激，这决定了具体自我教育过程的目标是针对单方面或少数方面的而不是全方位的。

从整体上看，在不断来自各个角度的刺激作用下，个体同时进行多个具体的自我教育过程，这些具体过程的目标构成一个同向体系，这个中心就是个体的全面发展或者说是自我实现的终极目标。在这个目标体系中，具体的目标指向中心目标，在方向性上具有统一性。由于个体的自我选择的作用，任何与终极目标不符的具体目标都会被排斥在外。在指向终极目标的前提下，各具体的目标也应该是并行不悖的，否则具体目标之间会因为具体指向的差异发生冲突，影响自我教育的具体进程和整体进程。罗尔斯指出人的思维内容体系具有融贯性，当具体认识之间有冲突的时候，人们就对它们做一些限制、修改，最终实现所有认识之间的融贯。

目标体系是处于不断变化中的。一方面，个体一直处于外在刺激的作用下，作为对其反应，新的目标不断地被提出；另一方面，作为阶段性的活动，原有具体自我教育过程也会在一定条件下阶段性结束。这使得不断有新目标加入，旧目标被剔除，个体的自我教育目标体系处于不断变动状态。但是这种变动是相对的，自我教育过程的进行与完成必须是以体系的相对稳定性为前提，否则过于频繁的变换使具体自我教育过程不能有足够的时间展开与完成。而且在个体的选择过程中会对由刺激产生的目标进行甄别和取舍，保留少数目标来执行，或者归靠到原有的目标上，作为对原有目标的修正与细化。否则，过多的具体自我教育过程会超出个体的能力范围，最终会影响整体的自我教育。

目标体系的向心性与变动性规律启示人们：①自我教育者要加强对目标体系的选择规划，使其既与终结目标一致又使平行的具体目标之间不冲突，形成一种诸多小目标同心指向大目标的合力状态；②外在教育者要紧密关注个体的自我教育进程，在自我教育阶段性结束后，除了给予积极性反应外，还要针对个体情况施加新的刺激，以激发新的自我教育过程的开展，使自我教育不断在新的层次上进行。

3. 理性因素与非理性因素共同作用规律

感性认识是人的感觉经验基础上对事物现象、外部联系、部分的认识。理性认识是人借助于抽象的思维对感性认识加工整理得出的对于事物本质、内部联系、全体的认识。理性认识是主体在观念上把握客体的最高形式，反映事物深层次的联系。在具体的实践中，感性认识与理性认识是同时存在的，在认识过程中担当的角色是不同的。感性认识是刺激直接作用的结果，它是对于事物最直观、最具体的反映。感性认识就像认识活动的前沿尖兵，随时将外界情况第一时间传给决策者——大脑。理性认识是在对感性认识进行加工整理的基础上得到的，比感性认识更具有可信性和科学性。作为认识的最高形式，它具有高度的抽象性和指导性，是人们思维和实践的最可靠的依据。

在自我教育过程中，感性认识和理性认识同时参与和发挥作用。感性认识处于与刺激接触的第一环节，能迅速将刺激信息传达给自我以供其决策。在自我教育激发阶段，感性认识的范围和强度决定着个体是否会发起自我教育。在自我教育发展过程中，感性认识仍源源不断地将信息传给自我，以便对调节行为提供根据。理性认识在自我教育过程中也起着不可替代的作用，它作为最高级的认识具有科学性，是决策的最可信赖的依据。从对外界信息刺激的分析和决策，到自我认识和自我规划，再到自我践行与调整、自我评价无不有理性认识在起着基础作用，尤其是理性认识作为个体行动的依据，更从根本上决定着自我教育的发展方向。

情感意志和价值取向，作为一种“内驱力”，为人实践活动提供动机、目的和意图，并经过理性的中介升华为信念与理想，赋予实践活动自觉追求真理的力量；理性思维和语言符号，提供了从观念形态上处理、存储和传播的能力与载体，显示了理性认识作为最高级的反映形式的品质。

自我教育过程中，二者也是处于矛盾斗争阶段的。在具体的思维与决策过程中，感性认识与理性认识都试图把自己作为决策的依据，指导个体的行为。尤其是在个体进行调控阶段，感性认识更倾向于以个体的直觉和惯性为依据指导行为，理性认识则试图用经过思考的知识经验为依据指导个体决策，双方都在争夺对于个体行为的控制权，而斗争的结果则决定着自我教育的方向和具体进程。

理性因素与非理性因素共同作用规律启示人们：在自我教育过程中必须把感性认识力量与理性认识力量都调动起来才能促进自我教育的良性发展。理性认识与感性认识是个体进行自我教育活动的两种基本的依赖力量，任何一方的缺位都会影响自我教育的进程。

自我教育的主体要把加强自身的理性认识和感性认识的掌控运用能力作为一项重要工作来看待，积极提高自己的认识能力。外在教育者也要充分利用这两种力量来积极促进个体自我教育。

（四）良性自我教育的实现

1. 良性自我教育的实现目标

人类实践具有目的性，教育是具有方向性的社会实践活动，教育的“方向”是指教育活动最终指向的目标。思想教育的良性自我教育是个体按照特定的标准来改造主观世界，是个体不断向思想教育标准趋近的自我改造的过程。就良性自我教育而言就是指人的全面自由发展，这是良性自我教育的最终目标。

明确了良性自我教育的最终目标，良性自我教育作为过程，它的方向性也就明确了。依据是否和教育总目标一致，可以把自我教育分为“正方向”的自我教育和“负方向”的自我教育。“正方向”的自我教育就是与思想教育总目标一致，有利于个人发展又有利于社会发展的自我思想教育，也就是良性自我教育；“负方向”的自我教育通常是与思想教育大方向相悖，与个人追求和社会发展相对立的自我思想教育，也就不是良性自我教育。

若从方向性的生成角度来看，自我教育的方向又可以分为趋向于生命本位的原生向度和趋向于外在教育的次生向度。原生向度是在本能驱使下的趋向，如追求名利、趋得避失、趋利避害等都是人与生俱来的方向；次生向度是经过社会教育等外在力量改造后形成的方向，例如为集体、国家、他人利益而牺牲自己利益，为追求目标而忍受痛苦和磨砺，这都是经过社会教育改造，在原生向度基础上形成的次生向度。

作为生命体，个体自我不仅要维持基本的生存条件、生理需求，作为社会人，他还要追求社会性需求的满足、社会需求。在前者的作用下个体追求、饮食、情欲的满足，在后者作用下个体追求得到群体的认同。这些都是自我教育个体作为社会成员所必然要满足的需要。这在历代思想家那里往往被归结为快乐原则，这些需要的满足都导致个体的愉悦感，为了追求这种愉悦感，个体在本能的指引下有选择地做出一定的行为。个体无论是追求知识、荣誉或者是其他被认为有价值的东西，无非都是为了通过这些活动使得自己的相关需求得到满足而产生愉悦。这种愉悦感建立在人类本能的基础上，是没有受到外在因素影响的活动趋向。如果个体自我教育以这个向度为方向，个体的自我教育行为就成为不断追求本能需要满足的过程，这种低层次的需求满足容易陷入盲目地追求私人欲望的满足而不顾及社会和他人的利益的极端，这自然不是理想信念教育工作所要达到的目的，这样的自我教育也不是良性的自我教育。

生命本位向度和外在教育向度同时制约着自我教育发展的方向。前者是更基础的原生向度，是所有社会个体都具有的向度，后者是次生向度，但对于理想信念教育活动而言，这一向度更具有本质性。原生性和基础性是次生性和本质性的前提和依托。两个向度之间不可能完全一致，但两者又不能有本质性的冲突。完全以生命本体向度为方向的自我教育实际上是一种“无教育”“不教育”状态，是个体本能的自我满足过程。

自我教育是客观存在的生命现象和社会行为。最初的自我教育并不是单纯为理想信念教育而产生的，而是为了自我调适、自我发展的需要而产生的。这种自我教育不以教育环境为依托，属于完全的自主自为行为。随着信息社会的到来，发布各种信息的主体以及载体，由于各自代表利益集团的不同，各自有不同的价值取向，在这种信息环境下，必须有良性的自我教育能力，以避免被发布信息的主体和媒体的政治取向所误导或牵着走。

2. 良性自我教育的实现条件

（1）首要条件。自我教育内容的科学性。自我教育是在强烈意识形态下的政治观点的自我接受和高度自我认同的过程，具有较强的意识形态性，意识形态的科学性是良性自我教育实现的首要条件。从自我教育内容的科学性上讲，自我教育者要树立阶级分析的观点，端正阶级立场，有要较高的政治觉悟，坚定政治信仰。要树立科学世界观、价值观、人生观和道德观，追求高尚的思想道德境界。

（2）重要条件。自我教育者的主体自觉性。自我教育的主体应当是具有充分觉醒的自我意识的社会个体。要实现良性自我教育就要全面提高个体的相关素质。现实生活中，自我教育个体主要受身心素质、知识储备、思维和实践能力、外在信息刺激等方面因素影响。个体的身体是个体存在的物质基础，是个体意识和能力的依托，个体的心理状况也会影响自我教育的践行与实效。身体的健康是自我教育的最根本的基础，其状况决定着自我教育能否真正开展。锻炼身体增强身体素质可以为个体的意识、能力、心理起到重要作用，为自我教育提供坚强的基础。心理状况是个体意识正常发挥运作的保障，没有良好的心理状况的保障，个体的思想和行为就会受到影响。增强心理承受能力、自我调适能力和自信有助于保证个体在教育过程中的状态和效果。为了保证个体自我教育的良好状态，必须保证个体心理健康。

人的任何一次实践都是以先前实践经验为基础的。实践手段的运用不仅取决于手段的结构和特性，而且取决于主体的知识、技能和意志。知识储备包括间接经验与直接经验的两种来源，具体的内容可以为自我教育的行为提供认知基础，也是具体方法生效的前提。没有知识的重组准备，就会使自我教育陷入一种无依据、无指导的蒙昧状态。充足的知识储备为价值选择与价值践行提供依据和指导，提高个体在自我教育过程中的思维与行为的科学性，为自我教育提供坚实的认知基础。思维能力如逻辑和非逻辑思维能力、规划能力，实践能力包括自我管理能力、自我约束能力、具体实践操作能力。个体能力是实现个体目标需求的工具和唯一可靠的途径，个体相关能力直接决定着其思想和实践的效果。增强个体自身能力可以从根本上增强个体认识世界和改造世界的能力，也拓展了个体全面发展的途径。个体知识和能力是自我教育顺利进行的保证，知识能力的不足会使自我教育的效果打折扣，达不到预期目标。

3. 良性自我教育的实现途径

（1）外在教育者进行积极引导。外在教育者对于自我教育具有重要影响，外在教育者对教育内容、教育方法和相关技巧经验的掌握情况，外在教育者与自我教育个体的关系，自我教育活动会受到外在教育者的行为规范的影响。外在教育者对自我教育的影响途径主要有两种：一是通过控制环境间接影响，包括自己作为环境的一部分的榜样示范的运用；二是直接对自我教育个体进行干预。如果从外在教育的途径提高自我教育效果，外在教育者可以将以下三方面作为着力点：

1）加强掌握和运用理想信念教育内容、方法和相关知识。外在教育者的主导地位就体现在对于思想教育内容、方法的运用上，只有熟练掌握这些才能够发挥主导作用。外在教育者要想在教育对象的自我教育活动中保持主导地位，必须更加主动积极地关注教育对象的自我教育活动，积极通过各种途径施加影响，对自我教育进行引导。只有外在教育者积极主动关注、影响自我教育，个体自我教育才不会陷入无指导的“不教育”误区。

2）与自我教育者建立互信、和谐的关系。外在教育者与自我教育个体同处理想信念教育环境中，在时间与空间上有交叉点，这为其积极引导、干预自我教育提供了可能。社会交往主体之间的关系会影响相互之间的态度和交往效果。外在教育者如果希望其引导、干预行为不受抵制，就必须与自我教育个体建立良好的关系。只有双方建立互信、和谐的关系，外在教育者才能更好地发挥指导作用。

3）在行为实践上做好榜样示范。自我教育是在自我教育个体范围进行的理想信念教育活动，外在教育者模范表率成为一种重要的潜移默化的引导方式。外在教育者要在与自我教育个体的交往中严格约束自己，做好表率，以自己的具体行动对自我教育个体产生感召、示范作用。

（2）深入社会实践。实践是人类的存在形式，是人类与社会发展和完善的动力。任何人，脱离实践都不可能获得真知，也不能实现自身的发展。社会实践是理想信念教育的重要环节，具有不可替代的作用。只有通过不断的实践训练，才能真正完成良性的自我教育，并且，良性自我教育的最终目的是更好地服务于社会实践。通过实践训练，可以丰富自我教育的内容，检验自我教育的效果。一方面，实践锻炼是一种实现良性自我教育的重要方法，通过实践训练，可以内化自我教育的内容，并且在实践中可以检验教育的成果；另一方面，自我教育的过程也是自我改造的过程，最重要的是将它付诸实践，通过实践训练检验自我教育的成效。

社会实践是个体的能力素质形成的基本途径，自我教育个体的知识、行为和思维能力也是在具体的社会实践中形成和发展起来的。自我教育作为教育活动本身就是一种社会性的活动，不能离开社会实践的支撑。社会实践可以检验自我教育活动的优劣，并且，社会实践可以让自我教育的内容变得更加形象、具体、立体和变化多样，由此不断丰富自我教育的内容。加强个体的社会实践可以增强自我教育个体能力素质，可以为自我教育拓展空间，从外围间接地推进自我教育的进展。

4. 良性群体自我教育及实现

自我教育是自己教育自己的实践活动，主体是自己，客体也是自己。"自己"即"自我"，这里的"自我"有两种层面上的指代对象，既可指代单独的个体自我，又可以指代群体的自我。所以自我教育也就表现为两种类别：个体自我教育和群体自我教育。不同时期提出自我教育思想中的主体和对象略有不同，这是由具体历史条件、语境差异造成的。总体而言，自我教育的主体是生理心理达到一定成熟水平，同时还作为社会成员处于社会环境中的个体。在群体自我教育形式中，主体是处于特定组织中的具有平等关系的个体集合。

上述都是以个体自我教育为主要切入点的研究和论述，实际上，群体自我教育也是自我教育的重要形式。在自我教育思想诞生之初，最先指代的就是群体自我教育，而且群体自我教育涉及的人数较多，更需要组织和引导，在实践上可操作性也更强，已经成为理想信念教育的重要形式。

(1) 群体自我教育。群体自我教育是把范围从个体扩展到在群体范围内的自己教育自己的活动，是群体内部发生的自我教育。群体可分为正式群体和非正式群体，本文关注的是正式群体的自我教育，主要是指理想信念教育环境下的群体自我教育。群体自我教育有多种表现形式，一般而言，集体学习和讨论、演讲、竞赛、参观访问等是主要的表现形式。首先，个体自我教育形式的扩大可以转变为群体自我教育形式。个体的自我教育主要范围仅限于个体本身，而在群体自我教育中，教育关系扩展到了群体内部独立的个体之间。其次，群体自我教育对个体自我教育的影响依旧存在，在具体实践的过程中，群体自我教育会影响个体自我教育的发展进程。群体自我教育发生过程中，个体与其他个体相互交往，不断接受来自群体内部其他个体给予的刺激信息，这些信息作为外在刺激影响着个体自我教育的进展。

与个体自我教育形式相比，群体自我教育具有自身特点，主要表现在以下三方面：

1）群体自我教育是主体间的相互作用，发生作用的依据主要是群体对个体的制约和影响。群体自我教育中，群体内部个体之间是主体间关系，一方面，相互独立的个体具有鲜明的主体性，有独特的观察视角，具有自主的思想和态度，进行着个性化的实践活动；另一方面，个体还受来自周围同类个体传递的信息影响，在相互交往中相互影响相互制约，不断调整自己的思想和行为。这种教育形式发生作用的方式主要是利用个体之间的模仿、感染、竞争以及群体环境对个体的熏陶、制约而达到教育的目的。

2）群体自我教育具有鲜明的主题性，在过程上具有独立性。群众性自我教育的开展主要是为了端正群体成员对具体问题的态度，形成统一认识。一般而言这种形式都是围绕具体的主题开展的，主题性读书活动、主题演讲、组织竞赛都是理想信念工作中的常见形式。主题性这一特点也决定了群体自我教育过程具有独立性，在一定时间内围绕一个主题，一旦这一教育活动结束，不会像个体自我教育那样在新的基础上再继续进行。

3）群体自我教育是在个体之间发生的，具有外显性，更有利于理想信念教育组织者进行观察和调控。这使得群体自我教育在实践中更容易操作。在具体实践中，外在教育者在群体自我教育中发挥着组织和控制的主导作用。

（2）良性群体自我教育的特点。

1）主题鲜明，有吸引力。群体形式的自我教育是主题性很强的教育活动，一次群体自我教育活动搞得好不好，很大程度上取决于教育主题是否鲜明，是否对于群体成员具有吸引力。只有主题鲜明才能凸显出理想信念教育活动的方向性，才能针对现实问题，解决现实困惑，只有吸引力强才能充分调动群体成员的主动性，积极参与教育活动。

2）成员之间结构合理，主体性得到充分发挥。群体自我教育之所以必需，是因为群众之间思想上存在先进与落后、积极与消极、正确与错误等差别，知识技能上存在会与不会、高与低、熟练与不熟练等的差别，开展自我教育活动可以使群众之间在思想上、知识技能上以及经济上互帮互助、互教互学，所以群体结构的等级差别性对教育效果具有重要影响。

3）组织规划有力。组织规划更多的是外在组织者的行为，因为群体自我教育需要同时将众多个体集中起来组织教育，就必然要借助组织机构的力量，不能缺少外在组织者的作用。从主题的选定、人员的组织、物资的配备，以及在活动过程中的调控和引导，都离不开外在组织者作用。从这个意义上讲，外在教育者在群体自我教育中作用的发挥程度决定了群体自我教育活动的成败与效果。

（3）良性群体自我教育的实现。实现良性群体自我教育，可以从以下三个角度入手：

1）在群体活动中，个体应该增强自主性，不断提高自身的综合素质，加强自主精神。

开展自我教育的前提是充分发挥个体的主体性，这也是影响自我教育成果的最重要因素，群体自我教育由个体自我教育扩展而来，同样离不开个体主体性的充分发挥。个体之间的相互教育、相互影响也要求群体中的个体具有一定的文化知识、道德素质和政治素养。提高个体素质是增强教育效果的前提，而且这些素质是有所差异的，否则就不会有个体之间的相互帮助、相互教育。民主精神是影响个体主体性发挥的重要因素，一个没有民主意识的个体不可能在自我教育活动中发挥积极主动性，也就不能在相互交往中客观地对待他人，这会影响自我教育的效果。

2）在进行自我教育的过程中，组织者应该筹划好具体的活动主题和形式，做好物质保障和人员配备工作，并在活动中发挥引导和调控的作用。外在组织者作为组织的管理者和教育活动组织者要准确把握群体的思想动态，结合群体实际，针对群体特点，确定自我教育的主题和具体实施形式。群体自我教育开展需要一定的物质条件作依托，同时更不能缺少的是群体成员的准备，组织者要仔细选择安排骨干人员在自我教育中主动积极发挥引导、模范作用，让群体自我教育有计划、有方向地开展而不至于陷入“无计划，无主导”的境地。必要时，外在组织者还要利用其特殊身份，直接对群体自我教育进行调控和引导，确保自我教育活动按计划有效开展。

3）组织群体活动的过程中，要加强集体的自我教育，强化活动成员的主人翁意识和集体意识。集体组织是自我教育的主要载体。长期的组织自身建设是全体成员充分发扬民主和主人翁精神的基础，只有处在一个民主、开放和谐的群体环境中，群体自我教育的参与者才能真正发挥主体性，达到自我教育的效果。最终来讲，这还是需要群体普通成员和组织管理者共同努力才能实现。思想、道德、情感、理论、意志再好，没有被一定的人群内化，没有立足于群众，没有实现主体化，都无法成为推动个体发展的重要力量。当社会和他人的精神因素转化为集体精神因素时，才会影响和推动人的行为发展。主体内化形成的精神因素不同，形成的精神力也不同。在社会群体中，只有精神因素相同才能被大众接受和内化，进而发展成为社会群体精神动力，才能形成社会群体凝聚力和向心力，才能增强社会集体力量；相反，如果精神因素不同，社会群体会自动屏蔽和排斥精神因素的进入，产生排斥的精神动力，这就会让社会群体产生斥力和离心力。所以，正确的精神因素才能够被个体所内化，才能形成积极的精神动力，并且，积极的精神动力一定要找到相同的社会群体内化，形成社会认同和接纳的共同精神动力，这样才能促进社会的稳定和增强社会的群体的凝聚力。

第五章 核心价值观引领高校思政教育的育人路径

第一节 文化育人路径

社会主义核心价值体系的核心基础是社会主义核心价值观。社会主义核心价值观体现了社会主义核心价值体系的基本性质，涵盖了社会主义核心价值体系的实践要求，是社会主义核心价值体系的集中凝练。

一、社会主义核心价值观的文化育人功能

（一）社会主义核心价值观文化育人的熏陶塑造功能

社会主义核心价值观具备文化熏陶功能，引导大学生在艺术审美中陶冶情操，涵养品行，健康成长为担当民族复兴大任的时代新人。换言之，社会主义核心价值观有助于校园文化氛围的营造，让大学生在良好的校园环境内，接受正确的思想价值观熏陶，帮助他们树立良好的三观，优化个人意志，坚定品格素养。人们从出生到大学再到今后的社会生活，会受到各种各样文化环境的影响，耳濡目染下发展成文化传统。多元文化对大学生有利的影响表现为：文化多元化给高校价值观教育带来了机遇。思想道德源于生活，生活是思想道德实践的土壤，给大学生的生活打上了文化烙印。

人创造环境，同样，环境也塑造人。外部环境对大学生的核心价值观塑造具有至关重要的作用。环境的优劣直接决定了在社会主义核心价值观的引导下，大学生的价值观能否正确地建立。校园是培养学生思想观念、价值观的重要场所，大学生长期处于校园环境中，耳濡目染之下，自己的思想和行为都会发生变化。熏陶教育是一种润物细无声的教学，它不是强制性的灌输，必须从营造良好的无形环境着手，发挥其“春风化雨、润物无

声”的正能量。

（二）社会主义核心价值观文化育人的示范引导功能

社会主义核心价值观文化育人在社会各界具有重要的示范引导作用，国民教育、精神文化建设、文化传播、生产建设等都离不开文化育人的指引。对当代大学生积极推动中华优秀传统文化创造性转化、创新性发展，不断提高思想觉悟、道德水平、文明素养，有着积极影响。具体引导功能主要体现如下：

第一，社会主义核心价值观是先进文化的基础，代表着文化的方向，是国家和民族最持久和最深层的力量。它体现着国家和民族的文化和精神高度，承载着一个民族和国家的精神追求，代表着一个社会体系的价值标准，是国家和民族发展的根本力量。它是中国民族的精神命脉，也是中国文化永葆青春活力的重要原因，更是大学生新思想的启蒙地，是社会文化发展的模范示例。

第二，教师对学生的引导。教师是一项神圣的职业，是学生在成长道路上的引路人。教师肩负着为社会培养接班人的伟大使命。为此，教师要坚守为党育人、为国育才的初心使命，坚定服务中华民族伟大复兴的使命担当，甘当人梯、铺路石，以自己的人格魅力、用榜样的力量引导学生，以学术造诣开启学生的智慧之门。教师自身的道德素养是一种无声的教学力量，它能让学生自发信赖老师，靠近老师，并努力成为老师那样的人。

二、社会主义核心价值观的文化育人路径

（一）开展以仁爱共济、立己达人为重点的社会关怀教育

美国心理学家弗洛姆强调关怀是一种博爱。“关怀的本质是一种关系，具有呵护滋养他人的含义，是促进生命成长很重要的力量，是人类的天性，也是人际关系中的一种基础”。仁爱共济、立己达人的内在含义是以妥善处理人与人、人与自然、人与社会的关系为道德出发点和道德建设的终极目标。儒家的主要思想是“仁者爱人”，“仁”是一个完备的人应具备的最基本的道德品质，其本质就是“爱人”。而且，“仁者，人也”“泛爱众而亲人”，儒家强调仁爱首先爱亲，进而由爱亲推及非血缘之亲的众人。“己所不欲，勿施于人”，“己欲立而立人，己欲达而达人”从字面上是说自己所不欲的，莫要施于人。自己要站稳，才能扶起摔倒的人；自己要腾达，才能博施济众。两者也都体现了道德关怀。从思想道德层面来说，社会关怀更多的是人性化的体现，是指关注人的情感、需求、社会

行为等。

（二）开展以正心笃志、崇德弘毅为重点的人格修养教育

“乃学问上精密之功夫也。修以求其粹美，养以期其充足。修犹切磋琢磨，养犹涵育熏陶也”。这是《辞源》关于“修养”的解释。修养指人的综合素质、道家的修炼养性等。“人格”是指个体在对人、对事、对己等方面的社会适应中行为上的内部倾向性和心理特征。《大学》中说：“意诚而后心正，心正而后身修。”如果一个人的心正了，那么他的思维和行为都会随着心而正直起来，不会有失偏颇。《论语·子张》：“子夏曰：‘博学而笃志，切问而近思，仁在其中矣。’”笃志，坚守自己的志向，极广博地学习，又有一个追求的中心，这就叫“博学而笃志”。无论做人还是求学，都要从小立志，做到坚忍不拔，持之以恒，方能最终成功。“明礼知耻、崇德向善”，在华夏的历史长河中，有一种文化犹如一道霹雳，贯穿了中华儿女的思想；又似一种元素融入了中华儿女的血液；更似一盏明灯，点亮了中华儿女前进的方向，它是指对道德的爱。崇德也被列入大学的德育领域。“士不可以不弘毅，任重而道远”是《论语·泰伯章》中曾子说的一句话，意思是作为一个士人，一个君子，必须有宽广、坚韧的品质，因为自己责任重大，道路遥远。

由此可知，要加强对当代大学生的优秀传统文化教育，对当代青少年进行引导，使青少年从中国的传统文化中领略祖国文化的博大精深，培养民族文化的自信，树立爱国思想，为中华文化的发展做出贡献。我国优秀的传统文化，对于民族精神建设、社会发展具有较大的促进作用。而学生作为国家和民族的未来，是中华优秀传统文化的主要传承力量。在校园文化建设中融入中华优秀传统文化，对传统文化的传承和学生的培养都有深远的意义。

第二节　课堂育人路径

一、大学生社会主义核心价值观教育中第一课堂育人路径

（一）大学生社会主义核心价值观第一课堂育人的优势

1. 全面性教育

实施大学生社会主义核心价值观全面性教育，就要保障受教育者的全面性。对于每一

个特定个体而言，全面性教育都应该促进他们在各个方面的充分发展，课堂教育机制就是让所有大学生享受同等受教育的权利，当然他们在享受权利的同时也承担一定的责任和义务。然而，由于多种因素的影响，思想政治教育课程的学生上座率并不高，这还需要进一步改进。课堂教育作为知识的有效传播路径，是系统教学的主要场所，因此，必须经过充分准备、严密组织、科学实施，才能收到事半功倍的效果。

2. 主动性教育

社会主义核心价值观一直在强调课堂上教师的主导位置和学生的主体位置。大学课堂内进行社会主义核心价值观教育，应发挥学生的主动性，并与学生的互动教育相结合，要着眼于培养学生的思考力、判断力、选择力，这是课程本身发挥立德树人作用的根本体现。

（二）大学生社会主义核心价值观第一课堂育人的途径

1. 提升师资素质是关键

新时代的思政教师应“政治素质过硬、道德品德高尚、理论知识渊博、业务能力精湛、心理素质良好的先进群体，是学生健康成长的有力引导人”。① 提升教师素质是实施素质教育的关键，学生良好的素质培养首先取决于具有高素质的教师的引导和示范。教师需要具备持续学习的能力，不断更新知识结构，丰富知识储备，尤其是针对政治学习，不能满足于现有的知识和认识，要通过不断的深入学习，使自己的认识可以适应岗位需求和发展的要求，对自身所教的理论“诚教之，笃信之，躬行之”。如果教授马克思主义理论的教师自己不坚信马克思主义，那么怎能让学生信服马克思主义？所以，强化教师队伍的建设重点便是让教师从根本上接受马克思主义，并做到言行一致。此外，教师自身思想品德素质的提升也非常重要，正所谓修身立品，行动反思学习，正人先正己，教师必须以高尚的师德做学生的楷模，只有不断地学习，才能提高教师的教育教学理论水平和专业知识水平，通过言传身教的方式带动学生自主学习。教师要发挥模范带头的作用，树立积极的形象，鼓励学生养成正确的价值观。

2. 激发大学生的兴趣是必要环节

从个体方面来说，一个人的自我意识里包含了道德、信念和自我认知。心理学家认为，个人意识的薄弱，从某种意义上决定了自身的发展，进而决定了个人综合水平的提

① 涂畅. 新时代高校思政课教师素质提升路径探析［J］. 理论观察，2020（12）：158-161.

升。要想提升大学生社会主义核心价值观，必须树立以受教育者为中心的观念，满足学生的教育需求，在课堂中真正将学生放置在主体位置，引导学生自主探索、研究并进行课外实践。教育模式上不断更新现有的教学方法，引入先进的教学理念，在备课时设计学生学习的兴趣点，以这个兴趣点导入课堂，向他们展示一个具有吸引力的求知世界，鼓励学生质疑求新，培养学生的创造思维，激发学生的学习动力，注重大学生的自我教育能力，只有这样才会获得理想的教育效果。

二、大学生社会主义核心价值观教育中第二课堂育人路径

（一）大学生社会主义核心价值观第二课堂育人的优势

1. 有利于培育大学生爱国主义精神

社会主义核心价值观教育的重要内容是爱国主义，并且，爱国主义也是中华民族的优秀传统。作为提高全民族整体素质的基础性工程，爱国主义可以引导青少年大学生树立正确的信念、价值观、理想和人生观，能够引导青少年大学生在了解祖国、热爱祖国的基础上树立报国的志向、学习报国的才能和践行报国的意志。目前，高校的爱国主义教育主要以传统的授课方式教育学生，并没有将爱国主义真实“落地”，在这种情况下，爱国主义更多的是假大空、高不可攀的标语和口号。虽然，这种死板、传统的教育方式在短时间内可以把相关的内容传达给学生，但是最终很容易造成学生对爱国主义教育产生逆反心理和厌烦情绪，无法达到真实的教学效果。相较于传统的教学方式，第二课堂教育的形式多种多样，教学内容充实丰富，能生动形象地表现事物，产生强烈的刺激，由此激发学生的爱国情怀。大学生对事物的认识通常是由近及远、由感性到理性、由具体到抽象的。节日的欢庆盛况、山河的壮丽以及家乡的美好建设都能激发他们的爱国情意。

2. 有利于培育大学生敬业精神

“作为社会主义核心价值观中的重要范畴之一，敬业具有时代性和继承性的统一，具有普遍性与行业性的统一，对于今天有着重要的价值和现实启示。敬业精神的发生需要认知与认同共同作用，精神和物质共同驱动，舆论和示范相互结合，道德和法治相互制约，把握敬业发生的机制和过程，有助于敬业精神‘内化于心，外化于行’”①。敬业精神又

① 冉欣，刘建武. 敬业精神的内涵与发生机制［J］. 中北大学学报（社会科学版），2019，35（05）：122-125+132.

包括乐业爱业精神、奉献勤业精神和创新敬业精神。敬业需要公民敬重和热爱自己的工作，并将这种敬业转化成工作的不竭动力，热爱自己的生活、集体、社会和国家。对于高等学校来说，培养大学生的敬业精神是一项非常重要的任务，并且，敬业精神也是社会主义核心价值观教育的重要组成内容。对于大学生来说，敬业就是敬爱学业、敬爱正在做的事情、敬爱未来的事物。第二课堂教育的特点鲜明，有利于大学生学习敬业精神。

（二）大学生社会主义核心价值观第二课堂育人的途径

1. 科学设计第二课堂内容体系

第二课堂需要进行整体经营和设计，因为第二课堂是培养大学生综合素质的重要载体，是高校培养人才的重要组成成分。第二课堂教育需要结合社会主义核心价值观的内涵，在建设第二课堂教育体系的过程中，应该根据保障体系、评价体系和内容体系建设以学校为统筹、以学生为主体、以专业为载体、以院系为中心的教育体系。

对于青少年大学生来说，大学阶段是培养学生思想观念和道德观念的重要阶段。思想道德修养的基础是思想道德建设，重点是爱国主义教育，核心是理想信念教育。第二课堂活动的优势是可以贴近学生、贴近生活、贴近实际，除此之外，第二课堂活动还可以培养学生的思想素质、政治信仰、敬业精神和道德修养。第二课堂活动主要包括关于“中国梦”的党团组织活动、业余党校团校活动、报告形势政策以及主题教育活动等，通过这一系列的活动，可以引导学生形成正确的价值观念，并将学到的理论知识转化为实际行动。对于各大高校来说，应该积极充分地发挥高校的人才优势和智力优势，将学生的社会实践活动与专业学习、创新创业充分结合，可以组织学生积极参与“三下乡”的志愿活动，让大学生能够在社会实践活动中长才干、做贡献和受教育，不断牢固大学生的社会主义核心价值观。

保障大学生健康成长成才的重要依据是促进大学生身心和谐发展，培养学生良好的人文素养和审美情趣的重要载体是文艺活动。高校应该加强大学生的文化素养教育，组织开展丰富多彩的比赛和活动，比如文艺演出、体育竞赛、心理辅导等有利于大学生身心健康的活动。在文化教育活动中，将美育、德育、智育和体育有机整合，不断弘扬高雅的文学艺术，由此提高青少年大学生的审美素质。在教育活动中，应该引导学生将社会主义社会价值观付诸实践。高校第二课堂的重要组成部分是社团活动，社团活动可以实现大学生的自我管理、自我教育和自我服务。学校的社团活动应该从学校的全局出发，明确第二课堂的属性和社团活动的定位，着重挖掘学生的内在潜能和提高学生的综合素质，激励大学生

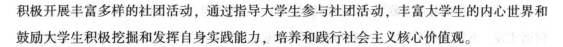

积极开展丰富多样的社团活动，通过指导大学生参与社团活动，丰富大学生的内心世界和鼓励大学生积极挖掘和发挥自身实践能力，培养和践行社会主义核心价值观。

2. 拓展延伸第二课堂教育空间

第一，积极争取社会的大力支持。在地方组织领导的支持下，可以为大学生开展第二课堂教育活动提供更多的社会教育资源。

第二，开拓校外教育活动基地。充分挖掘爱国主义教育资源，积极开辟校外的第二课堂活动基地。第二课堂主要的开展形式多以活动为主，组织开展活动最重要的就是场地的选择。在每个高校都有很多可以使用的爱国主义教育资源，这些资源大多是与学校联动的，能够为开展爱国主义教育提供便利，这些资源具有距离近、花费的时间成本和金钱成本低、人际关系熟等独特的优势。

第三节 实践育人路径

一、大学生社会主义核心价值观教育中实践育人遵循的基本原则

（一）目标性原则

目标的本质意思是射击、攻击、寻求对象，现在多指个体、组织在固定的时间内所达到的预期。高校实践的育人活动目标指在现代教育理念的指引下，根据学生的发展规律和教育规律，由教师进行指导，指导学生积极参与实践活动，在参与实践的过程中不断提高自身的综合素养和促进自身的全面发展。目标的设定可以为实践活动指明方向、树立旗帜，高校的实践育人活动在组织和设置的过程中应该坚持目标性原则，紧紧围绕实践育人的总目标，明确实践活动的形式和内容，并将总目标拆分成不同的分目标，高效有序地开展实践活动。

（二）主体性原则

学生在传统的教育模式中，基本处于被动接受知识的状态。实践育人教育观与之完全不同，实践育人教育观注重培养学生主动、积极参与实践活动的兴趣，学生是实践活动的主体，学生可以在实践活动中不断完善自我、发展自我和教育自我，教师在实践活动中处

于指导地位。组织开展实践活动的目的就是帮助、引导学生获得知识和进一步将理论知识付诸实践。不管是在实践活动中获得理论知识还是利用理论知识支撑实践，都需要激发学生参与实践活动的积极性，都需要发挥学生的主观能动性。其原因在于不同的主体对事物的认知和理解不同，需要个体形成属于自己独有的认知架构，在构建这个认知架构的过程中，需要不断发挥个体的主体性。所以，在实践活动中，主体性原则的意义重大。

二、大学生社会主义核心价值观教育中实践育人的根本途径

主体与社会存在必然联系，主体离不开社会，在形成核心价值观的过程中，主体都会在接受自身已有的核心价值观的基础上，结合自身实践不断完善和形成自己的价值观。实践的过程就是建立核心价值观的过程。所以，对于形成大学生的核心价值观来说，最重要的就是实践育人。

（一）实践使大学生理想与现实、理论与实践得到统一

第一，积极调动主体的自觉性和自主性。在进行实践教育的过程中，教师应该引导学生参与有意义的实践活动，帮助和引导学生构建适合学生自身的核心价值观，不断提高学生的内在品质，除此之外，教师还应该拓宽学生参与实践的途径，把践行社会主义核心价值观付诸实践。实践教育的形式也属于学生的自我教育，实践教育活动的开展离不开学生的自主性。大学生对实践教育的认知程度和自觉性等，直接影响大学生践行社会主义核心价值观的实效性。

第二，提高学生主动参与实践的目的性。实践活动的有效开展除了受学校的影响以外，也会受到家庭和社会诸多因素的影响，在具体实践的过程中，他们很有可能会遇到挫折和困难。因为社会实践并不具备自发性，所以，教师应该发挥好主导作用，突出强调实践活动的目的性，设计和控制好实践活动，并且，针对不同的人群，教师应该根据个体的实践需求制定不同的实践目标，进而更好地发挥实践教育的效果。学生作为活动的主体，应该正确认识和实践教育活动，有选择地参与实践活动，实现实践活动的目的。

（二）打造专业实践平台，注重大学生能力培养

大学生除了不断学习理论知识之外，还需要不断提高自身的专业实践能力，因此，高校应该开展多种多样的专业实践活动，为学生打造一个专业的实践平台，以此增强学生的专业实践能力。专业平台的打造势必离不开学生的专业能力，高校实践活动的设置应该注

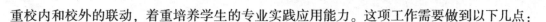

重校内和校外的联动，着重培养学生的专业实践应用能力。这项工作需要做到以下几点：

一是在增强学生专业实践能力的基础上，设置勤工助学岗位。勤工助学可以加强学生的劳动技能训练和劳动观点教育，不断提高教育的质量，培养全面发展的新一代社会主义建设者和接班人，并且，勤工助学还能促进教育改革，有助于发展我国的教育事业。因此，勤工助学岗位的设置主要是为了服务教学，并坚持育人为本的教学理念。勤工助学一定要立足于专业实践，例如，可以有针对性地设置具有专业性、技术性、服务性的岗位，进而更加有效地提升学生的实践能力。

二是建立以专业为基础的公益性社团。建设具有公益性和专业性的社团可以让公益实践活动更具有针对性和有效性。为了更好地彰显社团的有效作用，应该加强与其他高校社团的联动，取长补短，促进本校公益社团活动的有效发展，还应该加强和社会公益社团的连接，不断完善本校公益社团活动的内容和形式，不断促进社团的长期、有效发展。

第六章 高校思政教育队伍创新建设

第一节 高校思政教育队伍建设意义与强化

一、高校思政教育队伍建设的意义

（一）增强思想政治理论课的实效性

其一，合理利用课堂时间。教师应顺应时代、与时俱进，改变陈旧的教学观念，提升创新教学理念，合理利用思想政治学科的课堂时间，将非双向输出教学模式转为互动沟通的教学模式，激发课堂活力、增加创造性教学活动、提升现有课堂时间效率。这种讨论分析式教学课程较传统教师为主学生为辅的“灌输式”教学方式更具引导性，不仅拉近了师生间的距离，还提升了学生自主选择的能力，锻炼了学生的辨识能力。这种教育模式帮助学生树立了正确的“三观”，同时在提升学生能力的同时，进一步完成了思想政治教育任务，这无疑给学科教师提出了更高要求。这种现代化教育方式不仅可以引导学生更积极地主动掌握理论知识，还可以提升思想政治教育课堂的活跃度和魅力，将思想政治教育在社会中的作用发挥到极致。

其二，丰富课外活动方式。一方面，教师应当重视思想政治教育学科与其他学科知识间的连接，可将思想政治教育向其他课程渗透；另一方面，教师应注重学校的整体文化氛围构建，适时把思想政治教育逐渐引向第二课堂，润物细无声地将思想政治理论渗透于大学生的头脑中。由此可见，丰富教育手段，从而利用多元化方式达到思想政治教育目的是必要的、迫切的。教师可通过增加思想政治理论教育的课外活动方式，达到为学生创造良好教学气氛、丰富教学手段的目的。

（二）完成思想政治理论课的新任务与要求

对年轻一代思维、生活及学习状况等的掌握，是目前最为急切的工作。

其一，在进一步强化马克思主义理论系统化指导的同时，加强思想政治指导，为学生树立正确的世界观、人生观、价值观做充分的准备。

其二，教导学生学会利用法律武器来保护自身的合法权益，构建社会主义以人为本、依法行事的正确理念，主动履行法律规定的各个公民的义务。

其三，引导和促进学生在研究、了解、掌握马克思主义基础理论、原则和方式的同时，利用其分析、探究、解决各类实际问题。

其四，为了使学生具备崇高社会主义品格和文明素养，教师应教导和帮助学生确立良好学习目标、形成优良学习习惯，最终成为严谨谦逊、勤奋努力、言而有信、表里如一、自觉互助的优秀人才。

通过多元化平台和多样性方式的有效结合，高校思想政治课程为学生学习思想政治教育提供了基础保障。重视和提高思想政治教育队伍建设质量和结构模式不仅可以助力校方思想政治教育基础工作的开展，还利于学生茁壮成长。与此同时，对构建社会主义精神水平发展、社会主义物质保障，以及政治理论进步，都起着十分巨大的作用。

二、高校思政教育队伍建设的强化

（一）教师思想政治教育工作的改进

其一，坚持以人为本原则。对人尊重是以人为本的核心，思想政治教育坚持以人为本原则，是实现思想政治教育价值的最高境界，同时又充分体现了人的价值。相关工作人员应将以人为本的原则贯穿于整个思想政治教育工作以及实践中，在解决教师思想、工作、生活等方面实际问题的同时，加强调动教师积极性和创造性，使其充分发挥主观能动性，最大限度地促进和提高教师思想政治教育工作的效率。

其二，坚持实事求是原则。教师思想政治教育工作的主要方针和政策应当是正确疏导、说服教育、以理服人。任何思想工作都要建立在事实之上，如果忽略了事实，就会对思想政治教育工作带来负面影响，致使工作无法落到实处，思政教育的效果也不会太好。此外，高校思想教育工作的展开，一方面要重视国内的思想政治教育工作要与国外的文化、经济、政策相接壤，另一方面还要与学校的改革和发展需求相协调。重视教职工，关注教职工的日常工作和生活等，从而增强其工作效率，以及思想政治教育课程内容的说服力。

其三，与业务工作相结合。从某种层面上来看，思想政治教育工作和业务二者是相互联系的，辩证统一提高了思想政治素养，明确了前进的方向和动力。两者间进行有机结合，既可以激发和提升思想政治教育工作的效用，又可以使思想政治教育工作焕发新的活力。

（二）高校思政教育中教师面临的挑战与解决途径

1. 高校思想政治教师面临的挑战

（1）随着时代的发展，社会的飞速进步，大学生思想政治教育教学在方式、方法等方面已不能满足现实发展的需求。据相关调查显示，目前思想政治教育知识的传授还处于教师为主、学生为辅的灌输式教学方法阶段。但不难发现，近些年网络信息时代的快速崛起和发展，使该教学方式存在的问题越发凸显，已与当代人才培养需求脱轨。

其一，教育队伍老龄化程度增加。随着科技的进步，技术的革新，社会加快了前进的脚步。青年是人一生中精力、体力、创造力最为充沛的阶段，他们渐渐步入社会，并获得社会的认可，促进了社会各方面的革新进程，使原有的社会结构发生了变化，甚至得到了重塑。但大学生思想政治教育队伍中年轻教师的占比是少之又少，已出现了老龄化问题，且其整体业务水平也相对有限，是思想政治教育工作面临的一大挑战。

其二，教育队伍忽视了梯队的继承与创新。目前，思想和方法上的创新性成为建设国内大学思想政治教育队伍的新特征，特别是在青年教师思想政治教育队伍建设的过程中，大量新元素融入其中。这就需要调节好传承和创新二者间的关系，去其糟粕取其精华，相辅相成。如果完全依靠传承而缺乏创新，那么教育工作就不能很好地适应时代的发展和需求，从而停滞不前；如果摒弃传承，那么创新便缺乏了依据性。

（2）部分高校政治学习效果有待提高。目前国内高校虽对思想政治教育工作者的思政学习提供了一切可提供的条件，提高了对其关注度，但最终的效果甚微。经调查研究发现，造成该结果的原因主要有以下三个方面：

其一，部分高校没有跟上时代发展的步伐，仍旧采用传统、单一模式的学习方法，这在一定程度上限制了学生在学习方面的积极性和主动性。

其二，媒体传播基于互联网技术的进步和信息化应用的普及，在一定程度上实现了从传统媒体到自媒体的跨越式发展。但大部分高校的学习内容跟不上媒体传播的速度，导致新鲜感缺失，打击了学生学习的积极性和热情。

其三，由于个别原因所致，近些年高校之间的合并在逐步增多，这种现象除了致使校区较为分散，且使得教师的授课任务和压力加重外，还无法形成统一性。

2. **高校思政教育工作问题的有效解决**

为了使高校青年教师的理论水平和实践经验在现有基础上得到较好的提高，理论和实践的充分结合是必要的。如高校可定期组织青年教师去革命圣地参观和学习改革开放前沿阵地的经验和方法，组织青年教师开展或参加一些扶贫、支教等活动，这些活动有助于提升青年教师的品质和意志，有利于树立远大理想。

（1）政治理论的学习帮助高校青年教师树立正确的人生观、价值观、世界观，是形成青年教师理想、信念、立场的主要因素。不仅如此，政治理论教育还有利于端正教学工作态度，对于青年教师的意义十分重大。青年教师思想政治理论水平和觉悟的提高，离不开理论灌输和实践锻炼的完美结合。

（2）校园文化建设，有助于青年教师身心的健康发展。通过开展丰富多彩的活动，深化校园文化对青年教师的影响。学校应当加强校园文化凝聚力、导向性、激励性，为提升青年教师整体修养创造积极向上的良好氛围、环境。此外，学校可根据自身情况，定期举办一些校园活动，如校园教师运动会、趣味教师健身活动、教师文明岗活动、教师创意作品展等，鼓励、引导青年教师积极参与其中，并将思想政治工作加以渗透，助力教师思想政治教育工作的顺利完成。

第二节　高校思政教育工作者的媒介素养建设

媒介素养是传统听、说、读、写能力的延伸，是一个全新的素质概念。随着互联网技术的迅猛发展，现代人需要在复杂的传播环境中学习和具备媒介素养能力。“既量度着其对媒介所裹挟的内容的理解认知与信任倾向，也反映了对信息符号背后所蕴含价值观的甄别能力和认同意识”①。“媒介化”发展也顺势成为思想政治教育工作的新要求。当网络先进设备引入大学生理想信念教育时，高校思想政治教育工作者应主动面对新形势下的新挑

① 王学俭，靳海龙. 大数据时代大学生媒介素养提升研究［J］. 思想政治教育研究，2020，36（06）：142-146.

战，充分承担起“舆论领袖”的角色，重视媒介素养的提升，将网络技术适宜地运用到教育工作中，进而开拓思想政治教育工作新局面。

一、网络媒介认知能力

“网络媒介是发展新型城镇化的重要工具。”① 人类大脑通过网络媒介形成一些事物，而后将这些事物进行信息加工、处理，这个能力就是网络媒介认知能力。认识和了解网络媒介的本质、构成、发展内驱力及规律等，都属于网络媒介认知能力所涉及的范畴。网络媒介认知能力较强一些的还包括在对网络媒介基本认识的基础上，具有对其信息加工和处理的素质结构。当代思想政治教育者不仅要对手机、电脑、混合式网络媒介的本质有所认知，还需要了解其发展内驱力以及结构规律等，且具备处理和加工以上信息的能力。

二、网络媒介使用能力

非双向媒介使用能力和媒介互动使用能力，是当代思想政治教育者必须具备的两个能力。人们通过对网络媒介的合理使用而更好地作用和服务于自身及社会的发展的素养，就是网络媒介使用能力。媒介使用能力包括以个体已有媒介素养为基础，向“媒介信息”进行单方面解读、筛选和接收过程中形成的媒介使用能力，即单向接受信息的能力，单向媒介使用能力主要包括如对电视、书籍、电影、报刊等传统媒介的使用。当然，媒介互动使用能力也是网络媒介使用能力。基于互联网的新型立体媒介形成的素质结构构成了媒介互动使用能力。

三、网络媒介创造能力

对网络媒介内容进行技术上的处理或变革就是网络媒介创造力。此外，对网络媒介本身进行革新和创造的能力也是网络媒介创造能力。

随着科技与信息技术的快速发展，媒介融合趋势愈发显著，信息对象也有了更为广泛的采集面，不仅在文本、图像的制作中植入了新元素，还尝试用多种新型制作方式制作音频、动画、视频等。思想政治教育者也在不断学习和深造过程中，不可能将所有新型技术都运用自如。因此，不光是思想政治教育者个体的创新，思想政治教育者群体的创新也应被列入网络思想政治教育工作流程的创新内容中去。如在策划、整理编辑相关思政教育内

① 张苏秋. 网络媒介、文化共同体与新型城镇化 [J]. 思想战线，2021，47 (05)：102-109.

容、网站文案时，可以将掌握不同技能的思想政治教育者共同完成，大家各司其职，发挥自身具备的技术优势。

第三节　高校思政教育工作者的心理素质建设

一、良好的认知能力

思想政治教育工作者应当具备较好的记忆力、观察力、分析研究能力、想象力以及创造力，其中，较强的分析能力、创造力和观察能力更是占据重要位置。此外，良好的心理素质也是从事思想政治教育工作者应当具备的基本品质。

（一）敏锐的观察力

人的思想是摸不着看不见的，需要通过各种现象表现出来。而思想政治教育工作又是做人的思想工作，因此思想政治教育者只能通过观察其工作对象的现象，来进一步强化思想教育工作的预见性、主动性、针对性，以此来达到提高思想教育的理想效果。思想政治教育工作的性质决定了思想政治教育者必须具备敏锐的观察力。

善闻其言、善观其行、善察其情是思想政治教育者敏锐观察能力的三个主要表现方面。这便意味着思想政治教育者要善于从自己工作对象的言谈话语中发现他们的思想倾向，从行为的积极消极中发现他们对某一事物的态度，从主动被动以及喜、怒、哀、乐的情绪表现中了解他们心理活动的特点。此外，对教育对象直接观或间接观察能力也属于敏锐观察力的范畴，它是一种了解教育对象思想、个性、学习、工作乃至生活等方面情况的有效手段。

（二）一定的创造力

创造力是人类特有的一种综合性本能，即人类在较强分析和敏锐观察力基础上，对某一事物发挥想象力并实施创造性活动。思想政治教育者需要具备一定的创造力，在当今的时代背景下，开展社会主义现代化建设，需要创新型人才，对社会主义建设提供新的原动力。如何在新形势下强化社会主义精神文明建设，如何在新形势下提高思想政治教育工作效果，如何在新形势下强化和改进思想政治教育，这些问题都需要思想政治教育工作者不断学习、探究、实践、创新来解决。

二、良好的情绪情感

思想政治教育工作者需要具备稳定的情绪状态、较高的情绪素养、高尚的情感情操，特别是在从事思想政治教育的整个教学过程中。愉快、稳定的心境，与意志、理智互为联系的激情和适度的应激是良好情绪状态的主要表现。当一个人具有稳定且愉快的心境时，就会表现得朝气蓬勃、振奋快乐，即使遇到再大的困难，也会积极面对，乐观从容；当一个人没有稳定且愉快的心境，而是被颓废的悲观情绪所摆布，便会感到工作枯燥乏味，从而降低其学习和工作效率。

激情也是良好情绪情感中的一个重要因素，它可以激励人们克服困难、攀登高峰，是正确行动的助力器。当有机体活动受到消极激情抑制时，人的自制力就会迅速降低。人的应激既有积极作用，也有消极作用。有机体在一般应激作用下不仅会产生排险技能、特殊防御，还能激化活动使精力旺盛，此时人的思维清晰，动作敏捷，可以及时摆脱困境化险为夷。但事物往往都具有多面性，由于人的身体在长期强烈应激的刺激下会产生持续性兴奋反映，所以应让应激处于平衡状态。

真实的自信、保持适度焦虑、热情乐观也是思想政治教育者良好情绪的表现。自信是良好情绪状态的内驱力，助力了热情乐观情绪的产生；热情乐观直观地反映了情绪的良好状态；人在适度的焦虑状态下可较好地完成各项紧张又复杂的工作，在一定程度上提高了人的活动效率，这对思想政治教育者是十分重要的。

第七章 高校思政教育创新体系

第一节 教学人才体系创新

一、"互联网+"时代加强思政课教师提升的重要性

（一）"互联网+"时代思政课师资队伍存在的问题和面临的挑战

1. "互联网+"时代思政课教师权威受到影响和挑战

在过去，信息技术不发达的情况下，人们能够获得的信息是有限的，在这种情况下，教师掌握了很多理论知识，并且拥有教学经验，所以，教师承担起了规范学生道德、培养学生正确价值观的责任。在传统的教育过程当中，思想政治教育者掌握了思想教育资源的选择权，学生在接触不到更多信息的情况下，只能接受教师传递的理论，因为思想教育工作者掌握了信息的选择权，所以他们可以对学生了解到的信息进行严格的筛选，保证学生接触到的都是正确的科学的理论，这样的教育方式使得主流文化一直占据统治地位。但是，在新媒体普及的情况下，大学生可以借助于新媒体去获取他们需要的信息或者接受新媒体给他们推荐的信息，这导致思想教育工作者不再占据信息掌握的优势地位，而且思政课教师和大学生之间没有进行深层次的交流，教师和学生之间的兴趣可能是不一致的，思想也可能存在代沟。在这样的情况下，思政课教师与学生进行的沟通就可能面临障碍。对于大学生来讲，信息的获取渠道变得丰富，再加上他们对信息的较强接受力，所以，他们认为思政课的教育方式明显不适合其当前的需求。而且，有一些学生认为教师已经不具有掌握优势信息的绝对地位，所以，他们可能会对教师传授的理念或知识产生怀疑，这使思政课教师面临着巨大的权威性挑战。

2. 互联网时代思政课教师传统教学手段和方法受到挑战

教学属于科学也属于艺术，思政课教师除了在课堂中进行社会主义主流意识形态的宣

传、相关理论知识的阐释之外，也要关注学生对理论的接受程度、理解程度。思政课教师应该了解大学生当下的思想，然后使用艺术性的、针对性的方法去引导他们的思想发展，这种引导要求思政课教师使用有效且适合学生的教学手段、教学方法。在互联网快速发展的情况下，教师完全可以借助网络的优势，充分发挥网络的作用，让网络成为思政课教学可以使用的一种新途径、新方式。但是，实际情况是只有很少的高校教师能够充分发挥微课、慕课的教学作用，大部分教师很难掌握网络课程的教学模式，很难在教学中实际应用网络教学模式，并且有一些教师缺乏指导学生运用互联网进行学习的能力和经验，所以，从当下的情况来看，思政课教师的素质和当下时代的发展需求出现了不适应的矛盾，为了解决这一矛盾，思政课教学模式教学方法必须进行创新。

（二）互联网时代思政课教师信息技术能力有待提升

互联网时代，思政课教师除了失去之前的优势地位之外，还同时欠缺利用新技术处理新信息的能力。

1. 缺乏收集、分析和利用有效信息的意识

步入互联网+时代之后，社会上出现了很多信息和数据，信息和数据的爆炸式出现让思政课教师不知所措，他们不知道如何精准地选取适合学生的信息，这一现象反映的是思政课教师没有形成发现问题的意识，对教学中的问题没有足够的重视，没有经常进行教学反思。对于思政课教师来讲，授课中应该及时关注学生的课堂表现，关注学生对教学内容的反应，如果教师发现学生对内容不感兴趣，没有足够的关注和投入，那么教师就应该深入了解学生兴趣，选择更适合学生学习的方式。只有教学内容适合学生需要，教学才能和学生进行深入的互动，教师应该深入了解学生的喜好、需求、兴趣，这样才能针对性地引导他们思想的发展。

2. 欠缺收集、分析和利用有效信息的能力

目前，大部分的高校思政课教师都能够使用互联网搜索信息、制作课件、制作学习材料，他们也能够使用新媒体和学生进行交流和沟通，但是，教师普遍缺乏对网络平台信息的进一步利用的能力，没有形成继续深层次利用网络信息的意识。如果思政课教师能够利用电子邮件、微信等方式对学生的思想动态进行深层次的分析，了解学生内心深处的价值取向、思想认知，那么思政课课堂教学效果将会有更大的提升，教师将可以更有针对性地设计课堂内容。但是，从目前的教学来看，很多教师都没有达到这一水平，没有注重到深层次分析的重要性。

二、“互联网+”时代创新思政课教师提升体系的重要途径

（一）教师自我教育、全面提升

1. 积极打造网络平台，注重与学生交流互动

学生是否喜爱思政课课程会受到教师本人魅力的影响。思政课教师在教学的过程中除了要让学生了解到专业的思政课知识理论之外，也要传授给学生解决问题的能力，让学生可以利用理论知识处理生活问题，除此之外还要尊重学生的主体人格，尊重学生的情感，真正的关怀学生、爱护学生。这样，思政课教师才能得到学生真正的认可与喜爱，才能真正变成学生成长过程当中的良师益友。思政课教师想要真正获得学生的认同，需要和学生平等的进行交流和沟通，给予学生尊重，给予学生人文关怀。在互联网+时代，思政课教师可以借助于互联网新媒体和学生进行更深层次的互动，进行更多的情感交流，也就是说，思政课教师可以利用互联网增进自己和学生之间的友谊。

2. 着力信息技术培训，提高思政课教师队伍利用“互联网+”技术的能力

互联网+时代，思政课教师需要掌握网络技术的运用方法，需要利用网络技术去处理信息、分析信息。目前，思政课教师这方面的能力相对欠缺，所以，应该针对思政课教师进行互联网技术方面的培训，这样才能让思政课教师尽快掌握互联网技术的使用能力。培训可以让思政课教师充分利用互联网当中的信息资源，以此实现教学的更好开展。除此之外，通过培训，思政课教师可以掌握数据处理能力、数据加工能力，对信息和数据的处理可以让思政课教师进行更深层次的认知，有助于思政课教师的创新，也有助于数据发挥出更多的价值。当思政课教师在自己的教学实践当中应用大量信用的数据、为学生提供大量新的知识、新的信息的时候，思政课教师自身的教学魅力会有极大的提升，教学效果也会出现鲜明的变化。

（二）高校的科学管理、机制创新

1. 学校要加强对思政课教师的重视

学校应该重视思政课，避免思政课课程的边缘化。学校领导应该严格根据教育相关文件当中的要求加强学校思政课的开展力度，重视思政课的建设，加强对思政课教师的培养，贯彻落实教育文件当中的相关要求。

2. 完善高校思政课教师的选拔、培养制度

第一，遵照中央规定进行思政课教师的选拔，选拔过程中应该严格考察教师的政治素养、知识素养以及道德素养水平，这样高校才能构建出优质的思政课教师队伍，才能保证思政课课程的教学质量。

第二，为思政课教师的后续提升创造条件，为思政课教师提供社会实践机会、学术交流机会、学术考察机会，让思政课教师对国情、世情有更深层次的了解，让思政课教师不断地吸收新知识、了解新事物。

3. 完善绩效考核，健全评价体系

思政课教师和其他课程的教师是存在本质的不同的，所以，思政课教师的考察方式也应该有所不同，在考察思政课教师的教学时，应该综合考察教学过程、教学效果、科研效果以及教师自身的师德建设情况。除此之外，在职称评定评优等方面也必须要重视思政课教师，要在一定的程度上进行政策倾斜，鼓励青年思政课教师积极主动地开展思政工作。

第二节 教学设计体系创新

一、“互联网+”时代思政课创新的重要性和必要性

（一）互联网时代思政课创新的重要性

高校进行马克思主义理论的宣传和教育主要是借助与思想政治理论课作为教育阵地、教育途径，思想政治理论课程是高校的必修课程，该课程的教育任务是让大学生形成正确的人生观念、世界观念以及价值观念，让大学生掌握对问题进行正确分析、正确思考、正确解决的能力。总的来看，思政课和其他的专业课程存在教学目的和教学特征方面的差异，思政课是为了让大学生的思想得到改造，是为了让大学生的思想问题得到处理。所以，思政课更加关注教学的实效性，但是，分析目前的思政课课程可以发现，思政课课程使用的教学方式单一，学生对课程兴趣不高，这些问题的处理需要借助于教学模式的创新。教师应该在教学当中使用新的教学手段，与此同时，教师还应该结合社会热点、生活实际让书本当中的知识可以真正地应用在现实生活中，这样才能引起学生的关注，才能引导学生将知识应用在实际生活中。

（二）“互联网+”高校思政课创新的必要性

1. 有助于改善课堂形式单一的教育模式

对思政课教学来讲，学生是思政课学习的主体，所以，思政课课程的开展必须考虑学生提出的学习需求，必须考虑学生的个性化发展目标，在此基础上为学生提供适合他们的针对性较强的学习方案。在互联网的背景下，思政课教师完全可以利用互联网网络当中提供的资源为教学的开展提供更多的资源支持，让课程变得更加生动。在互联网资源的支持下，知识的单方向灌输也能变成师生之间的交流互动，这有助于学生对知识的更好吸收，有助于思政课教学效果的提升，资源的灵活、生动、学习的个性化、学习的自由更容易推动学生了解思想政治理论，更容易让学生把马克思主义理论当成自己的人生信仰。

2. 有助于改变课堂知识的单向传递灌输

互联网+时代到来之后，思政课教师不会再继续对知识的传播进行管理，其角色已经发生了变化，思政课教师开始引导学生的学习，为学生创设愉快和谐的课堂氛围，充分保证学生主体性的发挥。在互联网+时代下，思政课教师要选择能够充分调动学生主动性的资源，要选择有助于学生思维成长、能力养成的资源，这样学生才能掌握问题的处理能力，才可能独立自主地处理问题。

二、“互联网+”高校思政课教学创新的方法和途径

（一）“互联网+”高校思政课教学创新的方法

1. 课堂+网络教学创新

（1）微课。微课指的是教师为了教学某一个知识点或者某一个技能而使用的教学模式，这种教学模式的特点是教学目标明确，教学时间比较多，教学的针对性非常强。“微课中的课，可以理解为讲课，也可以理解为课程，所以微课又称微课程。”① 微课包括很多教学资源，其中最重要的是课堂教学视频资源。除此之外，还有一些辅助性的资源，如与教学视频内容主题相符合的教学设计、测试题、教学课件。这些教学资源按照固定的组织方式可以呈现给学生，可以共同为学生创造一个主题明确的知识学习环境。从微课的这

① 孟祥增，刘瑞梅，王广新. 微课设计与制作的理论与实践 [J]. 远程教育杂志，2014，32（06）：24-32.

一特点来看，微课和普通的传统课堂中使用的资源是不同的，它依托于传统教学中使用的资源，但是在此基础上又结合了它自身的特点，所以说，可以把微课理解成是教学发展过程中创造出来的全新形式的教学资源。分析微课的形式特征可以发现，微课的课时相对较短，但是内容非常精准，其内容和整个教学单元的主题相吻合，内容针对性非常强，视频中的内容主体十分突出。与此同时，微课还可以借助于网络实现跨越时间、跨越地域限制的教学，它的出现打破了传统教学的限制，让学生可以在课堂之外使用电脑、手机或者其他的媒体设备进行自由学习，在这种学习模式当中，优质的教学资源也实现了充分的共享。

思政课教学也可以引入微课教学模式，这种教学模式的引入需要解决两个问题：首先，微课课程的制作水平、制作质量需要提升，因为高校思想政治课程的教师目前依旧存在互联网技术水平较低的问题，所以，如果引入了微课教学模式，则需要提升他们的互联网技术使用水平，否则微课课程质量很难有所保证，也很难在思政课教学中真正发挥作用。其次，教师在拥有了一定的网络技术之后，需要根据思政课教学中学生的需要、教学的需求对微课展开一定的创新，微课教学课程中的内容应该是结合当下时代热点、能够针对性满足学生需要的内容，这样的课程才是有实际意义的，才是指导学生更好解决生活问题的课程。

（2）慕课。慕课指的是大范围、大规模地为学生提供在线的开放课程。这种教学模式目前比较流行，它充分体现了网络教育的优势，它可以从更多角度为学生提供满足他们需要的课程，而且这种教学模式使用了全新的教学理念，它为学生提供了大量且优质的课程资源，让学生有了新的课程学习方式，它的出现在一定程度上推动了思想政治教育课程的创新与改革。

2. 实践教学创新

思政课课程中很大一部分是实践教学，实践教学可以让学生对理论知识的理解更深入，可以让学生从更深的层次去认识理论知识，并且学生的实践能力会有一定的提升，思政课需要把实践教学当成提升学生创新能力的有效途径。分析思政课实践教学使用的活动载体，可以发现主要有两种：

第一，微作品。它也是互联网+时代的经典产物，它的创作需要借助于计算机。借助于互联网技术，微作品通常情况下是视频短篇的形式，制作相对容易，不需要进行过于复杂的操作，也不需要花费较大的成本，而且主题表现非常鲜明，能够传达出比较深刻的思想含义。目前思政课实践教学已经和微作品进行了融合了，借助于这样的载体，思政课教学效果有了明显的提高，借助于这种形式，大学生对于思政课课程当中的内容也有了进一步的理解和吸收，他们可以在实践活动当中更好地运用理论知识，这极大地促进了他们对思想理论的认知，加深了对思想理论的理解。

（2）微实践。它指的是大学生进行的时间较短、形式相对简单但是内容主旨非常鲜明的实践活动，它和传统的实践活动存在差别，微实践活动可以在活动开始之前、活动开始过程中以及活动结束之后借助于网站或者其他的新媒体进行相关理论知识的传播。这极大地扩大了实践活动的影响力，使得实践活动的主体思想在更大的范围内进行了有效传播。

（二）“互联网+”高校思政课教学创新的主要理念和思路

1. 设计好、讲授好每一堂思政课

第一，分析学生的成长需求，为学生的成长提供他们需要的育人课堂。课堂当中除了教师要进行传道授业之外，学生也需要学习知识、培养素质、提升能力，教师在教学方面的热爱擅长可以有效地激发学生对学习的热爱，所以，好的思政课课堂必然要求思政课教师遵循育人为本的基本教育原则，把学生当成整个课堂的中心，让学生作为主体去学习。而且教学内容设计方面也要考虑到学生的需要以及学生当下的学习特点，要在尊重学生基本需要的前提下，探究学生未来的成长需要，关注学生的能力养成、素质养成，为学生未来的成长打好基础。也就是说，思政课课堂想要成为优质的课堂，需要教师提前了解学生的学习心理、能力及成长等方面的现实状况，然后有针对性的设计课堂内容。

教师可以借助于学生的成长网络记录卡去全面了解学生信息，学生的成长网络记录卡当中包括了学生在基础教育、高中教育等方面的信息内容，教师在了解的基础上还可以借助于现代化的数据分析技术对学生未来的需求进行分析和预测，这样的做法可以让教师了解到学生的实际想法、实际需求，这样教师开展的课堂活动将会有更强的针对性，学生所提出的心理、情操、能力、知识、素质和发展等方面的六个需求也能得到更好地满足。

第二，对学生的关注点进行深层次的挖掘，为学生提供他们真心喜爱的、真心需要的课堂。学习动机和学习效果之间存在复杂的对应关系，有的时候教师会对学生说“老师的做法是为了你的更好成长”，有的时候教师会引导学生说这样做有助于他们的未来成长，但是从学生的角度来看并没有办法完全通过教师的说服教育就完全遵照教师的要求去做。也就是说，教师的语言教育并没有办法完全激发学生的学习动机，它只是激发学生学习动机的基本前提，教师在产生帮助学生更好发展的愿望之后，应该对学生的真实需要进行了解，然后进行科学的教学设计，深入探究使用哪种设计方式、使用哪些设计内容可以更好

地满足学生需要，更深层次地激发学生的学习动机，让学生形成强烈的学习愿望。在综合研究之后设计出符合学生真实需要的内容。

想要打造出这样的魅力课堂，需要教师具有魅力，需要教师真心关爱学生，需要教师爱岗敬业，具有高尚的师德。

第三，进行教学设计方面的创新，打造让学生沉迷的有效课堂，学生经常会有这样的感受，就是在课堂当中感觉教师极具魅力、课程非常有趣，但是在课程结束之后或者学生毕业之后学生往往会感觉那个非常有魅力的教师除了给自己的课堂带来了热闹和轻松之外没有给自己带来其他的收获。这说明这样的课堂不是真正有魅力的课堂，它只能让学生感受到一时的愉快，而不能让学生一辈子受益。从这一现象我们也可以发现想要真正地让学生持久地认为课堂是有魅力的，那么必须让课堂的内容真正走进学生的心灵，必须让知识真正地被学生吸收理解，这样学生才能在毕业之后的漫漫人生实践当中不断地去感悟课堂当中学习到的知识，一个好的课堂除了让学生了解知识能力素养之外，也要对学生的人生进行一定的启发，要能够引导学生正确处理人生当中遇到的多种多样的问题，帮助学生形成科学正确的价值观念、人生观念。对于思政课来讲，除了要让学生掌握思政理论知识之外，也要让学生在以后的生活中积极地践行社会主义核心价值观，这样学生才能真正成长为对社会发展有益的人才。

2. 建立师生互动交流机制

思政课课堂的教学互动需要通过师生之间的有效交流来体现，交流互动也是活化教学的一个非常重要的渠道，师生之间的充分有效交流可以借助于新媒体软件。比如，教师可以和学生共同建设一个 QQ 群、微博群或微信群，师生可以在这样的群聊中进行深入的交流与沟通。

第一，QQ 答疑。QQ 是很多学生都爱使用的聊天软件，它非常便利，该软件的主要优势是信息发送及时、信息接收及时，可以进行一对一聊天或一对多聊天，同时还可以在 QQ 群中展开多对多的聊天。除此之外，QQ 还提供了视频功能，师生之间可以进行更多形式的在线沟通。当代大学生基本都有 QQ 号，使用 QQ 进行沟通不仅便捷，还非常节约成本。高校完全可以借助于 QQ 作为本校思想政治课堂在线交流平台，思政课教师应当将 QQ 平台纳入计划中，把 QQ 平台当成为学生答疑解惑的教学平台，学生可以利用 QQ 平台向教师表达自己的学习疑问或学习困惑，教师也应该积极地利用 QQ 和学生进行互动交流，增进彼此的情感。

第二，微信互动。除了学生要从大量的互联网信息中筛选有用信息之外，学校的思政课教学也需要筛选有用的信息，高校思想政治理论课程在结合互联网的过程中必然要解决这一问题，而且这一问题的解决往往是首要的。微信平台推出了公众号订阅的功能，借助于该功能可以实现信息的精准传播，教师可以利用微信公众号第一时间向学生传递与思政课教学有关的通知、信息或社会上发生的重大新闻，不仅如此，它还能为学生及时有效地提供思政课课程需要的学习资料、经典著作，可以说微信公众号功能极大地辅助了思政课教学。除此之外，公众号订阅也提供了在线交流功能，师生可以进行有关推送内容的积极互动。

对于高校思想政治理论课来讲，微信公众号的出现可以实现课程植入功能、信息推送功能、即时交流功能及数据分析功能，这些功能的出现让思政课有了更强大的吸引力，极大地提升了学生对思政课的兴趣。在思政课课堂中，学生的创新合作及学习等方面的能力都有了极大的提升，师生之间也更容易建立信任关系、亲密关系，课堂也更容易成为和谐有趣、轻松愉悦的课堂。

第三节　教学评价体系创新

一、思政课教学评价体系的内涵及作用

（一）思政课教学评价体系的内涵

在教学领域中，教学评价是一个重要课题，也是教学理论的重要一环。教学评价的实质是对教育过程的反思，通过评价体系可以对教学课程起到重要的导向和质量监督作用。教学评价需要采用科学的方法和标准，坚持教学的目标，针对教学活动的过程和结果做出价值上的判断，通过有效的信息反馈促进教学工作的改进。教学评价中的教学涵盖诸多基本要素，包括课程、教学目标、教学设计、教学过程、教学方法、教师、学生、学校工作、教学环境、教学体制等，这些要素涉及教学的多个环节。但教学评价的侧重点不同，如思政课教学评价，主要是针对教师、学生、教材、学校工作等的评价。

（二）思政课教学评价体系的作用

1. 有助于提升实际教学质量和效果

思政课教学质量评价体系的科学性和完备性，对高校教学工作至关重要。评价体系有

助于实现教育工作的教学目标，实现教学质量的提升。通过科学有效的教学评价，能够很好地检测和反映思政课教学目标和任务是否达到、教学内容是否丰富完备、教学方法是否得当、教学效果是否良好，等等。教学评价体系可以从多个方面发现思政教学中的问题，通过有效地掌握工作中的问题，并采用必要措施予以纠正和解决，从而提高思想政治教学水平。

2. 有利于调动广大师生的积极性

百年大计，教育为本。教育是国家的基础，教育离不开教学评价体系，这对教师既是一种监督也是一种考核，不仅可以激励教师个人，更能带动整个师资队伍。积极推进教师培养供给侧结构性改革，可以充分发挥教师的积极性，还能加快思政课教师队伍的建设，提高思政课教师的综合素质。改革思政课程教师评价机制，可以使教师能以更加饱满的热情去更好地培根铸魂，为现代化强国建设培育时代新人。

“构建科学合理的高校思政课教学质量评价体系，有助于提升育人成效和教师发展水平。”①

二、“互联网+”时代高校思政课教学评价体系创新的原则和途径

（一）“互联网+”时代思政课教学评价创新原则

1. 科学性

思政课程评价体系建设要遵循课本的规律，不能使用其他一般专业课程的评价方法。思政课程可以围绕以下几点进行评价：包括长短期评价；主观评价和客观评价；知识角度和价值角度评价；实际状况与隐藏潜能评价；思想和政治方面评价；量化评价和质性评价；显性和隐性评价。只有做到以上几点，教师才能在思政课教学的实际情况中发现问题，解决问题。

2. 系统性

系统性是指评价体系的主体、内容指标层次分明，思政课程教学评价体系在“互联网+”时代较为烦琐，面临着新问题，要从多层次多角度进行衡量和考察，才能掌握其教学水平。单一客观或主观的评价体系，只会产生反作用而且还会打消教师和师生的积极能动

① 张正，骆建建，高严. 高校思政课教学质量评价体系构建与实证研究［J］. 常州信息职业技术学院学报，2022，21（02）：66-71+75.

性。全面规划系统，把高校思政课教学目的的重点落实在测查学生的实际学习成果，培育新思维，增强逻辑判断等方面。

（二）“互联网+”时代思政课教学评价创新途径

1. 明确评价目标

一些高校不能正确地理解思政课教学评价的目的，把指标肤浅定义，例如教师评比、评定职称和职位晋升，致使教师没有受到教学评价带来的积极影响，促进教学和改善教学的实施计划落空。由此可得，明确教学评价体系的评价目标是重点，尽管在“互联网+”时代社会各界都建议发扬创新评价体系，也要明白明确评价的目的不是求新立异和空有其表，而是为了推进思政课教学体系发展作铺垫，让学生的意识超前，结合社会主义价值观落实到实践当中去。

2. 创新评价方法

思政课教学评价体系需推陈出新，打破口头和纸质调查的传统打分形式，既客观又片面。互联网的迅速发展加快了思政课教学评价体系在社会上立足的速度，成为思政课教学的新媒介，丰富思政课教学体系涉及面，形成多元化的交涉网。而且学校推出可以通过网络在线评价，让学生在论坛、E-mail 或在线答疑的方式对教师的教学情况进行实名或匿名评价。实时的客观评价可以真实反映教师的教育情况和教学水平，帮助教师及时整改和提高。

借助大数据分析处理思政课教学的正反面评价，可以通过对评价数据进行收集、整合、筛选、关联、分析获取评价数据的隐含信息，分析课堂的优缺点，判断出学生达到学习方向以及学生认为的思想政治课的学习内容和教学手段，切实提高评价数据利用效率。通过大数据的评价方法更全面地反射出思政课教学的实时情况和欠缺之处，效果大于传统评价方法。

参考文献

[1] 沧桑.“微时代”高校社会主义核心价值观教育研究［M］. 北京：九州出版社，2020.
[2] 杨晓华. 大学生社会责任感培育路径研究［M］. 上海：上海交通大学出版社，2020.
[3] 李申申. 高校培育和践行社会主义核心价值观［M］. 北京：社会科学文献出版社，2020.
[4] 刘颖，罗源. 大学生社会主义核心价值观与思想政治教育融合策略研究［M］. 北京：九州出版社，2020.
[5] 刘娟，王锡森，张智平. 社会主义核心价值观体系与社会主义核心价值观［M］. 北京：人民出版社，2020.
[6] 李鹏. 高校大学生价值观与思想政治教育创新研究［M］. 长春：吉林出版集团股份有限公司，2020.
[7] 鲁蔚. 大学生核心价值观培育研究［M］. 长春：吉林出版集团股份有限公司，2020.
[8] 雍春梅. 高校思想政治教育教学改革研究［M］. 北京：团结出版社，2020.
[9] 朱佳. 新时代背景下高校思想政治教育与大学生社会主义核心价值观培育［M］. 北京：研究出版社，2019.
[10] 夏永林，刘建伟，吴秀霞. 红色文化涵育社会主义核心价值观论文集［M］. 西安：西安电子科技大学出版社，2019.
[11] 齐艳. 中国传统文化与高校思想政治教育的融合性研究［M］. 北京：中国广播影视出版社，2019.
[12] 彭付芝. 新中国成立70年高校思想政治理论课建设［M］. 北京：知识产权出版社，2019.
[13] 祁明，江鸿波. 高校内涵建设背景下的学生思想政治教育发展［M］. 上海：同济大学出版社，2019.
[14] 何玉初，张明辉，陈谊，张逸美. 思想政治教育与教学研究［M］. 北京：研究出版社，2019.

[15] 冯刚，王树荫. 思想政治教育研究热点年度发布［M］. 北京：团结出版社，2019.
[16] 张微，付欣. 我国传统文化与思想政治教育的融合创新研究［M］. 西安：西北工业大学出版社，2019.
[17] 张百顺，齐新林. 思想政治理论课教学与人格教育和谐发展［M］. 武汉：华中科技大学出版社，2019.
[18] 王东东，谭园园，白志贤. 高校思想政治教育与社会主义核心价值观培养［M］. 北京：地质出版社，2018.
[19] 王晓江，任霏，贾丹丹. 社会主义核心价值观教育融入高校思想政治理论课教学研究［M］. 北京：九州出版社，2018.
[20] 王文平. 社会主义核心价值观融入高校思想政治教育路径研究［M］. 长春：吉林大学出版社，2018.
[21] 张耀东，伍坤，贾微. 社会主义核心价值观视阈下高校思想政治教育研究［M］. 北京：地质出版社，2018.
[22] 门妍萍. 高校基层党组织培育和践行社会主义核心价值观创新机制研究［M］. 上海：上海人民出版社，2018.
[23] 林晓丹，吕聪玲. 基于社会主义核心价值观的大学生创新创业教育指导研究［M］. 北京：中国铁道出版社，2018.
[24] 陈金龙. 少数民族优秀传统文化与社会主义核心价值观契合研究［M］. 成都：西南交通大学出版社，2018.
[25] 王新华. 契合与笃行校园文化建设与大学生社会主义核心价值观实践教育研究［M］. 燕山大学出版社，2018.
[26] 袁芳. 思想政治教育话语创新论的马克思主义审视［M］. 北京：中央编译出版社，2018.
[27] 徐杰. 高校党的建设与思想政治工作研究［M］. 北京：知识产权出版社，2018.
[28] 陈明长. 社会主义核心价值观视域下高校共青团思想政治工作研究［M］. 石家庄：河北人民出版社，2017.
[29] 连艳辉，刘博典. 社会主义核心价值观融入高校思想政治课程教学模式探析［M］. 北京：中国国际广播出版社，2017.
[30] 冉冉. 社会主义核心价值观融入高校思想政治教育研究［M］. 哈尔滨：东北林业大学出版社，2017.

[31] 杭国英，武飞，武少侠. 高职院校人文素质教育评价体系构建［J］. 高等教育研究，2011，32（07）：68-74.
[32] 龚廷泰. 法治文化的认同：概念、意义、机理与路径［J］. 法制与社会发展，2014，20（04）：40-50.
[33] 杨业华，湛利华. 大学生核心价值观的内涵及研究意义探析［J］. 思想教育研究，2013（04）：31-35.
[34] 陈述. 坚持生产力标准：改革开放成功的根本原因［J］. 人民论坛，2018（33）：18-20.
[35] 熊校良. 大学生精准引领目标下的多学科协同育人平台构建［J］. 学校党建与思想教育，2021（05）：81-83.
[36] 曾长隽. 高校思想政治教育人文关怀：逻辑关系、现实挑战和提升路径［J］. 高教探索，2020（03）：123-128.
[37] 梁冰倩. 新时代爱国主义精神：形成渊源、时代内涵及弘扬路径［J］. 中共山西省委党校学报，2019，42（05）：123-128.
[38] 石磊，金炜康. 大学生自我教育的实施路径［J］. 中国高等教育，2022（02）：59-61.
[39] 涂畅. 新时代高校思政课教师素质提升路径探析［J］. 理论观察，2020（12）：158-161.
[40] 冉欣，刘建武. 敬业精神的内涵与发生机制［J］. 中北大学学报（社会科学版），2019，35（05）：122-125+132.
[41] 王学俭，靳海龙. 大数据时代大学生媒介素养提升研究［J］. 思想政治教育研究，2020，36（06）：142-146.
[42] 张苏秋. 网络媒介、文化共同体与新型城镇化［J］. 思想战线，2021，47（05）：102-109.
[43] 孟祥增，刘瑞梅，王广新. 微课设计与制作的理论与实践［J］. 远程教育杂志，2014，32（06）：24-32.
[44] 张正，骆建建，高严. 高校思政课教学质量评价体系构建与实证研究［J］. 常州信息职业技术学院学报，2022，21（02）：66-71+75.